유교 자성론의 도덕교육론

김병환 · 김남희

교육과학사

머리말

유교 자성론의 사상적 전개와 도덕적 실천의 구조

유교 윤리학은 흔히 예(禮)와 규범을 중심으로 한 도덕 질서의 철학으로 여겨진다. 이런 이해 지평에 따르면 유교 윤리의 핵심 과제는 사회적 역할과 규범을 어떻게 효과적으로 준수하게 할 것인가에 놓이게 된다. 하지만 유교 고전 전반을 면밀히 검토하면, 이 전통은 단순한 규범 윤리를 넘어서 도덕 주체가 어떻게 형성되고 발현되는가 하는 보다 근본적인 문제를 천착해 왔음을 확인할 수 있다. 그 핵심에 놓인 개념이 바로 '자신을 스스로 살펴봄[自省, self-contemplation]'이다. 유교 사상에서 자성은 일시적인 반성이나 심리학에서 말하는 자기비판(self-critique)이나 자기관찰(self-monitoring)을 의미하지 않는다. 유교 윤리학의 자성은 도덕적 실패의 원인을 외부 환경이나 타인의 책임으로 전가하지 않고, '자기 자신의 내면 상태와 실천 역량에서 찾으려는 윤리적 태도'를 가리킨다. 다시 말해, 유교 윤리의 질문은 "무엇이 옳은가"에서 멈추지 않고, "나는 그 옳음을 어떻게 행하고 있는가"로 확장된다. "나는 그 옳음을 제대로 구현하고 있는가"라고 스스로 던지는 질문이 바로 유교 자성론의 출발점이다.

유교 사상가들은 공통적으로 도덕적 실패의 원인을 외부 조건에서 찾는 설명을 경계한다. 정치 제도의 결함, 타인의 무지, 환경적 압박은 도덕적 타락의 부차적 조건일 수는 있으나, 근본 원인은 언제나 자기 자신에게 있다는 게 이들의 기본 입장이다. 이러한 문제의식은 자성을 도덕 실천의 부차적 요소가 아니라, 도덕 주체 형성의 핵심 기제로 위치시키는 토대가 된다. 이때 '자신을 스스로 살펴보는 일'은 단순히 과거 행위를 반추하는 사후적 반성이 아니며, 현재의 삶이 합당함과 얼마나 일치하고 있는지를 지속적으로 스스로 점검하는 과정이다. 이러한 단속이 없을 때 규범은 형식으로만 남고, 삶과 유리된 도덕은 타인의 시선을 의식해 연기하는 껍데기로 전락한다. 유교 자성론은 바로 이 지점을 겨냥하여, 도덕적 삶이 지속될 수 있는 내적 구조를 탐구한다. 이 과정을 통해 도덕이 삶에 내화(內化)된 마지막 정신 경지를 공자(孔子)는 "욕구하는 바대로 마음을 따라도 도리에 어긋남이 없었다[從心所欲不踰矩]"라고 술회했다. 장자와 불교의 세례를 받았던 훗날의 정명도(程明道)는 이를 "사사로운 마음을 버리고 탁 트인 공평한 마음으로 접하는 모든 일에 차분히 응대하는[廓然大公 物來順應]" 정신 경지로 해석해 냈다. 이처럼 자성론은 유교 수양론을 관통하는 근본이다.

본서는 유가 자성론의 단초로서 한자문화권 특유의 우환(憂患)의식과 경덕(敬德) 사상을 먼저 살펴본다. 다음으로 '과(過)', '반(反)', '성(省)', '찰(察)' 개념을 유교 자성론의 핵심 관념으로 선정하여 한자문화권에서 애초에 이 개념들이 어떤 함의를 가지고 등장하였으며, 어떻게 사용되었는지를 추적한다. 갑골과 금문의 원형적 의미로부터 『시경』·『서경』·『역경』에서 사용된 용례를 조사하여 공자 이전 이들 주요 개념의 본래적 의미를 파악한다. 이런 논의를 통하여 독자는 '자성'의 '성(省)'자가 『역경』의 괘효사에는 등장하지 않고, 『시경』·『서경』에 출현한 성(省)자도 모두 외적 통치 행위와 관련되어 사용되었다는 점을 알게 될 것이다. 유사하게 '성찰'의 '찰(察)'자의 경우에도 최초의 용례를 보면, 형벌의 적용이 정당한가를 판단하는 행위나 법률에 근거해 사실관계를 규명하는 검토 행위를 의미했다. 이는 '과(過)'와 '반(反)'의 경우도 유사하다. 요컨대, 이들 개념은 본래 지금처럼 도덕적 자기 성찰을 의미하는 용어가 아니었다. 본문의 논의에서 밝혀지듯이 이들은 시서(詩書) 시대를 지나고 『논어』 시대에 이르러 인간의 내면을 성찰하는 개념으로 자리 잡는다. 이는 공자의 손에 의해서 한자 문화권의 핵심 관념으로 자리 잡은 인간다움[仁, humaneness]이라는 개념이 본래 귀족의 외모와 행동을 묘사하는 용어였다는 점을 상기시켜 준다. 즉, 외적 표상이나 행동에 기초하여 내적 관념이 형성되고 전개되었다는 측면에서 인(仁)과 자성 관련 주요 개념은 유사한 궤적을 보여준다. 이는 매우 흥미로운 점이다. 본문에서 독자는 행동이나 관찰, 판결을 의미하는 외향적 개념이 내면적 개념으로 변화하는 과정을 생생하게 볼 수 있을 것이다.

내성(內省)과 구기(求己)를 내세워 '위기지학(爲己之學)'의 출발점을 연 이는 단연 공자다. 『논어』에 등장하는 "나는 날마다 나 자신을 세 번 반성한다[吾日三省吾身]"는 진술은, 도덕적 삶을 일회적 결단이 아닌 일상적 자기 점검의 반복으로 파악하는 공문(孔門)의 입장을 잘 보여준다. 이때 반성의 대상은 구체적인 인간관계 속에서 이루어진 자신의 언행이다. 특히 '남이 나를 알아주지 않음을 걱정하지 말고, 나의 부족함을 걱정하라'는 구절은 공자의 자성론이 타인의 평가가 아닌 자기 완성 자체를 목적으로 한다는 점을 분명히 한다. 이는 학습과 수양의 목적을 외적 성취에 두는 '위인지학(爲人之學)'과 대비되는 위기지학의 핵심 정신이다.

공자에게서 자성은 자기 자신에게 부끄럽지 않기 위한 윤리적 점검이다. 이를 상징적으로 표현하는 개념이 바로 내성불구(內省不疚), 즉 "안으로 살펴 부끄러움이 없음"이다. 이런 자성은 타인의 시선이 사라진 자리에서도 도덕적 삶을 가능하게 하는 내적 동기 구조를 형성한다. 이 점에서 공자의 자성론은 오늘날의 '자기 주도 학습'과 다른 자기 주도 도덕 형성의 모델로 이해된다.

반구저기(反求諸己)와 존심(存心) 등을 강조하며 도덕적 자율성을 심화시킨 이는 맹자이다. 그는 공자의 자성 개념을 계승하면서 이를 보다 명확하게 본성 회복의 문제로 전환시킨다. 맹자에게서 자성은 도덕적 실패 상황에서 그 원인을 외부로 돌리지 않고, 자기 자신에게 되돌려 묻는 태도, 즉 반구저기로 집약된다. 이는 책임

소재의 문제를 넘어, 도덕 판단의 근거가 어디에 놓여 있는지를 묻는 철학적 주장이다. 맹자의 존심(存心)과 양성(養性) 개념은 이러한 자성론의 핵심을 이룬다. 마음을 보존한다는 것은 도덕 판단을 가능하게 하는 내적 기준을 흐리지 않도록 유지하는 일이다. 자성은 이 마음이 왜곡되었는지를 점검하는 실천이며, 이를 통해 도덕적 자율성이 성립되고 강화된다.

사단의 확충, 양지(良知)의 자각과 같은 개념들은 모두 자성이 삶의 선택을 지배하는 실천적 원리임을 보여준다. 맹자에게 도덕적 행위는 자기 동일성을 유지하기 위한 실존적 선택이다. 이러한 관점은 도덕교육을 규범 학습이 아니라, 자기 성찰을 통한 자율성 형성의 과정으로 재구성할 수 있게 한다.

순자는 치기(治氣)와 예(禮)를 따르는 자성론을 강조한다. 인간의 본성을 추함(ugly)으로 규정한 그는 자성의 과정을 규범 중심적이고 교정적인 과정으로 이해한다. 순자에게서 자성은 선한 본성의 자연스러운 발현이 아니라, 예라는 객관적 기준에 비추어 자신을 지속적으로 교정하는 실천이다. 이때 자성은 감정의 자발성을 신뢰하기보다, 학습과 훈련을 통해 형성되는 도덕적 역량으로 이해된다. 치기라는 개념은 이런 순자적 자성론의 성격을 잘 보여준다. 욕망과 감정을 다스리는 것은 규범적 기준에 따라 자신을 재구성하는 과정이다. 순자의 자성은 개인적 성찰에 머무르지 않고, 교육과 제도를 통해 반복적으로 수행되는 사회적 실천으로 확장된다.

이는 자성이 개인 윤리를 넘어 도덕교육의 체계적 장치로 기능할 수 있음을 보여준다.

『대학』은 자성을 명시적인 학습 단계 속에 배치함으로써, 도덕적 수양을 절차화된 공부의 과정으로 제시한다. 성의(誠意)와 정심(正心)은 마음의 동기와 판단이 사사로움에 의해 왜곡되지 않았는지를 점검하는 자성의 핵심 단계이다. 이를 통해 자성은 반복 가능한 학습 과정으로 전환된다. 주지하듯 『중용』은 이러한 자성론을 한층 더 내면화한다. 성(誠)과 신독(愼獨)은 도덕 판단의 최종 기준을 타인의 시선과 무관한 우리 내면에 귀속시킨다. 특히 감정이 발하기 이전의 미발(未發) 상태를 문제 삼는『중용』의 논의는 자성을 사후적 반성이 아니라 도덕적 오류를 예방하는 선행적 성찰로 확장한다. 이로써 자성은 도덕 주체의 존재 방식 자체를 규정하는 철학적 원리로 자리 잡는다.

『역전』에서 자성은 자기 잘못을 깨닫고 이를 교정해 본연의 마음으로 돌아가, 그 상태를 반복적으로 점검하는 일련의 자기 단속 과정이다. 자성과 관련된 무구(无咎), 선보과(善補過), 회(悔), 악적(惡積), 기미(幾微) 개념 등이『역전』의 자성론을 구성한다. 특히『역전』 곳곳에 반복적으로 나타나는 무구라는 표현은 사람이 어떤 상황에서도 허물을 남기지 않도록 스스로 조심하고 살펴야 한다는 뜻이다. 무구의 실현은 잘못을 스스로 자각하고 이를 올바르게 교정하려는 지속적인 노력에서 비롯된다. 이를 통해 군자는 자신의 마음을 철저히 다스리고 언행일치를 실현한다. 즉, 무구는 매 순간 자신을 살피고 바르게 하려는 성찰적 태도이다. 유교 자성론에서 『역전』의 무구는 과오를 인식하고 이를 반성적으로 응시하는 사유 구조를 형성한다.

자성은 어떻게 일상의 삶 속에서 지속적으로 수행될 수 있는가? 다시 말해, 자성은 일회적 각성이나 도덕적 결단에 머무르지 않고, 어떤 방식으로 반복 가능하고 유지 가능한 실천이 되는가? 이 질문에 대해 가장 체계적으로 응답한 전통이 바로 성리학이다. 성리학은 자성을 도덕적 태도나 성찰로 이해하는 데서 나아가, 이를 공부(工夫)의 핵심 메커니즘으로 재구성한다. 여기서 공부란 도덕적 주체가 자신과의 관계를 지속적으로 점검 · 조정해 나가는 장기적 실천 과정이다. 본서에서는 분량상 성리학의 자성론을 다루지 못했다. 여기서는 주자와 양명의 입장을 간략히 기술해 독자의 이해를 돕고자 한다.

주자에게서 자성은 특별한 성인적 각성의 순간이 아니며, 실패를 전제한 일상적 반복 과정이다. 그는 인간의 마음이 언제든 사사로운 욕망과 습관에 의해 흐트러질 수 있음을 전제로 하며, 바로 이 점 때문에 자성은 단발적 반성이 아니라 지속적 관리의 대상이 된다. 주자의 공부론에서 자성은 대체로 존양(存養) - 성찰(省察) - 경(敬)의 순환 구조 속에서 작동한다. 존양은 평소 마음의 상태를 기르고 지키는 과정이며, 성찰은 잘못이 드러났을 때 이를 분명히 인식하고 점검하는 반성의 단계이다. 경은 이러한 과정 전반을 관통하는 태도로서, 마음이 흩어지지 않도록 붙잡아 두는 실천적 긴장을 의미한다. 이 세 요소는 삶 속에서 끊임없이 반복되는 순환적 구조를 이룬다. 이러한 구조 속에서 자성은 도덕적 실패를 다시 공부를 시작하게 만드는 계기로 전환한다. 즉, 도덕적 오류나 부족함은 자성이 작동하고 있음을 보여주는 징표가 된다. 이 점에서 주자의 자성론은 도덕적 완성을 지향하지만, 완성 그 자체보다 도덕적 자각의 유지와 갱신의 문제에 초점을 맞춘다.

이에 비해 왕양명의 자성론은 주자의 공부론을 계승하면서도, 자성과 실천의 관계를 보다 급진적으로 재구성한다. 왕양명에게서 자성은 행위의 순간에 이미 작동하고 있는 도덕 감각이다. 그는 이를 양지(良知) 개념으로 설명하며, 도덕적 앎과 행위 사이의 간극을 근본적으로 부정한다. 왕양명의 지행합일론에서 자성은 "나중에 돌아보는 게" 아니며, 지금 이 순간의 선택이 정당한가를 스스로 즉각적으로 묻는 내적 감각이다. 따라서 도덕적 실천은 자기 자신과의 불일치를 견딜 수 없는 상태에서 자연스럽게 발생한다. 이런 경우 자성은 도덕 판단 자체가 이미 실천을 포함하는 구조로 이해된다.

이런 시각은 앞서 언급한 "자성이 어떻게 도덕적 행동으로 이어지는가"라는 질문에 대해, 직접적인 철학적 해명을 제공한다. 자성은 도덕적 삶이 무너지는 순간 스스로 견디지 못하게 만드는 내적 기준이기 때문이다. 주자와 왕양명의 입장은 상이하지만, 성리학 자성론의 공통된 기여는 분명하다. 성리학은 자성을 도덕적 태도나 순간적 반성에서 끌어내어, 도덕적 주체가 자신을 어떻게 운영하고 유지하는가라는 문제로 전환시켰다. 여기서 도덕성은 계속 점검되고 조정되어야 하는 삶의 방식이 된다. 이들의 주장은 도덕적 발달을 단계적 성숙으로 설명하는 인지 중심 이론과 대비된다. 성리학에서 강조하는 점은 판단과 실천의 일치를 어떻게 일상 속에서 유지할 것인가이다. 이 점에서 성리학 자성론은 유교 자성론을 하나의 완결된 도덕 실천 이론으로 성숙시키는 최종 단계라 할 수 있다. 이런 전통을 배경으로 퇴계는 『자성록』을 저술하여 스스로를 단속하였다.

2부에서 필자는 유교 자성론의 도덕교육적 의의를 밝히고, 이를 토대로 유교적 자성 교육의 이론 체계와 구체적 지도 방안을 제시하고자 한다. 먼저, 도덕과 교육과정의 목표 및 내용 체계가 유교 자성론과 어떤 연계성을 갖는지 논하여 유교 자성론의 도덕교육적 적용 가능성과 그 의의를 규명한다. 다음으로 유교 자성론의 성격과 유교 자성론에 기반한 도덕교육의 목표와 성취기준 및 내용 요소를 설명한다. 여기서 '유교 자성론에 기반한 도덕교육'을 편의상 '유교의 자성 교육'으로 명명하였다.

유교의 자성 교육이 단편적이고 표면적인 학습에 머무르지 않고, 도덕 수업에서 한 학기 이상 지속적으로 활용되기 위해서는 충분한 내용적 깊이와 이론적 기반을 갖춰야 한다. 따라서 1부에서 논의한 각 문헌의 자성적 사유를 교육 내용에 심도 있게 반영하기 위해 각 문헌별로 나누어 교육 내용 요소와 교육 방법을 제시한다. 이를 바탕으로 실제 중학교 도덕 수업에서 효과적으로 구현될 수 있는 구체적인 교수 · 학습 방안을 제시하였다. 하지만 교사는 학습자의 발달 수준과 수업 맥락을 고려하여 내용의 깊이와 활동의 난이도를 조절함으로써, 수업 내용을 초등학교 고학년이나 고등학교 수업에 어렵지 않게 적용할 수 있을 것이다. 비록 몇 번의 수정을 거치면서 2부의 분량이 줄어들었지만, 현장 교사가 바로 활용할 수 있는 17차시 구체적 수업안을 제공해 유가 자성론에 기초한 도덕교육이 현장에 안착할 수 있도록 구성했다. 즉, 2부는 유교의 자성론을 수업에 활용할 수 있도록 고안되었다. 이런 맥락에서 본문의 2부는 본서가 가진 장점 중 하나다.

오늘날 디지털 환경은 개인을 점점 더 타인 지향적 존재로 만들고 있다. 실시간 평가와 비교, 외부 시선에 대한 지속적 노출은 도덕 판단과 행위를 전략적 선택으로 환원시키기 쉽다. 이러한 상황에서 유교의 자성론은 타인의 평가 이전에 스스로 일관되게 살아가고 있는지를 묻는 내향 지향적 실천 모델을 제공한다. 자성은 비교와 속도에 지배된 삶 속에서 도덕적 주체를 회복시키는 치유적 자원이자, 도덕교육이 다시금 삶의 방식과 정체성의 문제로 돌아가게 하는 교육적 원리로 기능할 수 있다. 이처럼 자성은 현대 도덕교육이 직면한 실천의 문제에 대해 유효한 사상적 자원을 제공한다.

본서가 유교 윤리 사상과 현대 도덕교육 간의 간극을 메우고, 자성에 기반한 도덕교육의 방향을 더욱 강화하는 데 기여하기를 바란다. 이를 통해 학생들이 자기 성찰과 자기 진정성(authenticity)에 기초한 삶의 맥락을 새롭게 회복하여, 행복한 사람으로 성장하기를 소망한다.

저자를 대표하여

2026년 봄 관악산 기슭 定心齋에서 大漢書

차례

1부
유교 자성론(自省論)

자신의 과오에 대한 성찰은 인간이 하나의 인격체로서 도덕적 삶을 영위하는 데 필수적이다. 인간은 자성(自省)을 통해서 윤리적 의미에서 진정한 성숙과 변화를 경험할 수 있다. 하지만 오직 인간만이 자성적 능력을 가지고 있음에도 불구하고 자기 자신을 대상화하여 진실되게 성찰하는 일은 매우 어렵고 힘든 일이다. 유학은 궁극적으로 도덕적 영역에서 이상적인 인간이 되는 것을 목표로 한다. 도덕적인 삶은 자신의 지난 삶을 돌이켜 점검하고, 앞으로 어떻게 살아야 하고 무엇을 해야 하는가에 대한 자성의 문제로 이어진다. 그 과정에서 자신의 잘못에 대해 인식하고 이를 개선하기 위한 노력은 필수적이다. 이런 맥락에서 자성에 대한 논의는 유가 사상에서 관절적인 문제이다.

공자는 인간의 도덕적 한계를 겸허히 인정하면서, 자신의 잘못을 고치지 않는 것이야말로 진정한 과오[過]라고 여겼다. 그는 자신의 과오를 교정하고 다시 반복하지 않을 것과 내성(內省)을 통해 근심과 두려움에서 벗어날 것을 강조했다. 또한, 자기 자신에 대한 진정한 반성과 성찰을 하는 존재로서의 군자(君子)와 그렇지 못한 소인(小人)과 구분하여 자성의 주체가 되는 군자상을 제시하였다.[1] 공자는 귀족들의 세습적 집권 방식을 대체할 수 있는 새로운 인격 모델로서 덕을 구비한 군자상을 수립한다. 군자라는 호칭은 혈통

1 『論語』「衛靈公」“過而不改 是謂過矣.”, “君子求諸己. 小人求諸人.”, 「顔淵」“內省不疚 夫何憂何懼.”

이 아니라 자성을 통해 학문과 덕성을 닦음으로써 얻을 수 있다.[2]

도덕적 실패나 잘못이 발생했을 때, 그 원인을 외부에 돌리거나 합리화하려는 태도를 경계하는 사유는 유교 자성론의 핵심이다. 반성적 사유는 전국시대 유교 문헌에서 더욱 분명하게 드러난다. 맹자는 반신(反身)과 자반(自反) 개념을 통해, 타인과의 갈등 상황에서 남을 탓하기보다 먼저 자신을 돌이켜 보는 태도를 강조했다. 그는 공자의 군자관을 계승하여 더욱 발전시켰으며, 군자 이외에 대인(大人), 대장부(大丈夫)라는 명칭을 사용하였다. 더 나아가, 자성의 결과로서 군자의 즐거움[樂]과 자성의 기준으로서 성(誠) 개념을 제시한다.[3] 한편, 순자는 도덕 규범의 기준과 학문적 훈련을 결합하여 자성 개념을 보다 체계적이고 규범적인 방식으로 심화시켰다. 순자에게 있어 '성(省)'과 '찰(察)'의 행위는 철저한 학습과 도덕적 규범에 입각한 판단력을 기르는 훈련의 과정이다.[4]

마찬가지로 『중용』에서는 "잠겨 있는 것은 엎드려 있어 보이지 않지만, 또한 매우 밝게 드러난다"는 『시경』의 구절을 바탕으로 군자의 자성 문제를 논한다. 군자는 안으로 살펴보아[內省] 잘못이

2 김병환(2010), 「论孔孟荀之君子概念」, 黑龙江社会科学, 64-69.

3 『孟子』「離婁上」"行有不得者 皆反求諸己 其身 正而天下 歸之.", 「盡心上」"反身而誠 樂莫大焉.", 「離婁上」"反身不誠 不悅於親矣."

4 『荀子』「王覇」"然後皆內自省以謹於分 是百王之所以同也. 而禮法之樞要也.", 「儒效」"故人無師無法而 … 察則必為怪 辯則必為誕. 人有師有法而 … 察則速盡 辯則速論.", 「大略」"疏知而不法 辨察而操僻 勇果而無禮 君子之所憎惡也."

없어서 마음에 부끄러움이 없으며,[5] 사람들이 보지 않는 곳에서의 자성을 중시하는 존재이다. 또한, 『대학』에서는 명덕(明德)을 바탕으로 군자의 인격에 도달하고 이를 세상에 구현하는 것을 이상으로 삼는다. 격물 · 치지(格物 · 致知)에 이어 성의(誠意)와 정심(正心)으로 이어지는 수신의 과정에서 특히 성의는 자성과 관련하여 중요한 주제이다. 성의는 스스로 속이지 않는 진실된 태도[毋自欺]로서 자성에 필수적으로 요구되는 마음가짐이다. 한편, 잘못을 뉘우치는 책[悔過之書]이라는 성격을 지닌 『역전』에서[6] 작은 과오가 반성과 성찰 없이 누적되었을 때 마주하게 될 위험한 상황을 경고하며, 도덕적인 후회[悔]를 통해 허물없음[无咎]의 상태에 도달할 수 있다고 주장한다.[7] 이는 과오의 누적을 경계하고, 자신의 결점을 신속하고 적극적으로 수정하려는 군자의 자성적 태도와 밀접하게 관련된다.

이처럼 유교의 문헌을 '자성'이라는 일관된 관점에서 조망하는 작업은 유교 사상의 본의를 더욱 분명하게 드러낼 수 있다. 본 글

5 『中庸』 "詩云 '潛雖伏矣 亦孔之昭.' 故君子 內省不疚 無惡於志. 君子之所不可及者 其唯人之所不見乎."

6 최근의 죽간 연구 성과를 바탕으로 『易傳』의 최종적인 편찬 연대는 한대 초기로 보는 것이 마땅하나, 그 핵심 사상은 이미 전국 시대 후기에 형성된 것이기에 『易傳』 또한 선진 유교 사상에 포함하여 분석하였다. 『周易』의 괘사와 효사는 西周 초기에 이미 형성된 것이나 본고에서는 괘효사 자체보다는 『易傳』이 이를 철학적, 윤리적 관점에서 어떻게 해석하고 체계화했는지에 주목한다.

7 『周易』 「繫辭下」 "小人以小善爲无益而弗爲也 以小惡爲无傷而不去也. 故惡積而不可掩 罪大以不可解.", 「繫辭上」 "憂悔吝者 存乎介. 震无咎者 存乎悔."

에서 자성이라는 용어는 '도덕적 의미에서의 자기 성찰과 관련된 사유'를 가리키는 포괄적 의미로 사용한다. 여기에는 '스스로를 대상화하여 자신의 과오를 반성하고 이를 개선하려는 윤리적 성찰에 관한 사유 전반'이 포함된다. 자성은 자신이 무엇을 잘못하였는가라는 사실 확인을 넘어, 왜 그러한 도덕적 과오를 범하였으며, 그 과오가 나의 도덕적 인격의 성장에 어떤 영향을 주었는지에 대한 근원적이고 비판적인 자기 질문 과정을 포함한다. 이 과정은 개인의 경험에 뿌리를 두면서도, 보편적 도덕 원칙, 공동체적 규범, 초월적 도덕 인식 능력 등을 바탕으로 자신의 행위와 내면을 엄격히 검토하는 도덕철학적 작업이다.

필자는 본고에서 유가 자성론의 기원과 전반적인 핵심 사유를 강조하기 위해 선진 유학 사상에 주목한다. 물론 신유학 수양론에서도 자성은 매우 중요한 주제이다. 송학(宋學)에서는 미발(未發)·이발(已發) 담론과 거경(居敬), 함양(涵養)·성찰(省察)과 같은 구체적 수양 방법을 통해 자성에 대한 논의를 구체화하였고, 양명학에서는 자성의 주체로서 양지(良知)의 능동적 활동에 주목하였다. 특히 모든 사람이 자성을 통해 성인(聖人)이 될 수 있다는 신유가(新儒家)의 평등적 도덕 사상은 명대 상인 계층의 성장 등과 맞물리면서 동아시아에서 시민 개념의 형성과 연결되는 중요한 철학적 토대를 제공한다.[8] 따라서 동아시아 사상에서 도덕적 자성 개념이 어떻게 발전하고 체계화되었는지 더욱 깊이 있게 규명하기 위해서 신유학의 범위는 후속 연구에서 다뤄질 것이다.

유교의 자성론은 도덕적 실패에 대한 지나친 낙인과 사회적 혐오로 인해 진정성 있는 성찰 기회를 얻기 어려운 현대 사회에서 더욱 유의미한 교육적 자원으로 활용될 수 있다. 자성을 중심으로 유교 윤리 사상을 통찰하고, 이를 도덕교육에 적용하는 일은 현대 사회에서 요구되는 도덕적 자기 성찰, 진정성 있는 판단과 행동, 타인과 공동체에 대한 윤리적 책임 의식과 같은 역량을 함양하는 데 유의미한 자원이 될 수 있다. 유교의 자성 교육론은 유교 윤리 사상과 현대 도덕교육 간의 간극을 메우고, 자기 성찰에 기반한 도덕교육의 방향을 더욱 강화하는 데 기여한다. 이를 통해 학생들은 자기 진정성에 기초한 삶의 맥락을 새롭게 회복하여, 자기 주도적이고 행복한 사람으로 성장할 수 있다. 따라서 필자는 1부에서 유교의 자성적 사유 체계를 보다 명료하게 분석하여 유교의 자성론을 도출하고, 2부에서 이를 실천적으로 해석하여 도덕교육에 적용 가능한 유교의 자성 교육론을 정립할 것이다. 이를 위해 우선 1장에서는 유교 자성론의 연원과 주요 개념들을 살펴보겠다.

---

8 김병환(2022), 「동양 시민론: 군자–시민론을 넘어 문인 리터라띠(literati) 시민론으로」, 한국공자학회, 孔子學48, 5–47.

1장. 유교 자성론의 사상적 연원과 개념들

1. 유교 자성론의 사상적 연원

『시경』, 『서경』, 『주역』은 유교 사유의 원형이 집약된 문헌으로서 자성론의 사상적 근거를 이해하는 데 핵심적인 자료이다.[9] 은·주 교체기에 등장한 우환(憂患) 의식과 경덕(敬德) 사상은 통치자가 조심스럽고 신중한 태도[敬愼]로 자신의 과오를 자각해 나가는 과정과 관련이 있으며, 이는 신독(愼獨)의 태도로 발전하면서 유교 자성론의 초기 사상적 원류가 되었다. 특히, 천명(天命)에 대한 지속적이고 내면적인 경외와 긴장감은 도덕적 자기 점검과 성찰을 촉진하는 기제가 된다. 또한, 유교 자성론은 개인의 행위에 따른 결과를 자기 자신에게 귀속시키는 자기 책임적 사유에 연원한다. 자기 책임적 사유는 행위 주체가 자신의 도덕적 과오를 스스로 인정하고, 이를 적극적으로 성찰하며 교정해 나가는 태도로 발전해 나간다.

9 『詩經』은 기원전 11세기경 서주 초기에서 기원전 6세기경 춘추 시대 중엽까지 약 5백여 년간의 주대 사회의 생활 환경과 생활 방식 및 의식 형태를 기록하여 사람들의 다양한 감정 세계를 진실하게 전해주고 있다. 『시경』의 성립 연대에 대해서는 정상홍 역(2014), 『시경』, 을유문화사, 39-40 참고; 본고에서 『書經』은 대체로 학계에서 공자 이전 시기의 것으로 동의되는 편들에 한하여 논한다. 『書經』 위작 문제에 대한 논의는 閻若璩, 이은호 역(2023), 『상서고문소증 1』, 소명출판, 3-14 참고; 『周易』의 괘사와 효사는 서주 초기에 이미 형성되었다.

1) 우환(憂患) 의식과 경덕(敬德) 사상

유교의 자성적 사유는 서주(西周) 초기의 우환(憂患) 의식과 깊이 연관되어 있다. 주나라의 건국 과정에서 위정자들은 끊임없는 정치적 긴장과 불안 속에 놓였으며, 이러한 역사적 경험은 자만을 경계하고 매사에 신중하게 자신을 돌아보는 태도를 형성하게 하였다. 이와 같은 염려와 경계의 자세는 곧, 백성을 사랑하고 덕을 바탕으로 정치를 행하는 자만이 천명(天命)을 보유할 수 있으며, 반대로 악을 행할 경우 천명은 언제든 거두어질 수 있다는 천명미상(天命靡常)의 사상으로 이론화된다.[10]

천명이 항구적이거나 자동적으로 보장되는 것이 아니라는 인식은 위정자로 하여금 하늘을 두려워하고 늘 스스로를 경계하게 만드는 사상적 기반이 되었다. 천명은 덕 있는 자에게로 옮겨가며, 덕을 상실한 자에게서 떠난다는 믿음은 통치자의 행위 하나하나에 도덕적 책임을 부과한다. 이에 따라 위정자는 자신의 언행과 정치적 판단을 끊임없이 점검하고, 몸가짐을 삼가며, 백성을 이롭게 하는 정치를 실천해야 할 의무를 자각하게 된다. 설령 이미 천명을 받았다 하더라도, 정치적 책임을 다하지 못하고 나라를 어지럽힌다면 그 천명은 다시 거두어질 수 있다는 점에서, 통치자는 항상 우환 의식 속에서 스스로를 성찰하고 경계해야 한다.

---

10 『書經』「周書 · 康誥」“惟命不于常”, 『詩經』「大雅 · 文王」“天命靡常”.

이러한 우환 의식은 이후 유교 전통에서 자성을 도덕적 수양의 핵심 기제로 정립하는 사상적 토대가 된다. 하늘에 대한 외적 두려움은 점차 자기 내면을 향한 성찰과 경계로 내면화되며, 이는 군자가 항상 자신을 돌아보고 허물을 미연에 방지하려는 자성적 태도로 계승된다. 서복관이 학술적 개념으로 처음 제시한 우환 의식은 자신의 생명이 현실 속에서 과연 올바르고 가치 있게 구현되고 있는가를 끊임없이 점검하려는 도덕적 자각의 태도를 가리킨다. 이는 '내가 무엇을 잘못하고 있는 것은 아닌가', '나의 행위는 도리에 합당한가', '지금의 선택이 가장 참되고 바른 길인가'와 같은 물음에서 출발하며, 주체 내부에서 발생하는 윤리적 긴장에 의해 형성된다.[11] 모종삼은 이러한 우환 의식이 일반적인 종교 전통, 특히 공포에 기초한 귀의의식과 본질적으로 구별된다고 보았다. 종교적 귀의의식이 초월적 존재 앞에서 '나'라는 주체를 철저히 부정하고 의탁하는 태도와 결부되는 데 비해, 우환 의식은 인간이 스스로 도덕적 책임의 주체임을 자각하는 데서 비롯된다.[12] 즉, 우환 의식은 인간의 자율성과 도덕적 가능성에 대한 신뢰를 전제로 하며, 외부의 구원에 의존하기보다 자기 성찰과 실천을 통해 스스로를 바로 세우려는 윤리적 태도를 핵심으로 한다. 이러한 점에서 우환 의식

11 김충열(2006), 『김충열 교수의 중국철학사1-중국철학의 원류』, 예문서원, 170-175.

12 牟宗三, 김병채 외 역(2011), 『모종삼 교수의 중국철학 강의』, 예문서원, 43-48.

은 유교 자성론의 근간을 이루는 사유 방식이라 할 수 있다.

천명에 대한 외경심은 정치적 책임을 자각한 인간이 자신의 행위 하나하나를 조심스럽고 경건하게 다루어야 한다는 윤리적 태도와 밀접하게 연결된다. 이는 하늘의 뜻을 깊이 두려워하는 마음[畏]과 스스로를 엄격히 단속하는 경계의식[敬戒]에 바탕한 우환의식으로 이해할 수 있다. 천명은 위정자의 도덕적 실천 여부에 따라 유지되거나 상실될 수 있는 것으로 인식되었기에, 통치자는 늘 자신의 행위를 돌아보며 책임 있게 처신해야 했다. 이러한 위정자의 '홀로 근심하는' 태도와 하늘의 뜻을 두려워하는 윤리적 긴장은 이후 유가 사상에서 신독의 개념으로 나타난다. 신독은 타인의 시선이 사라진 상황에서도 스스로를 속이지 않고 도덕적 기준을 지키는 태도를 뜻하며, 이는 우환 의식이 개인의 내면 수양으로 전환된 형태라 할 수 있다. 이로써 군자는 세속적 유희나 방일함에 빠지지 않고, 끊임없는 자기 단련과 성찰을 통해 도덕적 책임을 짊어지는 존재로 규정된다.

『주역』은 이러한 우환 의식과 깊이 맞물려 형성된 사유 체계이다. 정치적 격변과 사회 전반의 불안정성이 일상화되던 시대적 상황 속에서 인간은 삶의 방향과 행위의 정당성을 끊임없이 자문하며 근심과 불안을 내면화하였다. 이러한 내면화된 위기의식이 『주역』 사유의 토대가 된다. 여기서 말하는 우환은 외적 세계의 불안정성과 내면에서 지속적으로 작동하는 긴장 상태가 결합되어 형성된 삶 전체를 관통하는 총체적 위기 감각이라 할 수 있다. 동아시아 사유 전통은 자연과 인간 사이에 전지전능한 초월적 신을 개입시키지 않고, 인간 스스로의 지식과 지혜의 축적을 통해 자연을 이해하고 삶의 질서를 모색하는 방향으로 전개되었다. 이러한 특징으로 인해 인간을 근원적 죄의식에 묶어 신에게 의탁하게 만드는 종교적 원죄 의식의 단계에서 비교적 이른 시기에 벗어날 수 있었다.[13] 『주역』의 저자들은 이러한 조건 속에서 위기의 원인을 자기 삶 안에서 성찰하고 대응하려는 태도에 주목한다.

"『역』을 지은 자는 우환 의식이 있었을 것이다."[14]

우환 의식은 자신에게 부여된 역할과 책임을 성찰하며 스스로를 돌아보는 자각적 고뇌의 표현이다. 이는 인간이 자신의 행위와 선택을 도덕적으로 평가해야 할 대상으로 인식하는 계기를 제공하며, 곧 '자기 자신'이 도덕적 판단과 책임의 주체로 등장하게 되는 내면적 근거로 기능한다. 따라서 우환 의식은 도덕적 주체의 출현을 가능하게 하는 정신적 토대라 할 수 있다. 이러한 각성은 인간으로 하여금 자신의 말과 행동을 끊임없이 점검하도록 요구하며, 잘못의 가능성을 미리 경계하고 스스로를 바로잡으려는 지속적인

13 김충열(2019), 『유교철학사상 1』, 원주시역사박물관, 124-125.

14 『周易』「繫辭下」"作易者 其有憂患乎."

동기를 제공한다. 이 점에서 우환 의식은 유교의 자성 사상이 성립하고 전개될 수 있는 기반으로 작용한다.

"군자가 종일토록 힘쓰고 힘써 해 질 녘까지도 두려워하면 위태로우나 허물이 없으리라."[15]

대표적으로 건(乾) 괘(䷀)의 구삼(九三) 효사에서 군자의 신중하고 경계적인 사유가 나타난다. '척약(惕若)'은 하루 동안 자신이 했던 행위 중에서 도리에 어긋난 점이 있지 않았는지 우려하며 경계한다는 뜻이다. '척(惕)'은 내면적 긴장감, 즉 자성적 경계이며 이는 자신이 교만해지거나, 나태해질 가능성에 대해 항상 깨어 있는 태도를 의미한다. '종일토록 힘쓰고 힘씀[終日乾乾]'은 도(道)를 반복하여 행하는 것으로 볼 수 있다. 이는 군자의 도덕적 실천이 하루 전체에 걸친 지속적인 수양 과정임을 의미한다. 도를 반복적으로 거듭하여 실천하는 지속적인 노력은 '허물없음[无咎]'으로 이어질 수 있다. 후대 유학자들은 이 효사를 자기 경계와 성찰의 의미로 해석하였다. 대표적으로 정이는 이 효사를 밤낮으로 게을리하지 않고 조심하고 두려워하면 비록 위태로운 곳에 처하더라도 허물이 없을 것이라고 보았다. 또한, 왕부지는 이 구절을 군자가 자신의 과오를 적게 하려는 깊은 마음에 대한 것으로 보고, 군자가 하늘의

15 『周易』乾卦 九三 "君子 終日乾乾 夕惕若厲无咎."

강건함을 본받아 끊임없이 자신을 갈고닦게 될 경우, 과오와 허물은 미연에 방지될 수 있다고 했다.[16]

> "하늘이 무서운 위엄을 보이시는 것은
> 사람들이 바르게 생각하고 바르게 행동하지 않기 때문이네.
> 죄지은 자들은 자신들의 허물을 숨기고
> 우리 죄 없는 사람들은 모두가 징벌을 받고 있네. …
> 모든 관리들은 각자 자기 몸을 삼가야[敬] 하네.
> 어찌 두려워하지[畏] 않는가? 하늘이 두렵지 않은가?"[17]

이 시의 저자는 주나라가 낙읍으로 도읍을 옮기기 전후의 혼란한 정국 속에서 사람들의 잘못된 행동으로 인해 하늘이 인간에게 징벌을 내리는 상황을 한탄하고 있다. 하늘에 대한 두려움은 위정자들이 스스로 죄와 허물을 자각하고 몸가짐을 삼가야 한다는 경(敬) 개념으로 확장된다. 경의 관념은 종교적 경건성과 유사한 면모를 지니면서도, 본질적으로는 서로 다른 성격을 지닌다. 종교적 경건은 인간이 자신의 주체성을 철저히 소거하고, 절대자 앞에 자신을 온전히 귀속시키는 수동적 심리 상태를 가리킨다. 이에 비해 경은 도덕적 주체로서 인간 정신의 집중과 수양을 지향하는 개념으

---

16 『程氏易傳』"日夕不懈而兢惕 則雖處危地而无咎.", 『周易內傳』"惕若 憂其行之過健而有戒也. 此則就君子寡過之深心而言也."

17 『詩經』「小雅 · 雨無正」"旻天疾威 弗慮弗圖 舍彼有罪 既伏其辜 若此無罪 淪胥以鋪 … 凡百君子 各敬爾身 胡不相畏 不畏于天."

로, 흩어진 마음과 정신을 한곳에 모으고 도덕적 책임 앞에서 감각적 욕망을 제어하며, 내면의 주체적 의지와 이성의 작용을 강조하는 태도로 나타난다.[18] 이러한 경각심은 정신의 집중과 자기 단속, 근신과 성실한 심리 상태로 이어졌으며 이는 자기 자신의 행실을 돌이켜 반성하고 스스로 자기 자신을 가다듬는 사유로 이어진다.

갑골문에 '진실함'의 뜻을 지닌 '茍(구)'자만 있고, '敬(경)'자는 출현하지 않는다. 청동기 금문에서 '茍(구)'에 통제와 다스림의 뜻이 담긴 '攴[攵복]'자가 덧붙여져 敬모양으로 敬자가 처음 나온다. 『설문해자』는 경을 엄숙함[肅]과 충실함[忠]의 의미로 풀고 있다.[19] 이러한 정신은 인간과 사회의 불완전성에 대한 자각 위에서 끊임없이 자신을 성찰하고 책임을 다하려는 윤리적 긴장으로 이어진다.[20]

> "공경[敬]하고 공경하라! 하늘은 밝으시고
> 하늘의 명은 간직하기 쉽지 않은 것이네.
> 높이 윗자리에 있다고 뽐내지 마라
> 하늘은 해와 달을 오르락내리락 하는 일을 하시며
> 매일 아래 땅을 감시하고 계신다.
> 이 소자는 총명하지 못하여 공경히[敬] 일을 하지 못하고 있으나,

---

18 牟宗三, 김병채 외 역(2011), 앞의 책, 49-51.

19 『說文解字』"敬, 肅也. 肅部曰. 肅者, 持事振敬也. 與此爲轉注. 心部曰. 忠, 敬也. 憼, 敬也. 慭, 敬也. 恭肅也, 惰不敬也. 義皆相足.", 하영삼(2014), 『한자어원사전』, 도서출판3, 50; 356.

20 주지하듯 경은 성리학의 수양론에서 핵심 개념 중 하나이다. 이에 대해서는 김병환 · 이슬희(2022), 『유가 명상의 이론과 교육방법』, 교육과학사, 80-91 참고.

나날이 이루고 다달이 발전하여
빛나고 밝은 경지를 이어가는 일을 본뜨리라.
책임진 신하들은 나를 도와 나를 밝은 덕의 길로 이끌어주기를!"[21]

이 시는 하늘에 대한 공경[敬]이 자신의 경건하지 못한 행위에 대한 반성과 정치적 다짐으로 이어지는 모습을 보여준다. 경은 하늘에 대한 공경에서 점차 도덕적 실천의 중심 범주로 나아가 경덕(敬德) 사상으로 발전한다. 덕의 어원에 대해 Nivison을 비롯한 일부 학자들은, 그 원형이 '덕(悳)'자였다고 주장한다. 이들은 갑골문에 나타나는 과 형태의 문자를 덕의 기원으로 보며, 이는 눈의 형상과 곧은 선이 결합된 형태로, 무언가를 응시하거나 직시하는 모습을 나타낸다. 이러한 형상은 본래 '순시, 정찰, 감시'와 같은 군사적 혹은 종교적 행위를 의미했으며, 후에 금문에서는 여기에 '심(心)'자가 추가되어, 마음이 곧고 행실이 단정하다는 의미가 부여되었다.[22]

우환 의식에서 비롯된 제사의 경건함[祀敬] 역시 이러한 전환

21 『詩經』「周頌 · 敬之」"敬之敬之 天維顯思 命不易哉. 無日高高在上 陟降厥士 日監在玆. 維予小子 不聰敬止. 日就月將 學有緝熙于光明. 佛時仔肩 示我顯德行."

22 David S. Nivison(1996), "'Virtue' in Bone and Bronze", The Ways of Confucianism, Bryan W. Van Norden, Open Court: Chicago and La Salle Illinois, 17–30. 갑골문과 금문, 『서경』, 『시경』을 중심으로 德의 어원과 초기 의미 演變에 대해서는 김형중(2012), 「'德', 함양과 행위 지침: 공 · 맹 · 순의 윤리 이론에 대한 덕 윤리적 접근」, 고려대학교 대학원 박사학위논문, 16–26을 참고.

과정을 잘 드러낸다. 주나라의 제사 의례는 종교적 의식이나 금기적 규율에만 머무르지 않고, 인간 내면의 도덕적 성찰과 수양으로 이행하는 과정을 보여준다. 주나라 사람들은 문왕을 하늘[上帝]에 짝하여 숭앙하였으나, 그 제사는 두려움과 억압을 기반으로 한 금욕적 통제도 아니었고, 업(業)을 소멸해 해탈을 추구하는 종교적 초월의 방식도 아니었다. 오히려 제사는 인간이 세계를 바라보는 우환 의식과 경외심을 바탕으로 형성되었다. 이러한 제사에서 드러나는 경건한 정조는 곧 성경(誠敬)의 마음가짐으로 표현되며, 이는 종교 감정이라기보다 도덕적 삶을 가능하게 하는 핵심 감정을 형성한다.

주나라에서는 인간의 행위가 선악에 따라 신의 응답을 불러온다고 보았기 때문에, 제사에 임하는 이들은 반드시 재계하고 옷차림을 엄숙히 하며, 몸가짐을 삼가고 공손한 태도로 신을 공경하였다. 이러한 의례적 긴장은 외부적 행위에서 끝나지 않고 점차 내면으로 전환되어, 신을 경외하던 태도가 곧 덕을 공경하고[敬德], 하늘의 명을 삼가 지키려는 자아 수양의 실천으로 이어졌다. 즉 경신(敬神)의 외적 행위가 경덕(敬德)의 내적 태도로 심화되면서, 제사 의례가 곧 도덕적 주체 형성으로 연결되는 구조를 형성한다.[23]

---

23 蔡仁厚, 정인재 역(2019), 『양명학자 채인후의 중국철학사(상책)』, 좋은기업 위드 동방의 빛, 76-77.

"아아! 상제가 자신의 큰아들 천자를 바꾸고, 큰 나라 은에 내린 하늘의 명도 바꾸어 내렸습니다. 왕께서 하늘의 명을 받으셨으니, 한없이 복되기도 하려니와 한없이 걱정되기도[恤] 하는 일입니다. 아아! 어찌 공경하지[敬] 않을 수가 있겠습니까! … 아아! 하늘도 세상 백성들을 가엾이 여기셔서 그들을 돌보시고 하늘의 명을 새로 내리시어 올바로 힘쓰도록 하셨으니, 왕은 덕을 부지런히 공경하셔야[敬德] 합니다. … 왕은 처신을 삼가고[敬], 덕을 공경하지[敬德] 않으면 안 되는 것입니다. … 그들이 더 이어지지 못한 것은 그들이 덕을 공경하지 않아 바로 하늘의 명을 잃었기 때문이라 합니다. … 왕은 오직 덕을 공경하는[敬德] 일에 힘써야만 할 것입니다. 왕이 덕을 펴시는 것이 하늘의 명이 영원하기를 비는 셈이 됩니다."[24]

이 구절에서 소공은 조카인 무왕을 향해 군주가 경계와 근신의 태도로 천명을 받들며 수행해야 함을 설파한다. 우환 의식은 천명의 지속에 대한 책임의 무게를 짊어지는 통치자의 사명으로 이어지고 이는 다시 군주 스스로의 자기 경계에 대한 일종의 윤리적인 부담으로 연결된다. 이에 따라 군주는 주어진 복을 자만하거나 소홀히 여기지 않고, 처신을 삼가고 덕을 공경함으로써[敬德] 하늘의 명을 보전해야 한다. 이러한 경덕의 정신은 인간이 끊임없이 자신을 돌아보고 도를 존중하며 덕을 체현해야 함을 의미한다. 중국 사유 전통에서는 신비로운 외경의 감정이 점차 이성화되어 인간의 행위 규범과 내재적 품격으로 발전하였다. 이는 개인의 도덕적 역

24 『書經』「周書 · 召誥」"嗚呼 皇天上帝 改厥元子玆大國殷之命 惟王受命 無疆惟休 亦無疆惟恤 嗚呼曷其 奈何弗敬. … 嗚呼 天亦哀于四方民 其眷命用懋 王其疾敬德. … 王敬作所 不可不敬德. … 不其延惟不敬厥德乃早墜厥命. … 肆惟王 其疾敬德 王其德之用 祈天永命."

량이 정치 지도자에게 요구되는 핵심 자질로 정착되는 계기가 되었다. 나아가 원시 사회의 무군(巫君)이 지녔던 신과 소통하는 신비력은 후대에 천자가 갖추어야 할 도덕성과 인격으로 재해석되었다. 따라서 초기의 덕 개념은 원시 무군이 신명과 소통하는 내재적이고 신비한 힘에서 비롯되었으나, 이후 점차 정치적 통치자에게 요구되는 내면적 자질과 도덕적 절제로 변화한다. 중대한 정치·종교적 의례에서 드러나는 재계와 금욕을 통한 자기 통제는 곧 통치자의 도덕적 품격을 상징하게 되었으며 이는 점차 개체의 심성과 인격의 문제로 전환된다.[25]

> "비길 데 없이 착한 사람을 온 세상이 교훈으로 삼고
> 그의 위대한 덕행을 온 세상이 따라야 하네.
> 위대한 계획은 나라를 안정시키는 것이니
> 원대한 계책을 때때로 알려줘야 하네.
> 위엄 있는 몸가짐을 공경히 삼가 지닌다면[敬愼]
> 백성들이 본뜰 것이네. …
> 일찍 일어나 밤늦게 자고 뜰 안을 쓸고 닦아 백성들의 모범이 되기를. …
> 그대의 말을 삼가고[愼] 그대의 위엄 있는 몸가짐[威儀]을 공경히 하여[敬]
> 훌륭하지 않은 행동이 없어야 하네.
> 흰 옥의 티는 그래도 갈아내면 되지만
> 말 속의 티는 어떻게 할 수도 없는 거라네."[26]

---

25 李澤厚, 이유진 역(2024), 『중국 사상의 기원: 무에서 예로, 예를 인으로』, 글항아리, 39-42.

26 『詩經』「大雅 · 抑」"無競維人 四方其訓之 有覺德行 四國順之 訏謨定命 遠猶辰告 敬愼威儀 維民之則 … 夙興夜寐 灑掃廷內 維民之章 … 愼爾出話 敬爾威

이 시의 저자는 덕이 있는 위정자의 품성과 행동이 백성에게 미치는 감화력을 강조하면서, 덕치를 실현하기 위해서는 무엇보다 통치자 자신이 먼저 모범이 되어야 함을 역설한다. 군주는 일상의 세세한 문제에까지 마음을 기울이며 스스로를 삼가고[愼], 위엄 있는 태도를 공경스럽게[敬] 지녀야 한다. 이 시는 모범적 인물을 만인의 본보기로 삼아 그의 덕이 사방으로 퍼지기를 바라는 이상을 노래하는 한편, 개인의 몸가짐과 행위 전반에 끊임없는 경계와 수양을 요구한다. 특히 말 한마디의 그릇이 옥의 흠결보다도 더 큰 해를 낳을 수 있다는 인식은 외형뿐 아니라 언행까지 세밀하게 단속해야 함을 강조한다. 이와 같은 경신(敬愼)의 태도는 자신의 언행이 도리에 합당한지 끊임없이 되돌아보는 내면적 성찰로 이어진다. 따라서 경신은 스스로를 감시하고 교정하는 자성의 실천 방식이며, 덕치의 성패가 통치자의 권위나 제도보다도 자기 성찰에 기반한 도덕적 모범에 달려 있음을 보여준다.

儀 無不柔嘉 白圭之玷 尙可磨也 斯言之玷 不可爲也."

2) 자기 책임적 사유의 출현

서주 초기 천명미상의 사유가 출현하면서, 통치자는 천명이 고정된 권위가 아니라 자신의 도덕적 · 정치적 행위에 따라 유지되거나 상실될 수 있는 것임을 자각하게 되었다. 하나라와 은나라의 멸망은 군주의 행위가 누적된 귀결로 이해되었고, 이는 주나라 군주들로 하여금 자신이 선왕들과 어떠한 점에서 유사하며 또한 어디에서 달라야 하는지를 스스로 성찰하고 판단하도록 요구하였다. 이로써 통치자는 정치적 실패의 원인을 자신의 선택과 처신에서 찾는 자기 책임적 사유의 주체로 등장하게 된다. 천명은 부여되는 것이 아니라, 끊임없이 갱신되고 지켜내야 할 책무로 인식되었다.

이러한 자기 책임 의식은 『시경』의 "내가 경계함[懲]은 후환을 삼가기 위함이라. 나는 벌을 다루다 스스로[自] 독한 바늘에 쏘이는 짓을 하지 않으려네."[27] 같은 구절에서도 드러난다. 여기서 군주는 자신의 그릇된 행위가 장차 자신에게 되돌아올 수 있음을 두려워하며 스스로를 경계한다. 이는 정치적 결과가 자신의 행위에 내재해 있다는 인식, 곧 행위의 책임이 궁극적으로 자기 자신에게 귀속된다는 사유를 보여준다. 이러한 자기 책임적 사유는 이후 유교 자성론에서 핵심이 되는 자기 점검과 자기 규율의 윤리로 발전하는 사상적 기반을 이룬다.

---

27 『詩經』「周頌 · 小毖」"予其懲 而毖後患 莫予荓蜂 自求辛螫."

"점잖으신 노나라 왕은 그의 덕을 공경히 밝히시네.
몸가짐을 공경히 삼가시니 백성들의 본 되시네.
진실로 문덕과 무용을 함께 갖추시어 공 많은 조상들이 밝게 강림하시니
온전히 효도 다하여 스스로[自] 복을 구하셨네[求]."[28]

이 시는 군주가 스스로 덕을 공경히 밝히고, 몸가짐을 삼가며 백성들의 본보기가 되는 모습을 찬양하고 있다. 이는 위정자의 길흉화복이 외부 조건이나 운명에 달린 것이 아니며, 자신의 도덕적 태도와 행위에 귀속된다는 자기 책임적 사유를 명확히 드러낸다. 덕을 밝히고 몸을 삼가는 삶은 곧 복을 불러들이는 근거가 되며, 반대로 불행 역시 자신의 처신에서 비롯된 결과로 받아들여진다. 이러한 인식은 통치자가 스스로를 행위의 주체이자 그 결과의 책임자로 자각하도록 요구한다.

"그대들은 오래 두고 일을 꾀하며 닥쳐올 재난은 생각하지 않고, 크게 걱정만 더 많아지게 하고 있소. 그대들에게 지금만 있고 뒷날이 없다면 그대들을 어떻게 하늘이 용납하겠소? 지금 나는 그대들에게 마음을 통일[一]할 것을 명하오. 나쁜 짓을 함으로써 스스로 멸망하지[自臭] 않도록 하시오. 다른 사람들이 그대들의 몸을 넘어뜨리고 그대들의 마음을 비뚤어지게 하는 것을 두려워하시오."[29]

---

28 『詩經』「魯頌 · 泮水」"穆穆魯侯 敬明其德 敬愼威儀 維民之則 允文允武 昭假烈祖 靡有不孝 自求伊祜."

29 『書經』「商書 · 盤庚」"汝不謀長 以思乃災, 汝誕勸憂. 今其有今罔後 汝何生在上. 今予命汝一. 無起穢以自臭. 恐人倚乃身 迂乃心."

이 구절에서 군주는 위정자들에게 마음을 하나로 화합할 것을 요구하며, 앞날을 고려하지 않고 악행을 일으켜 스스로 멸망하는 일이 없게 할 것을 엄중히 경계하고 있다. 또한, 다른 이들이 끼치는 나쁜 영향을 조심하고 경계해야 함도 강조한다. 이는 위정자들이 스스로 멸망을 자초하지 않기 위해 자신을 경계하고 주변을 삼가야 한다는 의식을 드러낸다. 즉, 전체와의 화합을 해치는 자기 자신의 이기적 행위가 결국 공동체의 파멸로 이어진다는 자각 속에서 스스로를 단속하고 점검하며 동시에 주변의 영향력에도 주의해야 한다. 이 시기에 나타나는 자기 행위에 대한 책임적 사유는 주로 정치적 측면에 국한되어 있다. 군주가 스스로 구하는 복은 국가의 정치적 안정과 통치에 있어 백성들의 원망을 받지 않는 것과 관련되며, 위정자들이 스스로 자초하게 되는 국가적 재난 또한, 공동체의 화합 실패로 인한 백성의 이탈, 경제적 빈곤과 같은 사회적 혼란을 의미한다.

> "옛날 은나라 중종은 엄숙하고 삼가고 공경하고 조심하며 천명을 스스로 헤아리어[自度] 백성을 다스림에 공경히하며 두려워하고[懼], 감히 함부로 놀지 않았습니다. … 우리 주나라 태왕과 왕계께서는 자신을 낮추고[自抑] 천명을 두려워[畏]하셨습니다. … (지금부터 왕위를 이은 왕께서는) 백성들이 교훈으로 삼을 상대도 못되고 하늘의 뜻도 따르지 않는다면, 그런 사람은 그에 따라 허물[愆]을 지게 됩니다."[30]

---

30 『書經』「周書 · 無逸」"昔在殷王中宗 嚴恭寅畏 天命自度 治民祗懼 不敢荒寧. … 厥亦惟我周太王王季 克自抑畏. … 乃非民攸訓 非天攸若 時人丕則有愆."

「무일」편에서는 은나라 중종이 스스로 하늘의 명을 헤아려[自度] 백성을 다스림에 있어 공경하고 삼가며 두려워하는 자세를 견지하였고, 주나라 태왕과 왕계 또한 스스로를 낮추어[自抑] 천명을 경외하였다고 강조한다. 이는 통치자가 하늘의 뜻과 백성의 기대를 끊임없이 성찰하고, 자기 위치를 겸허히 자각해야 함을 의미한다. 반대로, 백성의 모범이 되지 못하고 천명의 도를 따르지 않는 군주는 그 결과로 허물을 지게 되며, 이는 스스로의 부정의한 행위에 기인함을 경고한다. 즉, 정치적 실패와 성공은 오직 자신의 행위와 실천으로 초래된다. 타인의 비판이나 외부 재앙을 탓하기보다는 자기 행위와 덕을 스스로 성찰하는 태도는 행위와 결과의 자기 책임을 강조하는 유교 자성론에 중대한 영향을 미쳤다.

> "은나라 왕 중종으로부터 고종과 조갑과 우리 주나라 문왕, 이 네 분들은 슬기로웠던 분들입니다. 그분들에게 누가 아뢰기를, '백성들이 당신을 원망하고 당신을 욕하고 있다'고 하면, 곧 급히 자신의[自] 행동을 삼가셨습니다[敬]. 그분들의 허물[愆]을 지적했을 적에는 '나의 허물이[朕之愆] 진실로 그와 같다'고 말하시며, 전혀 노여워하지 않으셨을 뿐만 아니라 이런 말을 기꺼이 받아들였습니다."[31]

이어서 「무일」편은 군주가 자신의 허물[愆]에 어떻게 대응해야 하는지를 구체적으로 보여준다. 모범적인 군주는 백성들로부터 원

---

31 『書經』「周書 · 無逸」"自殷王中宗 及高宗 及祖甲 及我周文王玆四人 迪哲. 厥或告之日 小人怨汝詈汝 則皇自敬德. 厥愆 日朕之愆 允若時 不啻不敢含怒."

망이나 비난이 전해질 때, 이를 부정하거나 분노로 억누르지 않고, 오히려 자신의 잘못을 기꺼이 인정하고 받아들인다. 외부의 비난을 군주 자신의 책임으로 귀속시켜 과오를 스스로 인정하는 자세는 군주가 자신을 낮추어 책임을 강화하는 태도를 지녔음을 보여준다. 이러한 태도는 통치자가 스스로를 성찰하고 끊임없이 수양해야 한다는 윤리의식으로 연결된다.

> "옛 분이 말씀하시기를 '사람이 하고 싶은 대로 하면[自若] 많은 문제[盤]가 생긴다. 남을 탓하는 것은 어려운 일이 아니다. 사람에게 비난을 받고도 물 흐르듯 순종한다면 이것이야말로 어려움에 빠지는 것이다.'고 하였소. 내 마음의 걱정[憂]은 해와 달이 지나가고 있어 다시 돌아오지 않는다는 것이오. 옛날의 일을 계획하던 사람들은 지금 내가 가까이 대할 수가 없고, 오직 지금 일을 계획하는 사람들이나 가까이 하는 수밖에 없소. 비록 그렇다 하더라도 아직도 이 머리가 백발이 되어가는 노련한 분들과 상의하면 잘못[愆]을 저지르는 일은 없게 될 것이오."[32]

이 구절은 군주가 신하들의 죄를 묻지 않고 군신들 앞에서 공개적으로 자신의 과오를 반성하며 자신이 앞으로 잘못을 저지르지 않기 위해 노련하고 현명한 신하들과 상의하여 미래의 일에 대비하겠다는 노력과 다짐을 드러낸다. 기원전 627년 진(秦)나라 목공은 정(鄭)나라를 치려고 군사를 보냈으나 도중에 진(晉)나라 군사에

---

32 『書經』「周書 · 秦誓」"古人有言曰 '民訖自若是多盤. 責人斯無難 惟受責俾如流是惟艱哉.' 我心之憂 日月逾邁 若弗云來. 惟古之謀人 則曰未就予忌 惟今之謀人 姑將以爲親. 雖則云然 尙猷詢玆黃髮 則罔所愆."

게 크게 패하였다. 진(晉) 양공이 포로로 잡힌 장수들을 풀어주고 이들이 진 목공에게 보고하지만, 목공은 이들의 죄를 묻지 않고 군신들 앞에서 공개적으로 자신의 과오를 반성한다.[33]

이러한 태도는 유교 자성론이 형성되는 데 중요한 자산을 제공한다. 군주의 반성과 다짐이 제도적 안정과 공동체의 도덕적 질서를 뒷받침할 수 있다는 인식은 유교 사상에서 자성이 개인적 수양을 넘어 사회적 책임의 기반이라는 개념으로 확장되는 데 기여한다. 자성은 자신의 허물을 인식하는 데서 그치지 않고, 그 인식에 기초하여 타인과 공동체에 미칠 영향을 고려한 윤리적 결단으로 이어져야 한다. 따라서 이 구절에서 제시된 군주의 태도는 유교 전통에서 자성이 윤리적 판단과 사회적 책임의 연결고리로 작용하게 된 사상적 기반을 제공한다.

한편, 『서경』「상서 · 태갑」의 "이 소자는 덕에 밝지 못하여 스스로 못난 짓을 하였습니다[予小子不明于德 自厎不類].", "욕망을 좇아 법도를 어기고 방종함으로써 예를 어기어, 이 몸이 죄에 빠지도록 하였습니다[欲敗度 縱敗禮 以速戾于厥躬].", "하늘이 내리시는 재앙은 비켜갈 수 있으나, 스스로 만든 재앙은 피할 수가 없는 것입니다[天作孽 猶可違, 自作孽 不可逭]."와 같은 구절들은 자기 책임적 사유를 드러낸다. 그러나 이러한 표현을 유교 자성론

33 김학주(2016), 『(새로 옮긴) 서경』, 명문당, 621-626.

의 직접적인 기원으로 소급하여 이해하기에는 신중할 필요가 있다. 이 편은 금문에 포함되지 않는 위고문(僞古文)에 속하며, 성립 시기 또한 비교적 늦은 것으로 평가된다. 따라서 이를 『논어』 이전 단계의 사유로 간주하기는 어렵고, 오히려 이미 형성된 유교적 자성 사유가 문헌 속에 반영된 결과로 이해하는 것이 타당하다. 즉, 여기서 나타나는 자기 책임적 인식은 유교 자성론의 출발점이라기보다는, 군주가 자신의 과오를 덕의 결핍과 자기 행위의 결과로 귀속시키는 유교적 윤리 의식이 정착된 이후에 재구성된 표현이라 할 수 있다.

2. 유교 자성론의 주요 개념과 변천

공자가 정립한 도덕적 과오[過] 개념은 그 잘못을 저지른 행위 주체의 도덕적 인격과 태도까지 함께 문제 삼는다는 점에서 자성론의 사유를 잘 드러낸다. 유교 자성론에서 '과(過)'는 잘못의 발생 자체보다도, 그 잘못을 인식한 이후 어떤 태도를 취하고 어떻게 교정할 수 있는가와 연관된 윤리적 개념으로 확장된다는 점에서 '잘못, 허물'이라는 의미를 가진 다른 글자들보다 자성론과의 이론적 결합도가 높다. 또한, '반(反)', '성(省)', '찰(察)'자는 유교 수양론에 지속적으로 중대한 영향을 미쳤으며, '반성(反省)'과 '성찰(省察)'이라는 용어를 구성하는 주요 핵심 개념이다. 따라서 유교 자성론의 의미를 부각시키고, 도덕교육과의 방법적인 연계를 보다 분명하게 하기 위해서는 유교 자성론을 구성하는 핵심 개념인 네 글자의 어원과 그 의미가 변천되는 과정을 추적하는 작업이 중요하다.

이를 위해 갑골문과 서주 청동기 명문에 나타난 주요 개념들의 어형과 초기 의미를 먼저 고찰하고, 공자 이전 문헌인 『시경』·『서경』·『역경』의 괘효사에서 그 사용 맥락과 의미 층위를 분석한다. 이어서 『논어』·『맹자』·『순자』를 중심으로 해당 개념이 어떻게 윤리적 개념으로 재구성되는지를 살펴본다. 주요 개념의 의미를 분석함에 있어, 후대 사상가들의 해석이 주요 개념의 본의를 크게 왜곡하지 않으면서 오히려 자성적 함의를 더욱 심화하는 경우에는 후대 주석을 적극적으로 활용하여 해당 개념의 의미를 논한다.

1) 과(過) 개념과 그 변천

금문에 처음 보이는 '과'자([illegible])는 넓적다리뼈[腿骨]를 뜻하는 기호와 그 아래의 발[止], 그리고 왼쪽에 길을 나타내는 기호가 결합된 형태로 이루어져 있다. 넓적다리뼈와 같은 백골이 드러난다는 것은 육체가 부패한 뒤 일정한 시간이 경과했음을 전제하므로, 이 글자에는 본래 시간의 흐름과 경과라는 의미가 내포되어 있다. 『설문해자』에서도 '과'를 '지나감[度]'이라고 풀이하여, 시간의 경과라는 원초적 의미를 분명히 하고 있다. 이러한 시간적 의미는 점차 공간적 차원으로 확장되어 '지나가다', '통과하다'라는 뜻을 갖게 된다. 더 나아가 '지나감'이 어떤 기준점이나 한계를 넘어서 지속될 경우, 그것은 과도함이나 지나침을 의미하게 되고, 이 지나침은 곧 적절함을 벗어난 상태를 가리키게 된다. 이로부터 '과'는 단순한 이동이나 경과를 넘어, 정도를 넘어서 발생한 잘못이나 실수라는 의미를 띠게 되었다. 그 결과 과실(過失), 과오(過誤), 죄과(罪過)와 같은 어휘로 의미가 확장되었다.

『시경』에서 과 개념은 과오를 가리키는 용례로는 사용되지 않는다. 오히려 대부분의 경우, 시간적 · 공간적 이동이나 경유, 혹은 어떤 상태를 넘나드는 행위를 나타내는 중립적 의미로 쓰인다. 「소남 · 강유사」의 "강수는 갈라졌다 또 만나는데 아가씨는 시집가면서 내게 들리지도 않네. 내게 들리지도 않지만 결국 탄식하며 슬

픈 노래 부르게 되리라[江有沱 之子歸 不我過. 不我過 其嘯也歌.]"에서 '과'는 '자기에게 들렀다가 가는 것'을 의미한다. 또한, 「위풍 · 고반」의 "혼자 자다 깨어나 노래하노니 딴생각 안 하겠다고 언제나 다짐하네[獨寐寤歌 永矢弗過]"에서 '불과(弗過)'는 '다시는 조정으로 들어가 벼슬하지 않겠다' 또는 '이 생활을 버리지 않고 이대로 종신하겠다'의 의미로 사용되며, 여기서도 '과'는 어떤 경계나 삶의 상태를 '넘다'는 의미로 쓰였을 뿐, 과실이나 죄과를 가리키지는 않는다. 「대아 · 공류」의 "과간을 향하여 집을 짓다[遡其過澗]"에서 '과간(過澗)'은 '시냇물의 이름'이다.[34] 이처럼 『시경』에서의 '과'는 '지나다', '경유하다', '넘어서다'라는 의미에 머물러 있으며, 과오의 의미는 아직 본격적으로 형성되지 않았음을 확인할 수 있다.

다음으로 『역경』의 괘명, 괘사, 효사에 한하여 분석한 결과, '과'는 대과(大過)괘와 소과(小過)괘의 괘명과 괘효사에서 각 3회, 6회 나오는데 모두 죄과(罪過)의 의미가 아닌 '뛰어넘음[過越]'의 의미로 쓰였다. 왕필은 대과괘의 과를 죄나 허물이 아닌 지나침[過越]의 의미로 해석하여 사람들이 이를 오해하지 않도록 했고, 이러한 해석은 소과괘에도 동일하게 적용된다.[35]

34 『詩經集傳』「大雅 · 公劉」"遡 鄉也. 皇, 過 二澗名."

35 『周易正義』「大過」"過, 謂過越之過, 非經過之過. 此衰難之世, 唯陽爻乃大能過越常理, 以拯患難也, 故日大過.", 「小過」"王於大過卦下注云 音相過之過 恐人作罪過之義, 故以音之, 然則小過之義, 亦與彼同也. 過之小事, 謂之小過, 卽行過乎恭, 喪過乎哀之謂, 是也."

대과괘(䷛)의 모양을 살펴보면 중간에 양효가 4개나 있고 양끝으로 음효가 하나씩 있다. 이는 양(陽)이 중앙부에 집결되어 있는 것으로 형상 자체도 매우 강한 모습을 나타낸다. 큰 것이 지나치게 세다는 의미에서 대과라는 이름을 갖게 된 것으로 볼 수 있다. 대과는 본래는 큰 것이 마침내 넘쳐 흘러 분수를 초과하는 상태를 가리킨다. 이는 성대한 것이 본래의 이치나 자리를 넘어서 결국 재앙이나 혼란의 상황에 이르게 되는 상황을 상징한다. 그러나 동시에 그러한 큰 지나침은 큰 대처를 필요로 하기에 어떤 위기 상황을 극복하거나 구제하는 가능성으로 연결될 수도 있다는 긍정적 의미도 담고 있다.

마찬가지로 소과 역시 작은 과실에 대한 것이 아니며, '작은 것의 지나침'을 의미한다. 소과괘(䷽)는 4음 2양의 효로 구성되어 있기에 소가 대를 능가하고 있는 형상이다. 괘의 의미를 보더라도 상괘는 진(震)으로 우레[雷]를 나타내고, 하괘는 간(艮)으로 산을 의미하는데 소(小)로 인식되는 우레가 대(大)로 인식되는 산 위에서 울리고 있으나 우레는 매우 압도적인 것이기에 소과의 의미를 담게 된다. 그럼에도 불구하고 소과괘는 형(亨) · 이(利) · 정(貞)의 덕을 갖춘 긍정적 괘로 이해된다. 이는 소과가 작고 미세한 차원에서의 지나침이 오히려 도를 성취하는 계기가 될 수 있음을 보여주기 때문이다. 이러한 이해는 『역전』에 이르러 군자의 삶의 태도로 확장된다. 군자는 소과괘의 형상을 본받아, 사소한 일일수록 더욱 신중하고 공손하게 처신하며, 말과 행동을 절제하고 생활을 검약하게 유지해야 한다. 소과의 삶이란 작은 것에 있어 지나칠 정도로 삼가고 조심하는 태도를 의미하며, 바로 그 지나침을 통해 도가 막힘없이 통하게 된다. 따라서 소과가 뜻하는 형통함이란, 작은 일에 대한 과도할 만큼의 경계와 성찰을 통해 비로소 실현되는 도덕적 성취라고 이해할 수 있다.

한편, 『서경』에는 과 개념이 과오의 의미로 쓰인 경우가 나타난다. 다음 구절에서 과는 바람직한 형벌[祥刑]을 논하는 맥락 속에서 죄를 판별하고 형벌을 조정하기 위한 기준으로 제시된 다섯 가지 과실을 가리킨다.

> "그대들에게 좋은 형법을 알려주겠소. 지금 그대들이 백성을 편히 살게 해주려고 함에 있어서 무엇을 가려 쓰고 있소? 훌륭한 사람이 아니겠소? 무엇을 공정히 하오? 형벌이 아니겠소? 무엇을 헤아리오? 형벌을 적절히 쓰는 방법이 아니겠소? 죄수와 증인 양쪽이 법정에 나와 모두 준비되었거든 형벌을 관장하는 관리는 오형(五刑)을 근거로 그들의 진술서를 들으시오. 그들의 말이 오형에 해당하면 오형을 올바로 집행하시오. 오형이 죄 진 사실과 맞지 않거든 오벌(五罰)로 올바르게 처벌하시오. 오벌에도 승복치 않거든 오과(五過)를 근거로 죄를 따지시오. 오과의 병폐는 '관리의 직권을 남용하는 문제, 죄수의 진술서를 왜곡하는 문제, 가족을 이용하여 내통하는 문제, 관리에게 뇌물을 주어 법을 왜곡하는 문제, 친분을 이용하여 청탁하는 문제'에 있소. 죄는 고르게 다스려야만 하는 것이니 잘 살피어 처리하도록 하오."[36]

---

36 『書經』「周書 · 呂刑」"告爾祥刑. 在今爾安百姓 何擇 非人. 何敬 非刑. 何度 非及. 兩造具備 師聽五辭, 五辭簡孚 正于五刑, 五刑不簡 正于五罰, 五罰 不服 正于五過. 五過之疵 惟官 惟反 惟內 惟貨 惟來. 其罪惟均 其審克之." 이 편은

여기서 과는 형벌의 공정성과 정당성을 확보하기 위해 반드시 점검해야 할 결함을 의미하며, '직무 권한의 남용, 진술의 왜곡, 가족이나 내부 인맥을 통한 내통, 금품 수수로 인한 법의 왜곡, 사적인 친분을 통한 청탁'이라는 형벌 집행 과정에서 발생할 수 있는 제도적 병폐를 포함한다. 이러한 과실로 인해 죄가 가벼운 자에게 무거운 형벌이 내려지거나, 죄가 무거운 자에게 가벼운 형벌이 적용된다면 형벌의 공정성은 훼손될 수밖에 없다. 따라서 형벌을 적용함에 있어 이러한 오과를 근거로 삼아 죄를 자의적으로 가감하지 말고, 사실과 법리에 비추어 맑고 공정하게 판별할 것이 요구된다. 즉 과는 형이나 벌보다 한 단계 낮은 차원의 잘못이지만, 형벌의 정당성과 합리성을 확보하기 위해 반드시 점검되고 교정되어야 할 제도적 · 법적 과실을 의미한다.

과에 대한 처벌의 문제를 둘러싸고 주석가들 사이에 해석의 차이가 있다. 정현은 과오로 지은 죄라 하더라도 사면의 대상이 될 수 없다고 보았다. 그는『예기』「왕제」의 "무릇 금령으로 대중을 규제할 때에는 과오로 지은 죄도 사면하지 않는다[不赦過]"라는 구절을 근거로, 오과(五過) 역시 모두 처벌되어야 할 대상으로 이해하였다. 작은 과실은 사람들이 쉽게 범하고 가볍게 여기기 쉬운데, 이를 모두 사면해 버리면 법으로 백성을 통제할 수 없게 된다.

금문과 고문에 모두 들어있다.

따라서 작은 과오라 하더라도 사면하지 않는 것은 형벌을 가중하기 위한 것이 아니라, 대중이 감히 범하지 못하도록 경계하기 위한 정치적 · 제도적 조치라는 것이 정현의 입장이다. 이에 대해 공영달은 '죄를 용서할 수 없음[不赦過]'의 '과'는 사소한 과실이 아니라 국가의 존망에 중대한 경우를 미치는 과실의 경우에 해당한다고 보고, 일반적인 과실로 인한 경우는 사면[免罪]에 해당하는 것으로 이해한다. 오형(五刑)에 적용하기가 미심쩍을 경우에는 감형하여 오벌(五罰)을 따르고, 다시 오벌의 적용도 미심쩍을 경우에는 아예 사면이 가능한 것으로 본다. 따라서 그는 형벌을 적용하기에는 죄상이 분명하지 않은 경우 이를 과실로 보고 용서하는 취지로 해석한다. 비록 죄의 혐의가 남아 있다 하더라도, 그것이 고의가 아닌 과실[過]에 해당한다면 사면이 공정한 형벌의 본뜻에 부합하게 된다.[37]

한편, 「우서 · 대우모」의 "과오로 지은 죄는 아무리 큰 죄라도 용서하고, 고의로 지은 죄는 아무리 작은 죄라도 처벌하다[宥過無大 刑故無小].", 「상서 · 중훼지고」의 "남의 말을 써주기를 마치 자

---

37 『尙書正義』「周書 · 呂刑」"[疏] 正義曰：刑疑有赦, 赦從罰也. 罰疑有赦, 赦從免也. 上云 '五罰不服, 正於五過.' 即是免之也. 不言五過之疑有赦者, 知過則赦之, 不得疑也. '其當清察, 能得其理', 不使應刑妄得罰, 應罰妄得免也. … 鄭玄云 '不言五過之疑有赦者, 過不赦也. 禮記云 凡執禁以齊衆(者), 不赦過.' 如鄭此言, '五罰不服正於五過'者, 五過皆當罪之也. 五刑之疑赦刑取贖, 五罰疑者反使服刑, 是刑疑而輸贖, 罰疑而受刑, 不疑而更輕, 可疑而益重, 事之顚倒一至此乎. 謂之'祥刑', 豈當若是. 然則'不赦過'者, 復何所謂'執禁以齊衆' 非謂之平常之過失也."

기에게서 나온 것처럼 하고, 허물을 고치는 일에 인색하지 않다[用人惟己 改過不吝].", 「상서 · 열명」의 "허물을 부끄러워하여 (고치지 않다가) 자신의 잘못을 이루지 마소서[無恥過作非].", 「주서 · 태서」의 "백성들에게 허물이 있는 것은 나 한 사람에게 잘못이 있기 때문이다[百姓有過 在予一人]."에서 '과'는 윤리적 의미를 내포한다. 여기서 과는 잘못 · 허물 · 책임의 의미로 정치적 판단과 도덕적 책임의 기준으로 기능한다. 그러나 이 네 편은 모두 『상서』의 금문 계통에는 포함되지 않고, 후대에 성립한 위고문에 속하는 부분들이다. 따라서 이러한 구절들에서 드러나는 과 개념은 공자 이전의 원초적 용법이라기보다는, 이미 유교적 윤리 의식과 자성적 사유가 성숙한 이후의 관점에서 재구성된 사상이 고문 문헌의 형식 속에 투사된 결과일 가능성이 크다. 이 점에서 볼 때, 위 인용문들은 과 개념의 초기 형성과정을 해명하는 직접적인 자료로 사용하기에는 한계를 지닌다. 그러므로 공자 이전의 초기 용법을 분석하는 단계에서는 이들 위고문 자료를 분석 대상에서 제외한다.

위의 분석을 종합하면, 공자 이전의 사유 전통에서 과 개념이 '과오'의 의미로 사용될 경우, 그 용례는 주로 행정적 · 법률적 맥락에 한정되어 나타난다. 이때의 과는 개인의 내면적 결함이나 도덕적 성찰의 대상이라기보다는, 공적인 규범 · 제도 · 절차라는 외적 기준을 넘어서거나 어긴 행위를 가리키는 용어이다. 이는 통치 질서, 행정 운영, 형벌과 상벌의 판단 기준 속에서 문제시되는 것으로, 객관적으로 식별 가능한 위반이나 실책을 지칭하는 기능을 수행했다. 이 점에서 공자 이전의 과 개념은 아직 자성의 내면적 문제로 전환되기 이전 단계에 머물러 있었음을 보여준다.

그러나 춘추 전국 시대에 접어들면서 사회적 혼란과 함께 개인의 역할과 책임이 부각되고 도덕적 수신에 대한 요구가 증대되면서 과 개념은 내면의 윤리적 결함이라는 의미까지 내포하게 된다. 이러한 사유는 공자의 사상에서부터 본격적으로 드러난다. 『논어』에서 '과'자는 32회 나오는데 과오의 의미를 갖는 것은 21회이고,[38] 나머지는 '지나가다', '과하다(넘치다)'[39]의 뜻으로 쓰였다.

공자는 과 개념을 외재적 규범 위반의 차원에서 벗어나, 도덕적 자각과 자기 교정의 문제로 재정의한다. "과오[過]를 저지르고도 고치지 않는 것을 바로 과오[過]라고 한다"[40]에서, 앞의 '과'는 행위 차원의 잘못을 가리키는 반면, 뒤의 '과'는 그러한 잘못을 인식하고도 바로잡지 않는 태도 자체를 지칭한다. 여기서 과의 윤리적 핵심은 잘못 그 자체가 아니라, 잘못에 대한 주체의 대응 방식에 놓이게 된다. 이 정의에 따르면 인간은 누구나 과를 범할 수 있지만, 그

---

38 '과(過)'자가 과오의 의미로 쓰이더라도, 자신의 과오[過]에 대한 것이 아닌 경우는 본고에서 별도의 논의 대상으로 삼지 않았다. 예를 들어 『論語』「子路」 "작은 허물을 용서하며, 賢才를 등용해야 한다[赦小過 擧賢才].", 「憲問」 "告한 자가 잘못 전한 것입니다[以告者過也].", 「季氏」 "또 너의 말은 틀렸다[且爾言過矣].", 「子張」 "언유의 말이 틀렸다[言游過矣]." 등에서 過자는 자성적 의미와 관련이 없기에 별도로 논하지 않는다.

39 『論語』「先進」 "過猶不及.", 「憲問」 "君子 恥其言而過其行."

40 『論語』「衛靈公」 "過而不改 是謂過矣."

것이 곧바로 도덕적 죄과로 귀결되는 것은 아니다. 진정한 과오는 잘못을 자각하고도 성찰과 교정을 거부하는 데서 발생한다. 공자는 이처럼 과 개념을 자기 반성과 수양의 문제로 전환함으로써, 과를 개인의 내면적 도덕 책임과 직접적으로 연결시킨다. 이는 과를 정치 · 법률적 판단의 대상에서 벗어나, 자성의 계기로 삼는 유교적 사유의 출발점을 이룬다.

이 구절에 대하여 명나라 유학자 채청(蔡淸)은 앞의 과는 '지나치다[浮]'의 의미, 뒤의 과는 '실제 잘못[實]'을 의미한다고 보았다. 정약용은 이를 수용하여 앞의 과는 '적절한 균형점을 넘어서는 것[過中]'이고, 뒤의 과는 '도덕적 과오[罪過]'를 의미한다고 보았다. 자성을 통해 자신의 과중(過中)을 고쳐 중(中)에 도달하게 될 경우, 이는 도덕적 의미에서 더 이상 잘못이 아니게 된다. 하지만 이를 그대로 방치하여 고치지 않는 것은 윤리적 의미에서의 죄가 된다.[41] 따라서 윤리적 의미에서의 과오는 행위 그 자체보다 그것을 고치지 않는 것[不改]까지를 포함한다. 『논어』의 나머지 용례들은 2장 '공자의 자성론'에서 공자의 자성적 사유를 전체적으로 조망하는 작업과 병행하여 그 의미를 구체적으로 분석하고자 한다.

다음으로 『맹자』에서 '과'자는 35회 나오는데, 이 중에서 과오, 잘못의 의미로 쓰인 것은 18회이다. 대표적으로 「공손추상」의 "자

---

41 『論語古今注』「卷八」"補曰 過者不得中之名. 過而失中者 改而得中 則不謂之過. 若仍其過而不改 則斯謂之罪過矣. 蔡曰 '兩過字 略有浮實之別.' 見蒙引."

로는 사람들이 그에게 허물이 있음을 말해주면 기뻐하였다[子路人告之以有過則喜].”와 「등문공하」의 “또 그대의 잘못이구나[且子過矣].”, 「이루상」의 “선왕의 법을 따르면서도 잘못한 사람은 없었다[遵先王之法而過者 未之有也].”, 「만장하」의 “왕에게 큰 잘못이 있으면 간언하고, 간언을 반복하는데도 듣지 않으면 그 자리를 버린다[君有大過則諫 反覆之而不聽則易位. 君有過則諫 反覆之而不聽則去].” 등이 있다. 이 중 자성적 의미와 관련하여 유의미하게 살펴볼 과의 용례는 7회이고 다음 세 구절에서 확인할 수 있다.

> “사람은 항상 잘못한[過] 뒤에 고칠 수 있다[改]. 마음에 고달프고 생각에 가로막힌 뒤에 분발하며 얼굴빛에 드러나고 음성에 드러난 뒤에 깨닫는다.”[42]

맹자는 인간이 잘못을 범한 뒤에야 비로소 고치고 깨닫게 된다는 점을 강조함으로써, 과를 돌이킬 수 없는 도덕적 결함이나 치명적 실패로 규정하지 않는다. 오히려 과는 인간이 자기 한계를 자각하고 도덕적으로 성장해 나가는 계기로 기능한다. 마음이 곤궁해지고 사유가 막히는 내적 위기와 얼굴빛과 말소리에까지 드러나는 경험을 거친 뒤에야 인간은 스스로를 돌아보고 분발하게 된다. 이는 도덕적 각성이 자신의 잘못을 몸으로 겪고 자각하는 과정 속에

42 『孟子』 「告子下」 “人恒過然後能改. 困於心 衡於慮 而後作, 徵於色 發於聲 而後喻.”

서 이루어진다는 맹자의 인간 이해를 잘 보여준다. 따라서 잘못을 범하는 일 자체는 인간의 본성상 피하기 어려운 것이지만, 그 과오를 성찰과 개선으로 전환할 수 있는 가능성 또한 인간에게 본래적으로 주어져 있다. 이 점에서 과는 자성을 통해 도덕적 성숙으로 나아가게 하는 필수적인 경험으로 이해된다.

다음 두 구절에서 '과'자는 통치자의 정치적 판단이나 행위의 착오나 오류로 인한 과실의 의미가 강하다. 맹자가 구상한 이상적인 정치 제도는 성인의 덕을 갖춘 자가 천자의 자리에 올라 백성을 다스리는 체제이다. 이와 같은 정치 이상은 인간의 내부의 도덕 감정에 근거하고 있다. 맹자는 인정(仁政)과 왕도정치의 실현 가능성을 통치자의 심성에 전적으로 의존된 것으로 보며, 이는 통치자의 자성 능력과 직결된다. 통치자의 자성은 추기급인(推己及人)의 원리에 따라 사회적 · 정치적 차원으로 확장되고 이는 치국(治國)과 평천하(平天下)의 실질적 기초가 된다. 이러한 사유는 『대학』에서 더욱 뚜렷하게 제시된다.

"그렇다면 성인(聖人)도 과오[過]가 있습니까?" (맹자가 말하길) "주공은 아우이고 관숙은 형이니 주공의 과오가 당연하지 않은가? 또한, 옛날의 군자는 과오가 있으면 그것을 고쳤는데[過則改之], 지금의 군자는 과오가 있으면 그것을 따른다[過則順之]. 옛날의 군자들은 그 과오[過]가 일식과 월식 같아 백성이 모두 그것을 보았고, 그것을 고치면 백성들이 모두 그를 우러러 보았는데, 지금의 군자는 어찌 다만 따를 뿐이겠는가? 또 따라서 변명을 하는구나."[43]

---

43 『孟子』「公孫丑下」"然則聖人且有過與. 周公弟也. 管叔兄也. 周公之過 不亦宜

맹자는 도덕적으로 완성된 존재로 간주되는 성인조차 과오를 범할 수 있음을 인정한다. 성인의 위대함은 자신의 과오를 인정하고 즉시 고치는 데 있다. 관숙이 반란을 일으킨 것에 대하여 주공은 자기 형이 장차 배반할 것을 알지 못하고 은나라를 감독하라는 위중한 역할을 맡겼으니 맹자는 이 또한 주공의 과오가 된다고 보았다. 이 구절은 정치적 지도자인 군자가 과오를 개선할 경우, 그것이 미치는 사회적 영향력에 대해서 말하고 있다. 군자의 과오를 천하에 드러내는 것이기에 잘못을 숨기려 하기보다는 해결하려는 노력이 더 중요함을 강조한다. 군자가 과오를 인정하고 올바르게 행동할 때, 백성들이 오히려 그들을 더욱 신뢰하고 존경하게 됨을 알 수 있다.

> "태갑이 과오를 뉘우쳐[悔過] 자신을 원망하고 다스려서 동(桐) 땅에서 3년간 인(仁)을 실천하고 의(義)를 회복하여 이윤이 자기에게 훈계한 것을 받아들였기 때문에 다시 박(亳) 땅으로 돌아왔다."[44]

맹자는 태갑이 탕왕의 묘소가 있는 동 땅에 3년 동안 유폐당하다 다시 수도인 박으로 돌아온 역사적 사건을 바탕으로 그 과정에서 태갑이 자기 잘못을 뉘우쳐[悔過] 스스로 원망하고 스스로 다

乎. 且古之君子 過則改之. 今之君子 過則順之. 古之君子 其過也如日月之食 民皆見之. 及其更也 民皆仰之. 今之君子 豈徒順之 又從為之辭."

44 『孟子』「萬章上」"太甲悔過 自怨自艾 於桐處仁遷義三年 以聽伊尹之訓己也 復歸于亳."

스렸다고 설명하고 있다. 여기서 회과(悔過)는 과오를 깊이 뉘우치고 반성함을 의미한다. 이 개념은 행동의 변화와 도덕적 개선을 수반하는 자성과 관련이 깊다. 여기서 인용된『서경』「태갑」의 구절은 금문에는 들어있지 않은 위고문에 속하기에 자성의 의미가 발달한 후에 고문 문헌의 형식으로 투사된 결과일 가능성이 크다.

맹자는 이러한 논의를 통해 도덕적 반성과 뉘우침이야말로 군주의 정당성을 성립시키는 핵심 조건임을 분명히 한다. 그에게 군주의 정당성은 혈연적 계승이라는 형식에 의해 보장되는 것이 아니라, 스스로의 과오를 성찰하고 덕을 회복할 수 있는 도덕적 역량에 의해 확보된다. 이러한 관점에서 맹자는 요 · 순의 선위와 하 · 은 · 주의 세습이라는 상이한 계승 방식이 형식적으로는 달라도, 그 도리[義]는 하나라고 말한 공자의 뜻을 해명한다.[45] 즉, 통치 권력의 정통성은 계승 방식의 차이에 있지 않고, 통치자가 끊임없는 자성과 수양을 통해 도덕적 기준을 충족하는가에 달려 있으며, 혈통적 승계 여부만으로는 정당성을 판별할 수 없다는 점을 강조한다.

한편,『순자』에서 과는 68회 나오고, 윤리적 과오의 의미로 쓰인 경우는「권학」편에서 두드러진다. "나무는 먹줄을 따르면 곧아지고 쇠는 숫돌에 갈면 날카로워지는 것처럼 군자도 널리 배우며 매일 자신을 점검하고 성찰하면[省] 앎이 밝아지고 행동에 잘못[過]이

45 『孟子』「萬章上」"唐虞禪 夏后殷周繼 其義 一也."

없을 것이다."[46]에서 과 개념은 도덕적 기준과 앎에 비추어 보았을 때 행위가 어긋나는 상태를 의미한다. 순자는 군자의 학문을 '날마다 자신을 점검하고 성찰하는 것[日參省乎己]'으로 규정함으로써, 과의 발생 여부를 주체의 반복적 자기 성찰에 귀속시킨다. 이와 관련된 보다 상세한 논의는 2장 '순자의 자성론'에서 다룬다.

이외의 나머지 과 개념의 용례들은 윤리적 과오의 개념과는 거리가 있다. 예를 들어, 「왕제」에서 '무과(無過)'에 대해서 논하고 있으나, 이는 내면적 의미와는 거리가 있다. 순자는 정무를 처리하는 기준과 규범에 대해 논하며, 군주가 정무를 처리하는 데 있어서 법을 제정하되 치밀하게 토론하고 직위에 앉히되 일반적인 직무를 알게 하며, 숨겨진 계책이 없고 누락된 선행이 없게 한다면 정무를 처리함에 있어서 잘못이 없게[無過] 된다고 보았다. 또한, 「의병」에서도 '무과'에 대해 논하고 있는데, 여기서는 장수가 전쟁에서 군사를 이끌 때 준수할 원칙과 전술에 대해 논의하는 맥락에서 장수의 행동에 '착오가 없어야 함[無過]'의 의미로 쓰인다. 제도와 정책을 어떻게 명할 것인지, 포상과 형벌의 문제를 어떻게 다룰 것인지 보루를 설치하고 재물을 어떻게 보관할 것인지 등 장수로서의 군사전략적 완벽성을 논하는 맥락에서 과 개념이 쓰였다.[47]

46 『荀子』「勸學」"故木受繩則直 金就礪則利 君子博學而日參省乎己 則知明而行無過矣."

47 『荀子』「王制」"故法而議 職而通 無隱謀 無遺善 而百事無過 非君子莫能. 故公平者 職之衡也 中和者 聽之繩也.", 「議兵」"孝成王臨武君曰. 善. 請問爲將.

2) 반(反) 개념과 그 변천

‘반’자는 갑골문에 1회( ) 나오고, 금문에 10회( ) 쓰였다. 갑골문과 금문에 보이는 모양은 모두 절벽[厂]과 손[又]으로 이루어졌다. 반 개념 초기 의미는 ‘손으로 절벽을 기어오른다’, ‘절벽에서 손으로 밀어 넘어뜨린다’의 의미였다.[48] 손으로 방향을 바꾸거나 어떤 것을 되돌리는 행위라는 의미에서 ‘되돌아가다’, ‘거꾸로 가다’라는 뜻이 파생되었다. 『설문해자』에 따르면 반은 ‘뒤집는다[覆]’는 뜻이고, ‘又(우)’자 또한 ‘뒤집다’는 뜻을 갖는다. 뒤집으면 원래의 위치와는 반대되기에 ‘반대’라는 뜻이 나왔다.[49]

『시경』에서 ‘반’자는 20회 등장한다. 우선, “손님이 처음 자리에 나아갈 때엔 온화하게 공손하도다. 그 취하지 않았을 때에는 위의(威儀)를 삼가고 또 삼가더니[反反] 이미 취한 뒤에는 위의가 경망하여 자기 자리를 놓아두고 옮겨가서 자주 춤추기를 덩실덩실 하도다. 그 취하지 않았을 때에는 위의를 삼가고 조심하더니.”[50] 구절에서 ‘반’은 반복해서 몸가짐을 조심하고 삼가는 자세, 즉 예식에

孫卿子曰. 知莫大乎棄疑. 行莫大乎無過 事莫大乎無悔. … 故制號政令欲嚴以威 慶賞刑罰欲必以信 處舍收臧欲周以固. 徙擧進退欲安以重 欲疾以速. 窺敵觀變欲潛以深 欲伍以參. 遇敵決戰 必道吾所明 無道吾所疑. 夫是之謂六術.”

48 이병관(2017), 『설문해자역주 제3편』, 보성, 223.

49 하영삼(2014), 『한자어원사전』, 도서출판3, 261.

50 『詩經』「小雅 · 賓之初筵」“賓之初筵 溫溫其恭 其未醉止 威儀反反 日既醉止 威儀幡幡 舍其坐遷 屢舞僊僊 其未醉止 威儀抑抑.”

순응하며 몸가짐을 익혀 실천하는 모양새를 나타낸다. 시의 전체 맥락 역시 술에 취하기 전과 후의 태도 변화를 대비시키며, 예절을 갖춘 조심스러운 태도에서 무례하고 방자한 행동으로의 전이를 묘사하는 데 초점이 맞추어져 있다. 마찬가지로 「주송 · 집경」에서도 '반'자는 외형적으로 몸가짐의 신중하고 장중한 모양을 의미한다.[51] 이러한 초기의 외형적 의미는 시간이 갈수록 내면화되어 전국 시대에 이르러 자신의 내면을 돌이켜 보는 반성의 의미로 쓰이게 된다.

그 외에 『시경』에서 '반'자의 쓰임은 다양하다. 우선 '도리어'의 의미로 쓰인 경우는 「국풍 · 소남 · 곡풍」의 "날 보살펴주지 않고서 도리어 원수로 여기네[不我能慉 反以我爲讎]", 「소아 · 빈지초연」의 "저 취한 이의 추태가 안 취한 이를 도리어 부끄럽게 한다[彼醉不臧 不醉反恥]", 「소아 · 각궁」의 "늙은 말을 도리어 망아지라 생각하고, 뒷일은 생각 않는 것 같네[老馬反為駒 不顧其後]", 「대아 · 상유」의 "내 그대를 감싸주는데, 도리어 내게 성을 내는구나[既之陰女 反予來赫]", 「대아 · 첨앙」의 "남의 땅을, 그대는 빼앗고[人有土田 女反有之]"와 "죄 없는 사람을 그대는 가두고[此宜無罪 女反收之]"에서 확인된다.

다음으로는 '배반하다'의 의미로 「국풍 · 위풍 · 맹」의 "믿음으로 맹세할 때에도 성실하였으니 그가 이렇게 바뀔 줄 생각 못 했지.

51 『詩經』「周頌 · 執競」"降福簡簡 威儀反反."

바뀔 줄 생각도 않았는데 이제는 끝장이 났는가[信誓旦旦 不思其反. 反是不思 亦已焉哉]", 「대아 · 민로」의 "약탈하고 포학한 짓 하는 자들을 없애주고 정도를 위반하는 자를 없게 해주기를[式遏寇虐 無俾正反]"에서 총 3회 쓰였다.

또한, '반대'의 의미로 2회 쓰였다. 「소아 · 하인사」의 "이러한 좋은 노래를 지어서 비뚤어진 그대들 마음 바로잡으려는 것이네[作此好歌 以極反側]"에서 반측(反側)은 반대로 기울어만 가는 그대의 마음을 의미한다. 「소아 · 각궁」에서 "잘 휜 뿔 활은 핑 하고 튕겨지네[騂騂角弓 翩其反矣]"에서 '반'자는 '반대로'의 의미를 갖는다.

그 밖에 「국풍 · 주남 · 관저」의 "이 생각 저 생각에 뒤척이며 잠 못 드네[悠哉悠哉 輾轉反側]"에서는 '뒤집다'의 의미로, 「국풍 · 용풍 · 재치」의 "이미 나를 반가워 않으니 되돌아가기를 잘 못하네[既不我嘉 不能旋反]"에서는 '돌아가다'의 의미로 사용되었다. 「주송 · 집경」의 "신이 취하고 배부르시어 복과 녹을 돌려주시네[既醉既飽 福祿來反]"에서 '돌려주다', 「국풍 · 제풍 · 의차」의 "화살 넉대가 반복해 한곳을 맞추니 난리를 막으리라[四矢反兮 以禦亂兮]"에서 '반복하다', 「소아 · 소명」의 "돌아가고 싶지만 누명 쓸까 두려워라[豈不懷歸 畏此反覆]"에서 반복(反覆)은 '죄를 뒤집어쓰다, 덮어쓰다'의 의미로 쓰인다. 따라서 '반'자 분석 결과, 자성의 의미를 내포하거나 이와 연결시킬 수 있는 경우는 없었다.

마찬가지로 『서경』에서 '반'자는 11회 쓰였는데, 「우서 · 대우모」

의 "도를 어기고 덕을 무너뜨려[反道敗德]"에서 '어기다'의 뜻으로, 「하서 · 오자지가」의 "100일이 지나도록 돌아오지 않았다[十旬弗反]"에서 '돌아오다', 「상서 · 서백감려」의 "조이가 대답하였다[祖伊反曰]"에서 '대답하다', 「주서 · 무성」의 "이에 상나라의 정사를 뒤집어서[乃反商政]"에서 '뒤집다', 「주서 · 홍범」의 "위반함이 없고 기울어짐이 없으면 왕의 길이 바르고 곧게 될 것이니[無反無側 王道正直]"에서 '위반하다', 「주서 · 금등」의 "하늘이 비를 내려 바람을 반대로 불게 하니[天乃雨 反風]"와 「周書 · 大誥」의 "반대하지 않는 이가 없어[罔不反]"에서 '반대'의 의미로, 「주서 · 대고」의 "도리어 우리 주나라를 얕보았다[反鄙我周邦]"에서 '도리어', 「주서 · 주관」의 "반복해서 고치려는 것이 아니니[弗惟反]"에서 '반복하다', 「주서 · 강왕지고」의 "왕이 면복을 벗고 다시 상복을 입으셨다[王釋冕反喪服]"에서 '다시'의 뜻으로 쓰였다.

『역경』의 괘사와 효사에서 '반'자는 총 네 차례 등장한다. 이 가운데 다음에 제시된 세 괘에서의 '반'자는 본래 있어야 할 자리로 되돌아오는 회복의 의미를 지니며, 이는 잘못되거나 어긋난 상황을 점검하여 올바른 상태로 돌이킨다는 뜻으로 이해된다. 우선, 귀매(歸妹) 괘(䷵)의 육삼 효사는 여성이 혼인하려다 시기를 만나지 못해 기다리게 되고, 마침내 잉첩의 신분으로 혼인을 이루게 된다[歸妹以須 反歸以娣]는 의미를 담고 있다. 여기서 '반'자는 '다시 돌아가다', 즉 처음의 시도에서 물러나 상황을 조정한 뒤 적절한 자리를 찾아온다는 의미로 이해된다.

또한, 복(復) 괘(䷗)의 괘사 "도(道)가 되돌아와 회복하기를 반복하여, 7일 만에 와서 회복하니, 나아갈 바를 둠이 이롭다[反復其道 七日來復 利有攸往]."에서 '반'자가 나오는데, 이 괘는 사물의 회복과 순환, 그리고 도의 귀환을 묘사한다. 이는 자연의 리듬 속에서 도가 주기적으로 반복되는 모양을 강조한 것으로, 이 과정에서 '반'은 도에 합당한 시점에서 되돌아오는 회복적 순환성을 나타낸다. 마찬가지로 건(蹇) 괘(䷦)의 구삼 효사 "나아가면 험한 데로 들어가고 오면 알맞은 자리를 얻는다[往蹇來反]"에서 '반'자는 방향을 전환하여 제자리로 되돌아옴의 의미를 갖고 있다.[52] 구삼은 하괘에서 유일한 양효이고, 하괘의 두 음효는 구삼에 의지하려는 경향이 있기다. 구삼의 효가 위로 올라가면 외괘의 험함에 빠져 위험해지지만 돌려서 자기 자리로 다시 내려오면 내괘 본연의 자리로 회귀하게 된다는 의미이다.

세 괘의 사례에서 확인되듯이, 『역경』에서의 '반'자는 잘못된 진행이나 부적절한 위치에서 벗어나 알맞은 시점과 자리로 되돌아오는 조정과 회복의 원리를 공통적으로 드러낸다. 이때 '반'자는 혼인, 도의 순환, 행위의 방향 전환 등 외적 상황과 관계의 질서를 바로잡는 맥락에서 사용되며, 아직 행위 주체의 내면을 성찰하는 윤

---

52 『周易正義』"[注] 進則入險 來則得位 故曰 往蹇來反."

리적 반성으로까지는 확장되지 않는다. 그러나 이러한 외적 질서의 점검과 회귀에 대한 사유는 곧 자신의 처지와 행위를 스스로 살펴 적절성을 회복하려는 내면적 성찰의 구조로 전환될 수 있는 사상적 가능성을 내포한다. 이는 전국 시대 이후 인간 행위의 내적 점검과 자성으로서의 반 개념이 성립되는 사상적 토대를 마련한다고 할 수 있다.

한편, 소축(小畜) 괘(☴)의 구삼 효사 "수레의 바퀴살이 빠져나가니, 부부가 반목을 한다[輿說輻, 夫妻反目]"는 수레의 바퀴살이 빠져 중심을 잃고 부부가 서로 반목하는 상황을 묘사한다. 여기서 반목(反目)은 고대부터 눈을 돌려 상대를 노려본다는 의미로 사용되어 왔으며, 불화하거나 등을 돌리는 관계적 갈등 상태를 가리킨다. 이 경우 '반'자는 반대나 분열, 대립을 의미한다.

다음으로 『논어』에서 '반'자는 총 9회 나오는데 자성적 사유와 연관된 용법은 보이지 않는다. 「팔일」에서 "반점(反坫)", 즉 '술잔을 되돌려놓는 받침대'로 2회 나오고, 「옹야」에서는 "맹지반(孟之反)"이라는 사람의 이름에서 보인다. 「술이」의 "한 모퉁이를 들어 일러주었을 때 나머지 세 모퉁이를 유추하지 못하면 다시 일러주지 않는다[擧一隅不以三隅反 則不復也]"에서 '유추하다', "반드시 다시 하게 하다[必使反之]"에서 '거듭하다'로, 「자한」의 "내가 위나라에서 노나라로 돌아오다[吾自衛反魯]"에서 '돌아오다'로, "뒤집혔다가 합쳐지는구나[偏其反而]"에서 '(모양이) 회복되다'의 뜻으로 쓰였다.

또한, 「안연」의 "소인은 이와 반대이다[小人反是]"에서 '반대되다'로, 「미자」의 "자로로 하여금 되돌아가서 그를 만나게 하셨다[使子路反見之]"에서 '되돌아가다'의 뜻으로 사용된다.

이어서 『맹자』에 나타난 '반'자의 용법을 살펴보기에 앞서, 공자와 맹자 사이의 사상적 공백을 메우기 위해 전국시대 초 · 중기 무렵 형성된 『곽점초간』의 「성자명출」, 「성지문지」를 중심으로 맹자의 사유와 긴밀히 연결되는 반기(反己)의 사유를 살핀다.[53] 우선 「성자명출」에서 행위의 주체가 자기 자신의 내면을 돌아보고, 그것을 덕의 수양의 기준으로 삼으려는 윤리적 자성의 구조가 나타난다.

> "무릇 사람이 거짓되게 행동하는 것은 미워할 만한 일이다. 거짓되면 인색해지고, 인색하면 염려가 많아지고, 염려가 많으면 사람들과의 관계를 맺지 못하게 된다. 신중함[愼]은 인(仁)의 실천 방도이다. 그러나 신중한 사람의 과오는 그다지 미워할 것이 아니다. 성급함은 도모함의 방도이지만, 잘못[過]이 있으면 반드시 허물[咎]이 된다. 사람이 신중하지 않으면 과오[過]가 생기는 것은 확실하다."[54]

53 『郭店楚簡』은 1993년 중국 湖北省 荊門市 郭店村에서 출토되었고, 墓葬 연대는 戰國 中後期(B.C.E. 340~320)로 추정된다. 곽점초간의 하장 연대를 고려할 때 그 成書 연대와 作者를 공자와 맹자 사이의 유교의 작품으로 간주된다. 초나라의 무덤에서 출토된 『郭店楚簡』 가운데, 儒家類로는 「缁衣」, 「鲁穆公问子思」, 「五行」, 「穷达以时」, 「唐虞之道」, 「忠信之道」, 「成之闻之」, 「尊德义」, 「性自命出」, 「六德」, 「语丛一」, 「语丛二」, 「语丛三」이다. 본문 내 인용된 원문은 中國哲學書電子化計劃 整理本을 따랐다.

54 『郭店楚簡』 「性自命出」 "凡人偽為可惡也. 偽斯吝矣 吝斯慮矣 慮斯莫與之結矣. 愼 仁之方也. 然而其過不惡. 速 謀之方也. 有過則咎. 人不愼斯有過 信矣."

"행함에 있어 지나침이 없는[不過] 사람은 도(道)를 아는 자이다. 도를 들었을 때 윗사람에게 되돌리는[反上] 이는 윗사람과 교류하는 자이고, 도를 들었을 때 아랫사람에게 되돌리는[反下] 이는 아랫사람과 교류하는 자이며, 도를 들었을 때 자기 자신에게 되돌리는[反己] 이는 자신을 닦는[修身] 사람이다. 윗사람과 교류하는 것은 왕을 섬기는 데 가까우며, 아랫사람과 교류하는 것은 대중을 얻어 정치에 나아가는 데 가깝고, 자신을 닦는 것[修身]은 인(仁)에 이르는 데 가깝다."[55]

여기서 '반기'는 수신하는 사람이 도를 듣고 자기 자신의 언행을 반성하고 고찰하는 행위를 말한다. 반기 개념은 타자와의 관계보다 우선하여 자기 자신에게 도덕을 적용해야 함을 강조한다. 이는 도를 들은 후 그것을 자신에게 돌이켜 되묻는 행위로써, 자신의 행동과 감정을 수양하고 조절하려는 실천적 자세를 드러낸다. 여기서 반 개념은 개인의 구체적인 수양 행위로 이어지는 윤리적 자기 점검이며 덕의 완성을 지향한다. 맹자는 이러한 자기 되돌림의 사유를 더욱 강조하여 도덕 판단의 근거를 외적 기준이 아닌 내면에 대한 성찰에서 찾고자 하였다. 「성지문지」는 자기 자신에게서 찾는[求諸己] 사유를 보다 명확하게 구체화하면서, 이를 맹자의 반구저기(反求諸己) 개념으로 심화시키는 사상적 연결고리로 기능한다.

"예로부터 백성을 다스리는 자는 언제나 자기 자신에게서 구했다고[求之於己] 들었다. 신뢰할 수 없는 행동을 보여준다면, 백성은 그의 명령을 따르지

55 『郭店楚简』「性自命出」"行之不過 知道者也. 聞道反上 上交者也. 聞道反下 下交者也. 聞道反己 修身者也. 上交近事君 下交得衆近從政 修身近至仁."

않을 것이며, 그의 말에 기뻐하지 않게 되며, 백성은 윗사람의 명령에 순종하지 않을 것이다. 신뢰할 수 없는 말을 하면서, 덕을 마음에 품고 있는 자는 아직 없었다. 그러므로 군자가 백성들에게 다가가 보살피고 솔선수범하며, 공경스러우면서도 신중하게 처신한다면, 마음으로부터 안위를 얻을 수 있을 것이다. … 윗사람이 솔선하여 본을 보이면, 백성으로서 그를 따르지 않는 사람이 거의 없게 된다. 하지만 그렇다고 해서 그 영향이 깊고 오래 가는 것도 아니며, 그 무게가 큰 것도 아니다. 그러므로 군자는 늘 자기 자신의 내면에서 답을 구하는[求諸己] 데 힘쓴다. … 그러므로 군자가 행해야 할 일은 많지도 않고, 구해야 할 것은 먼 곳에 있지 않다. 자신을 바라보면 다른 사람을 이해할 수 있다. 그러므로 다른 사람에게 사랑받고 싶다면 먼저 다른 사람을 사랑해야 하고, 다른 사람에게 존경받고 싶다면 먼저 다른 사람을 공경해야 한다."[56]

「성지문지」는 군자의 도덕적 실천이 타인의 반응이나 외적인 정치 행위보다 먼저 자기 자신을 향한 성찰에서 출발해야 함을 강조한다. 위 인용문의 저자는 백성을 다스리는 자는 언제나 자신의 내면에서 원인을 찾고자 하며[求之於己], 언행에 책임을 지는 태도를 가질 때 비로소 진정한 신뢰와 감화를 이끌어 낼 수 있다고 지적한다. 이는 군자가 모범이 되려면, 타인을 이끌기 전에 먼저 자신의 마음과 행위를 돌아보고 점검해야 하며, 말과 행동이 진실할 때

56 『郭店楚簡』「成之聞之」"古之用民者 求之於己為恆. 行不信則命不從 信不著則言不樂. 民不從上之命 不信其言 而能含德者 未之有也. 故君子之蒞民也 身服善以先之 敬慎以守之 其所在者入矣. … 上苟倡之 則民鮮不從矣. 雖然其存也不厚 其重也弗多矣. 是故君子之求諸己也深. 不求諸其本而攻諸其末 弗得矣. 是故君子之於言也 非從末流者之貴 窮源反本者之貴. … 故君子所復之不多 所求之不遠 竊反諸己而可以知人. 是故欲人之愛己也 則必先愛人 欲人之敬己也 則必先敬人." 해석은 강신석(2024), 「<成之聞之> 譯註 – 君子 교화론 – 天常과의 조화로운 합일」, 중국어문연구회, 중국어문논총117, 243–278을 참고함.

에만 백성의 자발적인 응답을 기대할 수 있음을 분명하게 드러낸다. 또한, 구할 것은 멀리 있지 않으며, 자신을 돌아보면 타인을 이해할 수 있다고 하며, 도덕적 판단과 실천의 기준이 내면에 있음을 강조한다. 이러한 사유는 맹자의 반구저기로 이어지며, 도덕적 책임을 타인이나 환경이 아닌 자기 자신에게 철저히 귀속시키는 방향으로 한층 심화된다. 이로써 「성지문지」는 공자의 자성적 사유를 구체적인 실천 윤리로 발전시키는 동시에, 군자의 수양을 핵심으로 삼는 맹자의 사상으로 이어지는 연결점이 된다.[57]

『맹자』에서 '반'자는 총 56회 등장하며, 이 가운데 도덕적 의미로 사용된 예는 16회에 해당한다.[58] 우선 '반구저기' 사유의 출발점으

---

57 反己의 사유는 전국 시대 후기로 갈수록 더욱 구체화된다. 예를 들어 『禮記·學記』 "知不足 然後能自反也. 知困 然後能自強也.", 『呂氏春秋·論人』 "何謂反諸己也. 適耳目 節嗜欲 釋智謀 去巧故 而游意乎無窮之次 事心乎自然之塗 若此則無以害其天矣." 등이 있다. 최남규 역, 마승원 주편·복모좌 주석(2012), 『상해박물관장전국초죽서: 성정론』, 소명출판, 221-223.

58 그 밖에 『孟子』에서 反자는 반성적 의미와 직접적인 관련 없이 40회 쓰였다. 「梁惠王上」 "蓋亦反其本矣.", "則盍反其本矣.", 「滕文公上」 "蓋歸反虆梩而掩之", 「離婁下」 "發乘矢而後反", "我將反"에서 '돌아가다', 「梁惠王下」 "從流下而忘反謂之流, 從流上而忘反謂之連", "比其反也.", "出乎爾者, 反乎爾者也.", 「公孫丑下」 "反於齊", "則必反子", 「滕文公上」 "世子自楚反", "子貢反", 「滕文公下」 "嬖奚反命曰", "嬖奚反命曰", 「離婁下」 "三年不反", "曾子反", "寇退則反", "則必饜酒肉而後反", "則必饜酒肉而後反", 「盡心上」 "又反之"에서 '돌아오다', 「梁惠王下」 "反其旄倪"에서 '돌려보내다', 「梁惠王下」 "夫民今而後得反之也"에서 '되갚다', 「公孫丑上」 "由反手也"에서 '뒤집다', 「公孫丑上」 "必反之"에서 '보복하다', 「公孫丑上」 "而反動其心", 「離婁上」 "則反夷矣", 「離婁下」 "我不忍以夫子之道反害夫子"에서 '도리어', 「公孫丑下」 "則反諸其人乎"에서 '되돌려주다', 「公孫丑下」 "反齊滕之路", "反之而未嘗與言行事"에서 '왕복하다', 「滕文公上」 "然友反命", "至於子之身而反之", "然友反命", 「萬章上」 "反命曰"에서 '보고하다', 「萬章下」 "反覆之", "反覆之", 「告子上」 "梏之反覆"

로서 중요한 의미를 지닌 '반지(反之)' 개념을 살핀다.

"요순께서는 타고난 성(性)대로 하셨고, 탕왕과 무왕께서는 성을 회복하셨다[反之]."[59]

여기서 요순은 작위적인 노력 없이 본래의 천성을 그대로 드러내는 존재로서 생이지지(生而知之)의 모습과 가깝다. 반면 탕왕과 무왕은 자신의 본성을 실현하기 위하여 학습과 수양이라는 인위적이고 의식적인 노력을 통해 성인의 경지에 이른 존재로 이해되며, 이는 학이지지(學而知之)의 모습과 상통한다. 맹자는 또한, 요순의 경우 내면의 본성을 따라 자연스럽게 이루어진 것이기에 '성지(性之)'로, 탕무의 경우에는 적극적이고 의식적인 노력과 수양을 통해 본성을 실현했기 때문에 '신지(身之)'로 표현하기도 했다.[60] 여기서 '신지'란, 본성을 실현하기 위한 수신의 노력을 다하는 것을 뜻하며, 이는 '반지'의 개념과 상통한다. 즉, 본문에서의 반 개념은 과거에 머무는 소극적인 행위에 머물지 않으며, 타고난 본성을 적극적으로 회복하고 실현하려는 능동적인 노력의 의미를 내포한다.

이와 마찬가지로 「진심하」의 "군자는 떳떳한 도를 회복할[反經]

에서 '반복하다', 「離婁下」 "將以反說約也"에서 '돌이키다'의 뜻으로 쓰였다.

59 『孟子』「盡心下」 "堯舜 性者也. 湯武 反之也."

60 『孟子』「盡心下」 "堯舜 性之也. 湯武 身之也."

뿐이니, 떳떳한 도가 바르게 되면 백성들이 선을 행하려는 마음을 일으키고, 백성들이 선을 행하려는 마음을 일으키면 사특함이 없어질 것이다[君子反經而已矣. 經正則庶民興 庶民興 斯無邪慝矣]"에서 '반'자는 도덕성을 회복한다는 의미로 쓰였다. 이러한 맥락에서 '반'자는 '자반(自反)', '반신(反身)' 등 보다 구체적이고 실천적인 내면 성찰의 의미로 발전해 가며, 이와 관련된 자세한 논의는 2장 맹자의 자성론에서 상세히 다룬다.

다음으로 『중용』에서 '반'자는 4회 나오는데, 그중 2회가 『맹자』의 반구저기, 반신 개념과 동일한 의미로 사용된다. "활쏘기[射]에는 군자와 비슷한 점이 있으니, 활을 쏘아 정곡을 맞추지 못하면 돌이켜 자기 자신에게서 찾는다[反求諸其身]."[61]와 "어버이의 마음에 들게 하는 데 방법이 있으니, 자신을 돌이켜 보아[反諸身] 성(誠)하지 않으면 어버이 마음에 들지 못할 것이다."[62]에서 확인된다. 이는 반 개념을 중심으로 한 윤리적 자성 개념이 자사에서 맹자로 이어지는 사유 전통 속에서 일관되게 계승되었음을 의미한다. '성'과 관련된 자성의 함의는 3장 『중용』의 자성론에서 집중하여 다룬다.[63]

---

61 『中庸』"射 有似乎君子 失諸正鵠 反求諸其身."

62 『中庸』"在下位 不獲乎上 民不可得而治矣 獲乎上 有道 不信乎朋友 不獲乎上矣 信乎朋友 有道 不順乎親 不信乎朋友矣. 順乎親 有道 反諸身不誠 不順乎親矣."

63 나머지 2회는 『中庸』"君子中庸 小人反中庸."에서 '어긋나다, 반대로 행하다'

한편, 맹자에 비해 순자 사상에서 자성적 의미의 반 개념은 그 빈도와 중요도가 낮은 편이다. 『순자』에서 '반'자는 총 75번 나오는데 문맥상 윤리적 의미로 연결될 수 있는 3회이다.[64] "군주가 어리석어 독단을 하면 국가의 일이 제대로 되지 않고, 군주가 시기하여 이기려 들면 신하 중에 간하는 사람이 없어 국가는 분명 재앙을 만날 것이다. 신하들의 과오[過]를 논할 적에는 자신이 신하들에게 은혜를 베푸는 행위를 했는지 돌아봐야 한다[反其施]."[65]에서 '반'자는 타인의 과오를 논하기에 앞서 자신의 행실을 되돌아보는 반성적 의미를 지닌다.

또한, "스스로 잘 아는 사람[自知者]은 남을 원망하지 않고, 운

의 뜻으로, "生乎今之世 反古之道 如此者烖及其身者也."에서 '반복하다'의 의미로 쓰였다.

64 나머지 72회는 다음과 같다. 『荀子』「臣道」"小人反是", 「不苟」"君子 小人之反也", 「非相」"鄙夫反是", 「仲尼」"愚者反是", 「儒效」"鄙夫反是", 「致士」"口行相反", 「性惡」"皆反於性而悖於情也" 등에서 '상반/대비됨', 「不苟」"濟而材盡長遷而不反其初 則化矣", 「彊國」"節威反文", 「解蔽」"直言反矣", 「大略」"制禮反本成末"에서 '되돌아감', 「榮辱」"反鈆察之而俞可好也", 「非十二子」"反紃察之", 「儒效」"以極反側"에서 '반복함', 「非相」"如反手爾", 「臣道」"反君之事"에서 '뒤집다/되돌리다', 「儒效」"反籍於成王", "周公歸周反籍焉"에서 '돌려주다', 「儒效」"反而定三革", 「禮論」"反無哭泣", 「君道」"莫不反慤" 등에서 '돌아오다', 「儒效」"積反貨而爲商賈"에서 '(물건을) 팔다', 「王制」"才行反時者死無赦"에서 '반대하다', 「王制」"是彊者之所以反弱也", "是以大者之所以反削也" 「富國」"必反無功", 「議兵」"下反制其上"에서 '도리어', 「王制」"諸侯俗反", 「君道」"不反君", 「議兵」"反之者亡"에서 '배반하다', 「王霸」"必反是者", 「彊國」"反先王之道", 「正論」"反禹湯之德"에서 '위반하다', 「賦」"千歲必反"에서 '바뀌다' 등의 뜻으로 쓰였다.

65 『荀子』「成相」"愚而自專事不治 主忌苟勝 羣臣莫諫 必逢災. 論臣過 反其施."

명을 아는 사람[知命者]은 하늘을 원망하지 않는다. 남을 원망하는 사람은 궁지에 처하고, 하늘을 원망하는 사람은 식견이 없는 자이다. 자기가 잘못하고[失之己], 그 원인을 남에게서 구하는 것[反之人]이 어찌 도리와 멀지 않겠는가?"[66]에서도 자성과 관련된 반 개념이 쓰인다. 이는 잘못의 원인을 자기 자신에게서 찾지 않고 남에게서 구하는 태도를 비판하는 내용이다. 순자에 의하면 자기 잘못을 자신에게서 구할 줄 아는 사람이 스스로 잘 아는 사람[自知者]이며, 자성을 할 수 있는 인간이다. 이 구절은 「법행」편에서도 반복된다.[67]

다음으로 『역전』에서 '반'자는 총 17회 등장하는데 그중에서 자성적 의미를 내포하는 것은 '반신(反身)' 개념으로 총 2회 언급된다. 우선 '반신'은 37번째 가인(家人) 괘(䷤)의 상구 효사에 대한 「상전」의 설명에 등장한다. "'위엄이 있어 길함[威如之吉]'은 자기 몸에 돌이킴[反身]을 이른다."[68]에 대한 대표적인 주석들은 모두 반신 개념의 자성적 의미를 강조하여 드러낸다. 공영달은 반신에 대하여 자신이 남을 공경할 줄 알면 남 또한 자기를 공경하므로 자기 몸에 돌이켜보면[反之於身] 남에게 베풀 줄을 알게 된다는 의미로 보았

---

66 『荀子』「榮辱」"自知者不怨人 知命者不怨天. 怨人者窮 怨天者無志. 失之己 反之人 豈不迂乎哉."

67 『荀子』「法行」"失之己而反諸人 豈不亦迂哉."

68 「象傳」"威如之吉 反身之謂也."

고,[69] 정이는 가장의 존엄과 권위가 세워지지 않으면 가족을 제대로 이끌기 어렵기에 가장이 자기 자신을 돌이켜 봄으로써 도덕적 위엄과 위용이 바로 설 때, 온전한 가정을 이룰 수 있다는 의미로 해석했다.[70]

마찬가지로 주희도 가장의 위엄은 도덕적인 '반신'에 의해 자발적으로 형성된다는 의미를 강조한다. 가장이 자기 몸에 돌이켜 스스로를 다스리면[自治] 가족 구성원들이 저절로 감화되어 가장을 존경하고 따르게 된다.[71] 이는 사람이 자성을 통해 도덕적 권위와 위상을 얻을 수 있다는 것을 의미한다. 왕부지 또한 "아버지의 도가 존엄하면서 모독을 당하지 않는다는 것은 자신이 올바르기에[身正] 위엄이 저절로 선다는 의미이다. … 위엄이라 하는 것은 굳이 물리력을 행사할 필요가 없고 자신에게 돌이키며[反身] 합당한 이치대로 다함으로써 교화가 저절로 행해지는[自行] 것"이라고 하여 반신의 자성적 의미를 강조하였다.[72]

다음으로 '반신' 개념은 건(蹇) 괘(䷦)의 「대상전」 "산 위에 물이

---

69 『周易正義』 "[疏] 正義曰 反身之謂者, 身得人敬則敬於人,明知身敬於人, 人亦敬己. 反之於身, 則知施之於人, 故曰 反身之謂也."

70 『程氏易傳』 "治家之道 以正身爲本. 故云反身之謂. 爻辭 謂治家當有威嚴 而夫子又復戒云當先嚴其身也. 威嚴 不先行於己 則人怨而不服. 故云威如而吉者能自反於身也."

71 『周易本義』 "謂非作威也 反身自治 則人畏服之矣."

72 『周易內傳』 "父道尊而不瀆 身正而威自立 … 則所謂威者 不在撻責 反身 盡道而教自行矣."

있는 것이 건괘이니, 군자가 이것을 본받아 몸에 돌이켜[反身] 덕을 닦는다"[73]에 나온다. 건괘는 산(☶)이 높고 막혀있는데 위에 다시 물(☵)이 있는 모양으로 인생의 역경과 난관을 의미한다. 군자는 산 위에 물이 있는 자연의 험한 형세를 보고 이를 본받아 자기 자신을 돌이켜 덕을 닦는 존재이다. 공영달은 '반신'을 '돌이켜 성찰함[反省察]'으로 해석하며, 이를 위기와 곤궁의 상황에서 요청되는 군자의 자성적 태도로 제시한다. 험난한 시기에는 외적으로 나아가 행위할 수 없으므로, 군자는 자기 몸에 돌이켜 찾아[反求諸身] 스스로 덕을 닦는 데 전념해야 한다. 이러한 내적 수양을 통해 도가 성취되고 덕이 확립될 때에야 비로소 험함을 구제할 수 있으며, 이 점에서 "군자가 이것을 보고 몸에 돌이켜 덕을 닦는다[反身修德]"는 말의 의미가 성립한다.[74] 또한, 정이천은 이를 맹자의 반구저기로 연결하여 "어려움을 만나면 반드시 스스로 자기 몸에 살펴보아[自省於身] 무슨 잘못이 있어 이렇게 되었는가 한다면 이는 몸에 돌이킴[反身]"이라고 하여 반 개념의 자성적 의미를 보다 적극적으로 드러낸다.[75]

---

73 「象傳」"山上有水 蹇 君子以反身修德."

74 『周易正義』"[疏] 正義曰 : 蹇難之時, 未可以進, 惟宜反求諸身, 自脩其德, 道成德立, 方能濟險, 故曰 '君子以反身修德'也. … 處難之世, 不可以行, 只可反省察, 脩己德用, 乃除難."

75 『程氏易傳』"山之峻阻 上復有水 坎水爲險陷之象 上下險阻. 故爲蹇也. 君子觀蹇難之象 而以反身修德 君子之遇艱阻 必反求諸己而益自修. 孟子曰 : 行有不得者 皆反求諸己. 故遇艱蹇 必自省於身 有失而致之乎 是反身也. 有所未善則

3) 성(省) 개념과 그 변천

‘성’자는 갑골문에 83회 나오는데 目(목)과 屮(철)로 이루어졌다( ). 屮은 生(생)의 생략형이다. 갑골문에서 눈과 직선을 중심으로 좌우 방향이 더해진 시선을 그렸는데, 눈의 시선을 좌우로 돌려 두리번거리며 ‘살핌’을 뜻한다. 금문에 ‘성’자는 17회 나오는데, 자형( )은 갑골문과 유사하다. 금문에서 시선을 그린 부분이 이후 생(生)으로 바뀌어 소리부가 되었다. 「성고(省觚)」 등에서는 眚(눈에 백태 낄 생)자로 쓰였는데 省자와 眚자는 원래 같은 글자였으나 뒤에 성은 ‘살피다’의 의미로, 생(眚)은 ‘눈병’이라는 뜻으로 각각 다르게 쓰이게 되었다. ‘성’자에는 두 가지 발음이 있다. 성묘(省墓), 귀성(歸省) 등 ‘본다’는 뜻으로 쓰이거나 성찰(省察), 행정 구역 단위 등을 뜻할 때는 ‘성’이라고 읽고, ‘생략(省略)하다, 아끼다’라는 뜻으로 쓰일 때는 ‘생’으로 읽는다.[76]

‘성’자는 『역경』의 괘효사에는 등장하지 않고, 『시경』에 2회 나오는데 모두 외적 통치 행위와 관련되어 쓰인다. 두 용례 모두 상제(上帝)와 군주의 통치적 기능과 결부되어 사용되었다.

改之 无歉於心則加勉 乃自修其德也. 君子 修德以俟時而已.”

76 하영삼(2014), 『한자어원사전』, 도서출판3, 357; 이병관(2018), 『설문해자역주 제4편』, 보성, 47–48.

"위대하신 상제님, 위엄 있게 세상에 임하시어
세상을 살펴보시고, 백성들의 고통을 살피셨다.
…
상제께서 그곳 산을 살피시어[省],
갈참나무 백유나무 다 뽑혔고, 소나무 잣나무도 옮겨져
나라 세우시고 다스릴 분 세우셨다. 이분들이 바로 태백님과 왕계님."[77]

이 구절은 상제가 세상에 임하여 사방을 굽어보고 백성의 고통을 살피는 장면을 묘사한다. 여기서 상제는 현실 세계의 질서와 인간사의 안정을 감독하는 주재자로 언급되며, 인간 사회를 보살피고 통제하는 역할을 수행한다. 이러한 맥락에서 '성'자는 '보살피다' 혹은 '시찰하다'는 뜻으로 이해되며, 상제가 산천과 국토, 나아가 인간 사회의 질서를 관찰하고 이에 관여하는 행위를 가리킨다. 따라서 이 문맥에서의 성 개념은 백성과 국토를 살펴 다스리는 통치적 시찰의 의미에 해당한다.

"왕께서 윤씨에게 일러, 정나라 제후 휴보를 대사마에 명하시고
좌우로 군사를 늘어서게 하고 군사들에게 훈계하시기를
'저 회수 가를 따라 서나라 땅을 살피고[省]
적들이 머물러 살지 못하게 하라' 하시니, 삼경이 모두 이에 따랐다."[78]

---

77 『詩經』「大雅 · 皇矣」"皇矣上帝 臨下有赫 監觀四方 求民之莫 … 帝省其山 柞棫斯拔 松柏斯兌 帝作邦作對 自太伯王季."

78 『詩經』「大雅 · 常武」"王謂尹氏 命程伯休父 左右陳行 戒我師旅 率彼淮浦 省此徐土 不留不處 三事就緖."

이 구절에서 '성'자의 용례 또한 군주가 특정 지역을 순시하거나 점검하는 외재적 행위를 지칭한다. '성'자는 정치적 · 행정적 맥락에서의 감찰 행위를 의미하며, 군주의 통치 권한과 군사 지휘 체계 속에서 수행되는 실천적 행위로 사용된다. 이 시기의 '성'은 개인의 심성 수양과는 직접적 관련이 없으며, 국가 차원의 질서 유지와 정벌의 정당성을 확보하기 위한 제도적 감찰 행위로 기능한다.

다음으로 『서경』에 '성'자는 총 6회 등장하는데 크게 세 가지 의미로 분류할 수 있다. 첫 번째로 통치 주체가 외적 성과를 확인하고 정무를 점검하는 정치적 행위를 나타내는 말로 쓰인다. 이는 주로 군주나 관리가 통치 과정에서 행정적 결과물과 치적을 반복적으로 검토하고 평가하는 정치적 활동과 관련된 개념으로서 정치적 성과와 외부에 드러난 현상을 감독하고 점검한다는 의미로 사용된다.

고요가 손을 땅에 짚고 머리를 조아리며 큰 소리로 말하였다. "굽어 살피십시오! 신하를 거느리고 일을 하시되, 법도를 삼가 지키고 공경하십시오. 당신이 이루신 일을 자주 살피시고[省] 공경하십시오." 이어 노래하였다. "왕이 밝으시면 신하들도 훌륭하여 모든 일이 편안히 잘 되리로다."[79]

위 구절에서 고요는 천자에게 신하들을 거느리고 나라의 일을 일으키는 데 있어 법도를 삼가 지키고, 공경의 자세로 임할 것을

---

79 『書經』「虞書 · 益稷」"皐陶拜手稽首 颺言曰 念哉 率作興事 愼乃憲 欽哉 屢省乃成 欽哉. 乃賡載歌曰 元首明哉 股肱良哉 庶事康哉."

권고한다. 천자는 자신이 이룬 공적과 사업을 반복하여 점검함으로써, 방만함이나 게으름을 경계하고 정사를 바로잡아야 한다. 여기서 '성'자는 이루어 낸 성과나 행정적 결과물을 점검하고 감독하는 행위를 의미한다. 그 대상은 개인의 내면적 심성이나 도덕적 상태가 아니며, 천자가 외부 세계에서 성취한 정치적 · 사회적 결과물이다.

> "나쁜 징험이라는 것은 사람들이 경망한 몸가짐을 지니어 오랫동안 비가 내리게 되는 것과, 사람들이 일을 제대로 하지 못하여 오랫동안 내내 햇빛이 비치는 것과, 사람들이 분별없이 행동하여 오랫동안 더위가 따라 이어지는 것과, 사람들이 조급히 일을 하여 오랫동안 추위가 따라 이어지는 것과, 사람들이 멍청한 짓을 하여 오랫동안 바람이 따라 불게 되는 것입니다." 또 말하였다. "왕은 해[歲]를 살피어야[省] 되고, 공경과 관리들은 달[月]을, 낮은 관리들은 날[日]을 살펴야 합니다."[80]

마찬가지로 이 구절에서도 '성'자는 유사한 의미로 쓰인다. 왕은 한 해 전체의 징험을 통해 천명과 정치의 방향을 점검해야 하고, 신하와 관리들은 보다 짧은 주기로 정사와 민생의 이상 징후를 살펴야 한다. 왕의 살핌[省]은 1년 주기 동안 정치의 성과와 실패를 관찰하고 점검하는 것을 의미한다. 한 해 동안 반복적으로 나타나는 자연현상과 사회적 결과를 통해 정치의 잘잘못이 드러나며, 왕

80 『書經』「周書 · 洪範」"曰咎徵 曰狂 恆雨若 曰僭 恆暘若 曰豫 恆燠若 曰急 恆寒若 曰蒙 恆風若. 曰王省惟歲 卿士惟月 師尹惟日."

은 이를 면밀히 살펴 정사의 근본을 바로잡아야 하는 책임을 진다. 이는 외부로 드러난 결과, 즉 정치적 성취와 실패, 사회적 징험을 점검하고 관찰하는 외재적 행위를 의미한다. '성'의 대상은 자연현상이나 백성들의 생활 양상과 같은 외부 세계의 변화이며, 왕은 이를 통하여 자신의 통치가 올바른지를 판단해야 한다.

두 번째로 '성'자는 사람이나 물건 등의 외재적 대상을 평가하고 점검하는 의미로 사용된다. "모두 (상으로 내릴) 의상은 상자에 잘 보관해 두시고, 방패와 창은 (장수에 임명할 사람의) 몸을 잘 살펴보고[省] 주소서"[81]에서 '성'은 인물의 자질이나 준비 상태를 외형적으로 점검하고 확인하는 행위이며, 그 대상은 타자의 신체나 행위 능력이다. 이는 인격적 성찰이나 도덕적 내면 고찰과는 무관하며, 행정적 실무 판단과 관련된 감찰적 의미로 쓰인다. 또한, "가서 화살의 오늬가 조준기에 맞게 장착되었는지 살펴서[省] 맞게 장착되었으면 발사하는 것처럼 해야 할 것이다"[82]에서 '성'은 화살과 조준기의 상태가 기준에 맞는지를 관찰하고 확인하는 행위를 의미하는데, 이는 외부 대상에 대한 기술적 점검을 가리킨다.

세 번째로 『서경』에서 '성'자는 전통과 선례를 기반으로 형성된 외재적 기준에 대한 역사적 고찰과 검토의 의미로 사용된다. 이는

81 『書經』「商書 · 說命」"惟衣裳 在笥 惟干戈 省厥躬."

82 『書經』「商書 · 太甲」"往省括于度則釋 欽厥止." 이 편은 금문에는 들어있지 않다.

'살핀다'는 행위가 역사 속에서 구현된 정치 질서와 윤리적 실천이라는 객관화된 모범을 대상으로 삼고 있음을 보여준다. '살핌'은 과거 성왕의 공적과 제도 운영, 그리고 윤리적 행위를 기준으로 삼아, 현재의 정치적 실천을 점검하고 정당화하는 역할을 수행한다.

> 왕이 말하였다. "그대들 중 옛 관리들은 먼 지난 일도 잘 살필[省] 수 있을 것이니, 그대들은 나라를 편히 한 왕께서 어떤 일에 부지런하셨는가를 알 것이오. 하늘은 슬며시 우리가 성공할 것을 알리셨으니, 나는 감히 나라를 편히 하신 왕께서 꾀하시던 일을 계승하여 잘 끝맺지 않을 수가 없소."[83]

이 구절에서 왕은 오랜 경력을 지닌 신하들이 먼 과거의 정치적 사실까지도 숙고할 수 있음을 전제하며, 성군의 업적과 근면함을 되새길 것을 요구한다. 여기서 '성'은 과거 성왕의 정치적 노력과 치적을 면밀히 검토하는 태도를 가리킨다. 이는 개인의 내면을 성찰하는 행위라기보다는 과거 군주의 정치적 행적을 재확인하고 그 모범을 현재의 정치적 실천에 연결하려는 역사적 · 외재적 고찰의 의미를 지닌다. 이러한 성 개념은 윤리적 의미로서의 성찰 개념으로 나아갈 여지가 있다. 모범적 통치 행적을 기준 삼아 살피는 행위는 곧 자신의 현재 행위를 평가하고 규범화하려는 성찰적 태도를 요구하기 때문이다. 시간이 흐르면서 이러한 외재적 고찰의 행

---

83 『書經』「周書 · 大誥」"王曰 爾惟舊人 爾丕克遠省 爾知寧王若勤哉. 天閟毖我成功所 予不敢不極卒寧王圖事."

위는 점차 주체의 내면으로 전이되어, 춘추 전국 시대에는 개인 내부의 도덕적 결함이나 마음가짐을 점검하는 내재적 성찰의 의미로 발전하게 된다.

"여러 관리들과 관장들 및 여러 제후들이여! 그대들은 내 가르침을 언제나 잘 들으시오. 그대들이 크게 능히 노성한 사람의 도를 진작시킬 수 있으면 왕이 될 수 있소. (이와 같이 하고서야) 그대들은 음식을 마련하여 취하기도 하고 배부르기도 하는 것이오." 이어서 크게 말씀하기를 "그대들이 능히 (옛 도를) 길이 살펴보아[省] 그 중정(中正)의 덕을 상고하여 (왕의 도를 이루어야) 올바른 덕에 합당하게 되어야만, 그대들은 음식을 차려놓고 제사 지낼 수 있게 되고, 그대들은 스스로 편히 즐길 수 있게 될 것이오."[84]

마찬가지로 이 구절에서도 '성'의 의미는 유사하다. 문왕은 여러 관료들과 제후들에게 왕의 교훈을 듣기를 명하면서, 그들이 올바른 도리와 덕을 따를 때 비로소 정치적 권위와 의례적 권한을 정당하게 행사할 수 있음을 설파한다. 여기서 '성'은 과거의 도(道)나 선인의 교훈을 점검하고 참조하는 고찰의 개념으로 쓰인다. 이러한 행위 속에는 외부에 존재하는 모범을 기준으로 삼아 현재의 행위를 규제하고 정당화하려는 의도가 반영되어 있다. 따라서 이러한 성의 용법은 점차 외부 모범을 기준으로 자신을 점검하고 단속하게 되는 사유로 이어진다.

---

84 『書經』「周書 · 酒誥」"庶士有正 越庶伯君子 其爾典聽朕教. 爾大克羞耇惟君 爾乃飮食醉飽. 丕惟曰爾克永觀省 作稽中德 爾尚克羞饋祀 爾乃自介用逸."

『시경』의 용례와 『서경』에서 '성'자의 세 용례, 즉 '정치적 성과와 행정적 결과에 대한 감독과 점검', '사람이나 사물과 같은 외재적 대상에 대한 평가와 검토', '역사적 선례에 대한 고찰'의 의미를 종합해 볼 때, 성은 본래 외부 세계에 대한 관찰과 판단에 초점이 맞추어진 개념임을 알 수 있다.

이러한 외재적 점검으로서의 성은 유교 사상이 발흥하는 과정을 거치며 그 의미가 점차 내면화된다. 외적인 모범이나 제도적 기준을 살피는 행위는 필연적으로 현재 주체의 행위와 외부 기준 간의 괴리를 인식하는 비교 및 평가 과정을 수반하기 때문이다. 따라서 성 개념은 춘추 전국 시대 이후 개인의 도덕적 주체성이 강조되는 사상적 흐름 속에서 그 방향을 내면으로 돌리게 된다. 『논어』에서 '성'자는 개인이 자기 자신을 성찰하는 윤리적 행위의 의미로 쓰이며, 유교 자성론의 핵심 개념으로 자리 잡는다. 『논어』에서 '성'자는 자성적인 의미로 3회 쓰였고, '지켜보다(관찰하다)'의 뜻으로 1회 쓰였다.[85]

공자는 성에 자성적 의미를 새롭게 부여하였다. "군자는 근심하지 않고 두려워하지 않는다. … 안으로 살펴보아[內省] 잘못됨이 없으니[不疚], 무엇을 근심하고 무엇을 두려워하겠는가?"[86]에서 공

---

85 『論語』「爲政」"退而省其私"에서 "(안회를) 살펴보다, 관찰하다, 지켜보다"의 의미로 1회 사용되었다.

86 『論語』「顔淵」"君子 不憂不懼. … 內省不疚 夫何憂何懼."

자는 '성'자 앞에 '내(內)'자를 결합하여 '내성(內省)' 개념을 제시함으로써, 성찰의 대상이 외부 행위의 결과가 아니라 자기 내면의 도덕적 상태임을 분명히 한다.

더 나아가 공자는 '성'자 앞에 '자(自)'자를 붙여 스스로를 되돌아보는 행위로서의 '자성(自省)' 개념을 정립하였다.[87] "현명한 자를 보면 그와 같아지기를 생각하고[思], 현명하지 못한 자를 보면 안으로 자신을 성찰해야[內自省] 한다"[88]에서 자성은 타인의 도덕적 결함, 즉 외부에 드러난 불선의 사례를 거울삼아 자신의 내면을 비추어보는 윤리적 행위로 작동한다. '자성'이라는 용어는 다음 『논어』의 구절에서 1회, 『순자』에서 2회 나온다.

『중용』에서는 『논어』의 내성 개념을 계승하는 한편, 『시경』에 나타난 타인의 시선이 부재한 상황에서의 홀로 있음에 대한 태도, 즉 신독의 사유를 결합함으로써 성의 내면적 의미를 더욱 심화한다. 이는 성의 대상을 타인에게 전혀 드러나지 않는 내면의 상태까지 확장한다. 다음 구절은 『중용』에서 '성'자를 윤리적 의미에서 논하는 대목이다.[89] 이는 『중용』의 저자가 공자가 제시한 '내성' 개념의

---

87 自자는 갑골문에 , 金文에는 로 나오는데, 이는 사람의 코를 본떠 만든 글자이다. 코는 얼굴에서 개인적 차이가 가장 심한 부위이기에 개인을 대표하는 것으로 인식되었고, 여기에서 自己, 自身이라는 뜻이 형성되었다.

88 『論語』「里仁」"見賢思齊焉 見不賢而內自省也."

89 『中庸』에서 省자는 두 번 나오는데, 나머지 한 번은 "日省月試 既稟稱事"에서 '시찰하다'의 의미로 쓰인다.

핵심을 타인의 감시가 없는 상황에서도 스스로를 경계하는 신독의 태도로 이해하고 있음을 보여준다. 이러한 신독 개념은 이후 유교 자성론에서 자성을 실천하는 방법으로 중요하게 작용한다.

> "『시경』「소아 · 정월」에 '잠겨 있는 것은 엎드려 있어 보이지 않지만, 또한 매우 밝게 드러난다.' 하였다. 그러므로 군자는 안으로 살펴보아[內省] 잘못이 없어서 마음에 부끄러움이 없으니, 군자에게 미칠 수 없는 점은 사람들이 보지 않는 곳에 있다. 『시경』에 '(그대가) 그대의 방에 있을 때를 살펴보니, (방의) 모퉁이에서도 (마음에) 부끄러운 짓을 하지 않았다.'라고 하였다. 그러므로 군자는 움직이지 않을 때에도 공경하며, 말하지 않을 때에도 믿는 것이다."[90]

여기서 '성'은 타인에게 영향을 미친 언행이나 외부로 드러난 행위에만 한정되지 않으며, 타인에게는 결코 인식되지 않는 내면의 의식 작용과 미세한 마음의 동요까지 포괄하는 개념으로 확장된다. 이는 도덕적 긴장 상태를 일상 전반에 유지함으로써, 움직이지 않을 때에도 공경하고 말하지 않을 때에도 믿음을 지니는 경지에 이르도록 한다. 신독의 자기 성찰적 태도는 군자의 자성이 외부의 평가나 타인의 시선이 닿지 않는 고요한 순간에도 자신의 내면을 철저히 점검하며 도덕적 긴장과 정결성을 유지해야 함을 강조

90 『中庸』"詩云 潛雖伏矣 亦孔之昭. 故 君子內省不疚 無惡於志. 君子所不可及者 其唯人之所不見乎. 詩云相在爾室 尙不愧于屋漏. 故 君子 不動而敬 不言而信."

한다.[91]

다음으로 『순자』에서 '성'자는 20회 나오는데 자성과 관련된 도덕적 의미로 사용된 것은 4회이다. 『한비자』에서 '성'자가 12회 등장하지만 자성적 의미로 사용되는 경우는 없다는 것과 비교할 때, 『순자』에서 '성'의 윤리적 용법은 유교 사상의 독특한 특징임을 보여준다. 『순자』에서 '성'자는 어떤 사물을 관찰하거나 상황을 검토하는 의미를 넘어서, 자신의 행위와 마음가짐을 스스로 점검하고 돌아보는 자성의 실천적 개념으로 확장된다.

> "군자는 '배움[學]을 행하지 않을 수 없다'라고 말한다. 푸른 물감은 쪽풀에서 얻지만 쪽풀보다 더 파랗고, 얼음은 물로 이루어졌지만 물보다 더 차다. 나무가 곧아서 먹줄에 들어맞는다 하더라도 굽혀 수레바퀴를 만들면 굽은 자에 들어맞게 되고, 비록 바싹 마른다 하더라도 다시 펴지지 않는 것은 굽혔기 때문이다. 나무는 먹줄을 따르면 곧아지고 쇠는 숫돌에 갈면 날카로워지는 것처럼 군자도 널리 배우며[博學] 매일 자신을 점검하고 성찰하면[日參省乎己] 앎이 밝아지고 행동에 잘못이 없을 것[無過]이다."[92]

위 구절에서 '성'자 앞에 놓인 '참(參)'자는 '검증한다'는 뜻을 갖

91 『孟子』에서 省자는 5회 나오는데 자성적 의미의 省 개념은 나오지 않는다. 省자는 '줄이다'는 의미로 1회(「梁惠王上」 "省刑罰"), '살피다'는 뜻으로 4회(「梁惠王下」 "春省耕 秋省斂", 「告子下」 "春省耕 秋省斂") 쓰였다.

92 『荀子』「勸學」 "君子曰 學不可以已. 青取之於藍 而青於藍. 冰水爲之 而寒於水. 木直中繩 輮以為輪 其曲中規 雖有槁暴 不復挺者 輮使之然也. 故木受繩則直 金就礪則利 君子博學而日參省乎己 則知明而行無過矣."

는다. 군자는 널리 배우고 그것을 매일 스스로 검증한다. 따라서 이러한 자기 점검과 성찰을 통해 지혜가 밝아지고 행동에 잘못이 없게 된다.[93] 여기서 성은 지식의 축적과 규범의 체득을 전제한 이성적 · 의식적 점검 과정을 의미한다. 성은 매일의 삶 속에서 자신의 언행과 마음을 되돌아보고 잘못이 없는지를 철저히 점검하는 자성적 행위를 의미한다. 이는 군자가 학습을 통해 외재적 규범으로서의 도를 인식한 후, 그것을 자신의 내면에 구현하기 위해 반복적으로 수행해야 하는 윤리적 자기 점검이다.

> "선함을 보면 마음을 가다듬고 반드시 스스로를 살펴보고[自存], 선하지 않은 것을 보면 걱정스런 마음으로 반드시 스스로를 살펴봐야[自省] 한다."[94]

순자는 공자의 '자성' 개념을 충실히 계승하면서도 이를 더욱 체계화된 윤리 실천의 원리로 정립하였다. 이 구절에서 '존(存)'자와 '성'자는 같은 의미로 쓰인다. 청나라의 저명한 고증학자 왕념손(王念孫, 1744-1832)은 『이아(爾雅)』에서 '재(在)', '존', '성'의 세 글자가 모두 '살핀다[察]'는 뜻으로 쓰였다는 것을 근거로 '자존(自存)'과 자

93 俞樾(1821-1907)은 『荀子』에는 원래 '君子博學而日參己'로 되어 있었는데, 후대 사람이 '검증한다'라는 '參'자의 뜻을 알지 못하여 『論語』의 '三省吾身'을 근거로 삼아 '省乎' 두 자를 고루하게 덧붙인 것이라고 보았다. 그러나 王先謙(1842-1917)은 『순자』의 최초 원문에는 본디 '而日參省乎己'로 되어 있었을 것이라고 보았으며, 俞樾의 설이 틀렸다고 하였다.

94 『荀子』「修身」"見善 修然必以自存也. 見不善 愀然必以自省也."

성의 의미가 같다고 보았다.[95] 순자는 선을 보면 그것에 도달하지 못한 자신을 단속하고, 불선을 보면 즉각적으로 자신도 그와 같은 불선함이 있는지 점검하고 성찰해야 한다고 주장한다. 이는 선악에 대한 도덕 판단이 자성으로 이어져야 함을 의미한다.[96]

95 『荀子集解』"王念孫曰 爾雅 在存省 察也. 見善必以自存者察己之有善與否也 見不善必以自省者察己之有不善與否也."

96 『荀子』에서 나머지 省자는 「仲尼」"故聖王之誅也 綦省矣", 「君道」"故有君子則法雖省 足以遍矣", 「議兵」"是故刑罰省而威流", 「禮論」"文理繁 情用省 是禮之隆也. 文理省 情用繁 是禮之殺也." 「樂論」"使其曲直繁省", "辭讓之節繁及介省矣", 「性惡」"少言則徑而省", 「君子」"是故刑罰綦省而威行如流", "刑罰綦省而威行如流"에서 '적다, 단조롭다(간단하다)', 「仲尼」"省求多功 愛敬不倦", 「富國」"省商賈之數", "將少人徒 省官職" 「王霸」"省刀布之歛", 「君道」"省工賈 衆農夫"에서 '줄이다', 「王制」"相高下 視肥墝 序五種 省農功 謹蓄藏以時順脩 使農夫樸力而寡能 治田之事也."에서 '보살피다, 돌보다'의 의미로 사용되었다.

4) 찰(察) 개념과 그 변천

'찰'자는 갑골문과 금문에 출현하지 않는다. 『설문해자』에서 찰은 뒤집는다[覆]는 뜻이다. 단옥재의 『설문해자주』, 주준성의 『설문통훈정성』, 왕균의 『설문구독』 등에는 복(覆)자 다음에 '심(審)'자가 한 글자 더 있다. 즉 '뒤집어서 잘 살펴본다'는 뜻이다. 단옥재는 宀(면)이 의미 부분이 되는 것은 집에서 뒤집어 놓고 자세히 살피기 때문이라고 하였다.[97] '찰'자는 집안에서 제사를 지낼 때 갖추어야 할 물품이 제대로 갖추어졌는지를 '자세히 살피다'는 뜻이며, 이로부터 '고찰하다, 잘 알다, 점검하다' 등의 뜻이 나왔다.[98]

'찰'자는 『시경』과 『역경』에는 나오지 않고 『서경』에 총 3회 나온다. 살핌[察]의 대상은 범죄 사실, 법 조항, 형벌의 경중과 같은 법과 제도에 관련된 요소들이며, '찰'자는 사실 관계를 분별하고 공정한 법 집행을 가능하게 하는 감별적 판단의 의미로 사용되었다. 이 시기의 찰은 주로 정치적 · 제도적 맥락에서 외부 현실을 점검하고 판별하는 기능에 집중되어 있다. 즉, '찰'자는 객관적 규범과 외부 상황을 기준으로 삼아 현 상황을 고찰하고 판단하는 행정적 · 법률적 개념으로 이해될 수 있다.

---

97 이병관(2019), 『설문해자역주 제7편』, 보성, 198-199.

98 하영삼(2014), 『한자어원사전』, 도서출판3, 628.

왕이 말씀하였다. “아아! 세상의 정사를 맡고 옥사를 다스리는 이들이여! 그대들은 하늘을 대신하여 백성들을 돌보는 사람이 아니오? 지금 그대들은 무엇을 거울로 삼겠소? 백이가 법령을 시행하던 방법이 아니겠소? 지금 그대들은 무엇을 경계하겠소? 오직 묘나라 백성들이 옥사에 관한 법을 잘 살피지[察] 못하고, 좋은 사람을 골라 다섯 가지 형벌을 공정하게 살펴 쓰도록[觀] 하지 못한 일일 것이오.”[99]

이 구절에서 왕은 정사를 맡고 옥사를 관장하는 관료들이 하늘의 뜻을 대신하여 백성을 돌보는 존재임을 상기시키며, 형벌과 재판의 집행에 있어 무엇을 경계하고 무엇을 기준으로 삼아야 하는지를 분명히 한다. 여기서 ‘찰’자는 형벌의 적용이 죄의 경중과 실상에 비추어 정당한지를 면밀히 판별하고 감별하는 판단 행위를 의미한다. 묘나라에서는 옥사에 연루된 자가 있을 경우 그 사정을 면밀히 심리하지 않은 채 경솔하게 형벌을 가하였다. 이는 곧 옥사에 관련된 사안을 충분히 검토하지 않았다는 의미이다. 따라서 이 대목에서의 ‘찰’자는 형벌의 정당성을 확보하기 위한 객관적 검토와 규범적 판별을 가리킨다.

“위아래로 죄를 견주어 보고, 범인의 함부로 지껄이는 변명으로 판단을 그르치지 마오. 이미 통행되지 않는 형벌은 쓰지 말고, 오직 살피고[察] 법에 따라 사실을 잘 살피어[審] 처결하도록 하오. 무거운 형벌로 판결하였다 하더라도 가벼이 해주어야겠으면 그 밑의 형벌을 쓰시오. 가벼운 형벌의 판결을 하였

---

99 『書經』「周書 · 呂刑」“王曰 嗟 四方司政典獄 非爾惟作天牧. 今爾 何監. 非時伯夷播刑之迪. 其今爾何懲. 惟時苗民 匪察于獄之麗 罔擇吉人 觀于五刑之中.”

다 하더라도 무겁게 하여야겠으면 그 위의 형벌을 쓰시오. 여러 가지 형벌을 가볍게 하고 무겁게 함에는 요량이 있어야 하오. 형벌은 시대에 따라 가볍기도 하고 무겁기도 한 것이나, 오직 바르지 못한 자를 바르게 하기 위한 것이니, 조리가 있고 공정해야 하오."[100]

이 구절 역시 형벌의 적용에 있어 죄의 경중을 정확히 비교·판별하고, 범인의 허위 진술이나 감정적 호소에 판단이 흔들리지 않도록 할 것을 강조한다. 또한 시대적 상황에 따라 형벌의 경중이 달라질 수 있음을 인정하지만 그 모든 판단은 반드시 법적 정당성과 합리성에 근거해야 함을 분명히 한다. 이러한 맥락에서 '찰'자는 '심(審)'자와 마찬가지로 죄인의 진술과 범죄 사실을 면밀히 고찰하고 식별하는 판단 행위를 의미한다. 따라서 찰은 외부의 사건과 진술을 대상으로 삼아 법에 부합하는지를 가늠하는 정치적·제도적 의미로 쓰였다.

"징벌은 죽음은 아니나 사람들은 극히 괴롭게 여기오. 간사한 자가 범죄를 판결하도록 하지 말고 어진 이가 범죄를 처리케 하여, 공정하지 않은 일이 없도록 하오. 변명하는 말의 잘못을 살피어[察] 복종하지 않는 자는 복종하도록 해야만 하오. 동정하는 마음을 가지고 범죄를 처리하여야 하며, 형법 문서를 분명히 공개하여 서로 헤아려보게 하여 모두 다 공정하게 처리되도록 하오. 쓰는 형벌을 잘 살피어[審] 처리하시오."[101]

---

100 『書經』「周書·呂刑」"上下比罪 無僭亂辭 勿用不行. 惟察惟法 其審克之. 上刑適輕 下服, 下刑 適重 上服 輕重諸罰 有權, 刑罰 世輕世重 惟齊非齊 有倫有要."

101 『書經』「周書·呂刑」"罰懲非死 人極于病. 非佞 折獄 惟良 折獄 罔非在中. 察

이 구절에서도 마찬가지로 찰은 뒤이어 나오는 '심'자의 의미와 상통한다. 이는 정치적 · 법적 차원에서 죄인의 진술을 면밀히 검토하여 그 진위를 판별하고, 거짓으로 꾸며낸 진술에 현혹되지 않도록 해야 함을 뜻한다. 이를 위해서는 덕 있는 자가 형벌을 집행해야 하며, 형벌은 교화와 억제를 위한 것이어야 하고, 판결은 동정[哀]과 경건[敬]의 마음으로 집행되어야 하며, 형법에 관한 문서는 널리 공개되어야 한다. 이러한 맥락에서 볼 때, 찰 개념은 형벌의 집행에 있어 공정함을 지향하는 제도적 판별 과정으로 이해할 수 있다. 이는 공정하고 중립적인 판단을 통해 형벌의 경중을 바로 세움으로써, 백성들로 하여금 법의 정당성과 신뢰성을 체감하게 하려는 정치적 의도를 내포한다.

이러한 찰의 의미에는 법적 · 제도적 판단의 차원을 넘어, 개인의 윤리적 태도와 도덕적 실천으로 확장될 수 있는 방향성이 내포되어 있다. 공정함을 구현하기 위해 면밀히 살피는 행위는 외부의 객관적 사실을 확인하는 절차에 그치지 않고, 판단 주체가 지녀야 할 내면적 공정성, 신중함, 그리고 도덕적 책임 의식을 필연적으로 요구하기 때문이다. 이 점에서 초기의 察 개념은 향후 개인의 윤리적 성찰 행위를 뜻하는 것으로 전환될 잠재성을 내포하고 있다. 찰 개념이 외형적 사실을 점검하고 판별하는 의미로부터 후대에 이르

辭于差 非從惟從. 哀敬折獄 明啓刑書 胥占 咸庶中正. 其刑其罰 其審克之."

러 윤리적 성찰의 차원으로 전환되는 과정은 인(仁)이나 군자 개념이 외적 행위나 신분적 표지를 가리키던 의미에서 점차 내면의 도덕적 속성을 드러내는 개념으로 변모해 간 사상사적 흐름과도 서로 상통한다.[102] 고대 사상의 형성과 전개과정을 이해하는 데에 있어서 이는 의미심장한 논점이다.

『논어』에서 '찰'자는 총 네 차례 등장하는데, 공통적으로 사람의 도덕적 성향과 인격의 진정성을 분별하는 윤리적 판단 행위를 가리킨다. 『서경』에서 찰이 주로 외재적 사실이나 제도적 사안을 점검하는 개념으로 사용되었던 것과 달리, 『논어』에서는 개인의 행위, 동기, 태도, 그리고 타인과의 관계 속에서 드러나는 도덕적 진중함을 살피는 방향으로 의미가 전환된다.

> "그 행하는 것을 보며[視], 그 행동이 연유하는 바를 살피며[觀], 그 편안히 여김[安]을 살펴본다면[察], 사람들이 어떻게 자신을 숨길 수 있겠는가. 사람들이 어떻게 자신을 숨길 수 있겠는가."[103]

이 구절에서 '시(視)', '관(觀)', '찰'자는 도덕적 판별이 심화되는 단계를 이룬다. '시'가 외적으로 드러난 행위를 보는 것이라면, '관'은 그 행위가 나오게 된 경위와 동기를 살피는 보다 심층적인 관찰

---

102 김병환(2003), 「공자 이전의 仁 개념 연구」, 한국동양철학회, 동양철학20, 1-28; 金秉峘(2010), 「论孔孟荀之君子概念」, 黑龙江社会科学, 64-69.

103 『論語』「爲政」"視其所以 觀其所由 察其所安 人焉廋哉 人焉廋哉."

이다. 그리고 '찰'은 이러한 관찰을 한층 더 밀고 들어가, 그 사람이 해당 행위를 진정으로 편안하고 기쁘게 여기는지[所安]를 판별하는 것을 가리킨다. 특히 찰의 대상이 되는 '안(安)'은 도덕적 행위에 대해 마음이 자연스럽게 기뻐하고 안주하는 상태를 의미한다. 선한 행위를 했다고 하더라도, 그 동기[所由]가 사사롭거나 계산적이라면 군자의 행위라 할 수 없으며, 설령 동기가 선하다 하더라도 마음속에 즐거움과 편안함이 결여되어 있다면 그것은 억지로 꾸며낸 행위에 불과하여 오래 지속될 수 없다.[104]

따라서 찰은 도덕적 행위가 내면의 성향과 일치하는지 여부를 가늠하는 윤리적 판별의 의미를 내포한다. 찰은 타인의 도덕적 인격을 감별하는 핵심적 기준이 되며, 이러한 수준까지 윤리적으로 살필 수 있다면 사람은 결코 자신의 진면목을 숨길 수 없게 된다. 『논어』에서 찰은 더 이상 제도나 사건을 판별하는 외재적 기능에 머물지 않고, 도덕적 진정성과 인격의 성숙도를 판별하는 내면 지향적 개념으로 전환되고 있음을 보여준다.

마찬가지로 「위령공」의 "여러 사람들이 다 그를 미워하더라도 반드시 살펴보아야[察] 하며, 여러 사람들이 다 그를 좋아하더라도 반드시 살펴보아야[察] 한다."[105] 에서의 '찰'자도 다중의 호오에 휩

---

104 『論語集註』「爲政」"觀比視爲詳矣. 由從也. 事雖爲善 而意之所從來者 有未善焉 則亦不得爲君子矣. 或曰 由行也. 謂所以行其所爲者也. 察則又加詳矣. 安所樂也. 所由雖善 而心之所樂者 不在於是 則亦僞耳 豈能久而不變哉."

105 『論語』「衛靈公」"衆惡之 必察焉. 衆好之 必察焉."

쓸리지 않고 개인의 도덕적 행실과 인격의 진실성을 신중하게 판별해야 함을 뜻한다. 이 구절에서 찰은 타인의 평가를 그대로 수용하는 태도를 경계하고, 그 사람의 행위가 과연 도덕적으로 타당하며 진중한지를 스스로 숙고하여 살피는 윤리적 판단 행위로 사용되고 있다.[106] 『논어정의』에서는 이 장을 "사람을 알아보는 일[知人]을 논한 것"으로 규정하며, 사람을 판단하는 일이 본래 쉽지 않음을 전제한다. 예컨대 어떤 인물이 많은 사람들의 미움을 받는다고 하여 곧바로 다수의 판단을 따라 그를 배척해서는 안 되는데, 이는 그가 혹 뛰어난 뜻과 고결한 행실을 지녔기에 세속과 어울리지 못하는 인물일 가능성이 있기 때문이다. 그러므로 반드시 그의 행실을 면밀히 살펴보아야 한다고 한다. 반대로, 어떤 인물이 다수의 사랑과 칭찬을 받는다 하더라도 이를 무비판적으로 따를 수는 없는데, 이는 그의 행실이 실제로는 불선함에도 불구하고, 사람들이 아첨하거나 사사로운 결탁으로 친밀하게 대하는 경우일 수 있기 때문이다. 이는 다수의 평가에 휘둘리지 않고 개인의 도덕적 성향과 행실의 진중함을 스스로 판단하기 위해 살피는 행위가 바로 '찰'임을 분명히 한다.[107]

다음으로 「안연」의 "달(達)이란 질박하고 정직하고 의(義)를 좋아

106 『論語集註』「衛靈公」"衆好惡之而不察 則或蔽於私矣."

107 『論語注疏』「衛靈公」"正義曰: 此章論知人之事也. 夫知人未易, 設有一人, 為衆所惡, 不可卽從雷同而惡之, 或其人特立不群, 故必察焉. 又設有一人, 為衆所好, 亦不可卽從衆而好之, 或此人行惡, 衆乃阿黨比周, 故不可不察."

하며, 말을 살피고[察] 얼굴빛을 관찰하며[觀], 잘 헤아려 몸을 낮추는 것이니, 이렇게 하면 나라에 있어도 반드시 달하며 집안에 있어도 반드시 달한다."[108]에서 찰 역시, 타인을 대하는 과정에서 자신의 도덕적 태도를 조율하고 인격을 수양하기 위한 윤리적 살핌의 의미로 이해될 수 있다. 『논어주소』에 따르면, 찰은 항상 겸양의 뜻을 가지고서 언어를 살펴 그 사람이 원하는 바를 알고, 그 뜻은 항상 남에게 자신을 낮추고자 함을 의미한다.[109] 이처럼 찰은 의에 부합하게 사람을 대하고 그 관계 속에서 자신을 기르는 수양의 방식으로 작동한다는 점에서 윤리적 의도를 전제한 개념이다.

이와 같이 '찰'자는 『논어』에서 일관되게 윤리적 차원에서 사용된다. 다만 이는 타인의 언행과 인격을 분별하고, 관계 속에서 자신의 태도를 조율하는 판단 행위에 해당하며, 자신의 내면을 직접적으로 되돌아보고 성찰하는 의미로 쓰이지는 않는다.

다음으로 『맹자』에서 '찰'자는 8회 나오는데 2회는 도덕적 맥락에서 사물과 행위의 이치를 정밀하고 깊이 인식하며 이해하는 것의 의미로 사용되었다. 이 경우 찰은 반복되는 행위의 근거와 의미를 숙고하여 그 안에 내재한 도덕적 원리를 파악하려는 숙찰적 인식 태도를 가리킨다.

108 『論語』「顔淵」"夫達也者 質直而好義 察言而觀色 慮以下人 在邦必達 在家必達."

109 『論語注疏』「顔淵」"[注] 馬曰 常有謙退之志 察言語 觀顔色 知其所欲 其志慮常欲以下人."

"행하고 있으면서도 왜 그렇게 해야 하는지 밝게 알지[著] 못하고, 습관적으로 익숙하게 하고 있으면서도 그 이유를 살피지[察] 못한다. 그리하여 종신토록 행하면서도 그 도(道)를 모르는 자가 많은 것이다."[110]

이 구절에서 '저(著)'자는 앎이 분명히 드러난 상태를 가리키고, 찰은 인식이 세밀하고 정밀함[識之精]을 뜻한다. 즉, 어떤 행위를 하고 있으면서도 그것이 마땅히 그래야 하는 이유[所當然]를 분명히 알지 못하고, 이미 익숙하게 반복하고 있으면서도 그것이 그렇게 되는 연유[所以然]를 깊이 살피지 못하는 상태를 지적한다. 이로 인해 사람들은 평생 도에 따라 행하면서도, 정작 그 도의 근거와 의미를 자각하지 못한 채 습속적으로 살아가게 된다.[111] 여기서 찰 개념은 자신의 행위가 지닌 도덕적 근거와 의미를 내적으로 음미하고 숙고하는 인식 태도를 의미한다.

다음으로 "순(舜)께서는 여러 사물의 이치를 밝게 아시고[明] 인륜에 특히 밝으셨으니[察], 내면의 인의에 따라서 (자연스럽게) 행하신 것이지, 외부의 인의를 (억지로) 행하려고 하신 게 아니다."[112]에서도 유사한 맥락으로 사용된다. 주희는 이 구절에서 '명(明)'을 사

---

110 『孟子』「盡心上」"行之而不著焉, 習矣而不察焉. 終身由之 而不知其道者 衆也."

111 『孟子集註』「盡心上」"著者 知之明 察者 識之精. 言 方行之而不能明其所當然. 既習矣而猶不識其所以然. 所以終身由之而不知其道者多也."

112 『孟子』「離婁下」"舜明於庶物 察於人倫, 由仁義行 非行仁義也".

물의 이치를 인식하는 앎으로 보고, 찰을 그 이치를 상세하고 정밀하게 끝까지 파악하는 인식 작용으로 해석하였다.[113] 찰은 구체적인 인간관계 속에서 윤리 질서가 어떻게 구현되는지를 미세하게 분별하는 능력을 의미한다. 특히 찰의 대상이 인륜이라는 점은 이 개념이 윤리적 · 도덕적 질서와 연관되어 쓰인다는 점을 보여준다. 인간관계의 이치를 세밀하게 통찰함으로써, 인의는 외부에서 억지로 실천되는 규범이 아니라 내면에서 자연스럽게 발현되는 행위의 근거가 된다. 따라서 순이 인의를 '행했다[行仁義]'기보다 '인의에 따라 움직였다[由仁義行]'고 표현된 것은, 그의 행위가 인륜의 이치를 철저히 숙고한 데서 저절로 발현된 것임을 뜻한다. 이 점에서 찰 개념은 도덕 실천 이전 단계에서 작동하는 윤리적 인식 능력으로 이해될 수 있다.[114]

---

113 『孟子集註』「離婁下」 "明則有以識其理也. … 察則有以盡其理之詳也."

114 『孟子』에서 나머지 6회는 '자세하게 관찰하고 살피다'의 객관적 의미로 사용되었고, 윤리적 분별의 의미와는 거리가 있다. 「盡心上」의 "자신의 3년상은 잘하지 못하면서 남의 3개월의 상복인 시마복과 5개월의 상복인 소공복은 자세히 살피다[不能三年之喪 而緦小功之察].", 「梁惠王上」의 "이웃 나라의 정치를 살펴보면 과인처럼 마음을 쓰는 자가 없다[察鄰國之政 無如寡人之用心者].", 「梁惠王上」의 "내 시력이 가는 털끝을 살필 수는 있으나 수레에 실린 나무섶은 보지 못합니다[明足以察秋毫之末 而不見輿薪].", 「梁惠王下」의 "나라 사람이 모두 현명하다고 말한 뒤에 그를 살펴서 현명한 점을 발견한 뒤에 등용하십시오[國人 皆曰賢 然後 察之 見賢焉然後 用之].", "나라 사람들이 모두 불가하다고 말한 뒤에 그를 살펴서 불가한 점을 발견한 뒤에 버려야 합니다[國人 皆曰不可 然後 察之 見不可焉然後 去之].", "나라 사람이 모두 죽여야 한다고 말한 뒤에 그를 살펴서 죽일 만한 점을 발견한 뒤에 죽이셔야 합니다[國人 皆曰可殺 然後 察之 見可殺焉然後 殺之]."에서 확인된다.

여기서 더 나아가 순자는 찰 개념을 군자의 성찰과 결부시켜 보다 엄밀하게 규정한다. 군자의 성찰은 많이 알고 정교하게 따지는 데 있지 않고, 도리에 합당한 말과 임무에 합당한 일을 가능하게 하는 도덕적 판단 능력에 있다. 이러한 성찰은 예(禮)에 의해 절제되고 규정된다.

> "군자가 이른바 말을 잘한다[辯]고 하는 것은 사람들이 할 수 있는 말을 다 잘할 수 있다는 뜻이 아니다. 군자가 이른바 잘 살펴 안다고[① 察] 하는 것은 사람들이 살펴 알[② 察] 수 있는 것을 잘 살펴 안다는[③ 察] 뜻이 아니다. 그들은 근거로 삼는 예의가 있다는 것이다. … 신도와 묵적 같은 자들이 그들의 이론을 내놓을 수 없게 하고, 혜시와 등석 같은 자들의 궤변이[④ 察] 받아들여질 곳이 없게 하며, 말은 반드시 이치에 합당하게 하고[當理], 일은 반드시 맡은 임무에 합당하게 한다. 이러한 것이야말로 군자가 잘하는 일이다."[115]

여기서 순자가 말하는 윤리적 의미의 찰 개념은 ①에 해당한다. 이는 예를 근거로 삼아 무엇을 살펴야 하고 무엇을 살피지 말아야 하는지를 분별하는 규범적 성찰을 가리킨다. ②와 ③의 찰이 사실이나 사안을 세밀하게 관찰하고 분석하는 인식 활동을 가리킨다면, 이는 가치 중립적인 능력에 머무를 수 있으며, 오히려 지나치

115 『荀子』「儒效」"君子之所謂辯者 非能遍辯人之所辯之謂也. 君子之所謂察者 非能遍察人之所察之謂也. 有所正矣. … 愼墨不得進其談 惠施鄧析不敢竄其察, 言必當理 事必當務 是然後君子之所長也." 楊倞은 正자가 止의 잘못이라고 보았다. 止는 근거로 하는 것, 처신하는 곳의 뜻으로 쓰이는데, 여기서는 예의를 근거로 함을 뜻한다.

면 궤변이나 공허한 논변으로 흐를 위험을 내포한다. 실제로 ④에서 나타나는 찰 개념은 혜시와 등석의 궤변적 논변을 가리키는 것으로, 세밀한 분석과 날카로운 분별이 예의라는 기준을 상실할 때 어떻게 부정적인 방향으로 전도되는지를 보여준다. 이에 비해 ①의 찰 개념은 '근거하고 머무는 바[有所正]'가 있는 살핌으로서, 예의라는 규범적 기준에 의해 방향이 정해진 윤리적 인식 행위이다. 따라서 찰은 그 자체로 도덕적 정당성을 확보하지 않으며, 반드시 스승[師]과 법도[法]라는 규범과 기준을 전제할 때에만 올바른 윤리적 판단으로 기능할 수 있다.[116]

---

116 察자는『荀子』전편에 총 65회 등장하는데 자성적 의미와 거리가 먼 경우는 다음과 같다.「榮辱」"察察而殘者 忮也.",「非相」"小辯而察 見端而明 本分而理",「王制」"上察於天 下錯於地",「王霸」"不能察明 又務見幽",「彊國」"此三威者 不可不孰察也"(2회),「性惡」"而不察乎人之性僞之分者也"에서 '(사물을) 잘 살펴 이해하다',「王霸」"有以守少 能無察乎",「君道」"纂論公察則民不疑", "慮與臣下爭小察而綦偏能",「致士」"然後中和察斷以輔之, 政之隆也",「性惡」"公察善思論不亂."에서 '(정치적으로) 잘 다스리다',「榮辱」"故孰察小人之知能", "賈以察盡財",「解蔽」"則足以見鬒眉而察理矣",「堯問」"世不詳察 云非聖人 奈何."에서 '관찰하다',「非相」"禹湯有傳政而不若周之察也 非無善政也久故也.",「禮論」"至文以有別 至察以有說",「非十二子」"察辯而操僻"에서 '상세하다(치밀하다)',「修身」"夫堅白同異有厚無厚之察 非不察也.",「王霸」"君人者 亦可以察若言矣"(2회),「天論」"無用之辯 不急之察"에서 '(논제나 이론을) 고찰하다',「富國」"其竟關之政盡察", "順孰盡察", "陵謹盡察",「彊國」"暴察"(4회)에서 '빈틈없다',「天論」"雖精不加察焉.",「正論」"是不及知治道 而不察於抇不抇者之所言也.",「解蔽」"察孰非以分是 則謂之篡", "天下有二. 非察是 是察非.",「正名」"與制名之樞要 不可不察也.", "後王之成名 不可不察也.",「堯問」"今為說者 又不察其實 乃信其名"에서 '헤아리다(따지다)',「哀公」"明察乎日月"에서 '분명하다(명철하다)'의 뜻으로 사용되었다.

2장. 공자·맹자·순자의 자성론

1) 공자의 자성론

공자는 "과오[過]를 저지르고도 고치지 않는 것이 바로 과오[過]"[117]라고 규정함으로써 윤리적 의미에서의 죄, 도덕적 과실[罪過]의 의미를 제시했다. 공자는 인간이 과오를 범할 수 있는 존재임을 부정하지 않으면서도, 그 잘못을 스스로 인식하고 교정하는 자성적 태도를 통해 도덕적 성숙에 도달할 수 있다고 보았다. 도덕적 의미에서 과오는 인간이 도덕적 주체로서 스스로의 내면을 점검하는 가운데 자각하게 되는 자신의 도덕적 결함이다. 따라서 공자는 과오를 '고치는 것[改]'의 문제를 중요하게 다뤘다.

> "충(忠)과 신(信)을 주로 하고, 자기보다 못한 사람을 벗하지 말고, 과오가 있으면 고치기를 어려워하지 말아야 한다[過則勿憚改]."[118]

이 구절은 '충'과 '신'이라는 내면적 덕목을 삶의 근본으로 삼을 것을 요구하고, 교우 관계 또한 자기 수양을 기준으로 삼아 도덕적으로 판단할 것을 강조한다. 이는 자신의 행위를 성찰하여 잘못이

117 『論語』「衛靈公」"過而不改 是謂過矣."

118 『論語』「學而」·「子罕」"主忠信 無友不如己者 過則勿憚改."

있음을 자각하고, 이를 도덕적으로 교정하는 태도를 뜻한다. 여기서 '탄(憚)'은 '두려워하거나 어렵게 여긴다는 의미[畏難]'이며, '과'는 법적 책임의 대상이 되는 과실이 아니라 군자가 스스로 인식하고 고쳐야 할 윤리적 결함을 가리킨다. 형병(邢昺)은 사람이 과오가 없기는 어렵기에 잘못했더라도 자신의 과오를 고친다면 이보다 큰 선이 없다고 보았다.[119] 이는 과가 자기 반성과 실천을 통해 교정 가능한 윤리적 잘못임을 전제로 한다. 『논어집주』에서도 학문의 도는 다른 것이 아니며, 자신의 불선을 알면 곧바로 고쳐서 선을 좇는 것일 뿐이라고 하여, 도덕 수양과 학문의 핵심을 불선의 인식과 신속한 교정에 두고 있다.[120] 즉 과는 자기 행위의 부당함을 자각하지 못하거나, 자각하고도 고치지 않는 상태를 가리킨다.

"안회라는 사람이 있어 배움을 좋아하였고, 노여움을 옮기지 않고, 잘못[過]을 되풀이하지 않았습니다."[121]

공자는 안회가 잘못을 되풀이하지 않는다는 점을 높게 평가했다. 안회는 자신의 잘못을 인식하지 못한 적이 없었으며, 일단 그

119 『論語注疏』"言人誰無過 過而不改 是謂過矣. 過而能改 善莫大焉. 故苟有過 無得難於改也."

120 『論語集注』"程子曰 學問之道 無他也. 知其不善 則速改以從善而已."

121 『論語』「雍也」"有顏回者好學 不遷怒 不貳過."

잘못을 자각하면 결코 다시 반복하지 않았다.[122] 자신의 과오에 대한 자각과 교정은 자성을 전제로 한다. 군자는 외부의 비난이나 처벌에 의해서가 아니라, 스스로를 점검하는 내적 작용을 통해 자신의 잘못을 인식한다. 이러한 자각은 과오가 발생한 근원을 성찰하여 마음과 행위를 바로잡는 실천으로 이어진다.

> "올바른 도리로 일러주는 말을 따르지 않을 수 있겠는가? 잘못을 고치는 것[改之]이 중요하다. … 기뻐하기만 하고 그 말의 저의를 찾지 않으며, 따르기만 하고 잘못을 고치지 않는다면[不改], 그런 사람은 나도 어찌할 수 없다."[123]

『논어주소』에서는 이 구절을 "사람에게 잘못[過]이 있을 때 올바른 도리로 일러주면 입으로는 순종하지 않는 자가 없다. 그러나 반드시 스스로 잘못을 고칠 수 있어야[自改之] 귀함이 된다."의 의미로 풀었다.[124] 사람이 잘못을 저질렀을 때, 그것을 예법과 바른 도리에 따라 타이르면 대부분의 경우 말로는 순종하는 모습을 보인다. 그러나 겉으로 복종하는 것만으로는 참된 덕의 실현이나 인격의 존귀함을 확보하기에 충분하지 않다. 진정한 도덕적 변화는 타인의

---

122 『論語注疏』 "[疏] 人皆有過憚改, 顔回有不善, 未嘗不知, 知之, 未嘗復行, 不貳過也."

123 『論語』「子罕」 "法語之言 能無從乎. 改之爲貴. … 說而不繹 從而不改 吾末如之何也已矣."

124 『論語注疏』 "[注] 孔曰 人有過 以正道告之 口無不順從之. 能必自改之 乃爲貴."

충고를 받아들이는 데서 그치지 않고, 스스로 자신의 잘못을 인식하고 그것을 실질적으로 고쳐 나가는 실천을 통해 이루어진다.

> "군자의 허물[過]은 일식과 월식 같아서 허물이 있으면 사람들이 모두 보게 되고, 고치면[更] 사람들이 모두 우러러본다."[125]

공자는 군자의 허물을 월식과 일식에 비유함으로써, 군자의 허물은 숨길 수 없이 모두에게 분명히 드러나게 되고, 허물이 올바르게 교정되면 오히려 사람들로부터 존경받게 됨을 강조한다. 이는 군자의 내면적 결함보다 그 결함을 인식하고 스스로 고쳐 나가는 자성의 과정이 더욱 중요하다는 것을 의미한다. 군자의 결함이 외부에 드러나는 상황은 오히려 도덕적 자각과 개선의 기회가 될 수 있고, 이를 통해 공동체 전체에 긍정적인 영향을 줄 수 있다. 이는 군자의 본래적 완전함보다는 스스로의 허물을 인식하고 적극적으로 수정하는 행위가 군자의 도덕적 위상을 결정짓는 핵심 요소임을 드러낸다.

---

125 『論語』「子張」"君子之過也. 如日月之食焉. 過也 人皆見之. 更也 人皆仰之."

"그만두어야겠구나. 나는 아직까지 과오[過]를 보고서 마음속으로 스스로 책망하는[內自訟] 자를 보지 못하였노라."[126]

공자는 자신의 과오에 대한 '내부적 자책[內自訟]' 개념을 강조한다. 포함(包咸)은 '송(訟)'을 '책망[責]'으로 해석하였다.[127] '자송(自訟)'은 자성을 통해 스스로를 책망[自責]하는 단계이며, 내적 동기에서 비롯된 윤리적 성찰을 의미한다. 주희는 '내자송'에 대하여 '입으로 말하지는 않았지만, 마음으로 자신의 허물을 탓하는 것[心自咎]'이라고 보았다.[128] 이는 도덕적 자각을 바탕으로 한 깊은 내면적 성찰을 뜻한다. 이러한 자기 책망은 자성과 도덕 실천을 가능하게 하는 핵심 동력으로 작동한다.

훗날 정약용은 '내자송' 개념을 내면의 윤리적 점검과 성찰 행위로 이해하였다. 이 점에서 그는 『논어』의 자성적 의미를 더욱 부각시켰다. 그는 인간 내면에서 천명과 인욕이 충돌하는 상황을 하나의 송사로 보고, 공정한 법정에서 양측이 대변하며 시비를 가리는 절차에 비유하였다. 마음속에서 천명에 따른 도덕적 요구와 인욕에 따른 사사로운 충동이 서로 논박하는 과정에서 인간은 스스로 자신의 허물을 인식할 수 있다. 그는 특히 사욕을 이겨내는 행위를

126 『論語』「公冶長」"已矣乎. 吾未見能見其過而內自訟者也."

127 『論語注疏』"包曰 訟猶責也. 言人有過莫能自責."

128 『論語集注』"內自訟者 口不言而心自咎也."

송사에서 승소하는 것에 비유함으로써, 도덕적 판단과 자기 교정의 과정이 개인의 내면에서 충분히 작동할 수 있음을 강조했다. 따라서 인간이 자신의 허물을 스스로 인식하고, 마음속에서 천명과 인욕이 마치 법정에서처럼 대변한다면, 반드시 그 시비를 분별할 수 있고, 나아가 어떻게 잘못을 고쳐야 할지도 알 수 있다.[129]

이는 정약용이 '내자송' 개념을 적극적인 자성적 행위로 이해했음을 보여준다. 이러한 내자송의 구조는 인간의 내면에서 도덕적 준거가 법정의 판단처럼 엄정하게 작동한다는 점을 부각시킨다. 인간은 이러한 자기 점검을 통해 스스로 과오를 인식하고, 심사하며, 그 판단에 따라 실제로 자신의 행위를 교정할 수 있다. 이러한 해석은 내면의 성찰 능력에 기초한 합리적 · 규범적 판단이 가능함을 보여준다.[130]

---

129 『論語古今注』「卷二」"訟者 公庭之對辯也. 天命人欲 交戰于內 克己如克訟. 然人能自見其過 令二者對辯于內 必能見其是非而知所以改過矣." 또한, 정약용은 주역의 訟卦(䷅)를 근거로 內自訟을 설명한다. 訟卦가 천명이 위에 있고, 坎卦의 허물이 안에 있으니 역을 잘 아는 자는 이 기상을 보고 천명과 인욕이 서로 적과 원수가 된 것을 알 것이고, 이를 內自訟이라고 한다고 보았다. "訟之爲卦 天命在上 坎過在內 善爲易者 觀此象 知天命人欲 相爲敵讎. 此之謂內自訟也."

130 『論語』에서 자신의 과오에 대해 논하는 구절은 더 있으나 대동소이한 내용이기에 그 의미를 분석하는 과정은 생략한다. 예를 들어 「述而」의 "내 나이에 몇 해를 더하면 50세가 되니, 易을 배우면 큰 허물이 없을 것이다[加我數年五十以學易 可以無大過矣].", 「述而」의 "나는 다행이다. 진실로 나에게 잘못이 있으면 남들이 반드시 아는구나[丘也幸 苟有過 人必知之].", 「堯曰」의 "(탕왕이 말했다) 내 몸에 죄가 있는 것은 만방의 백성들 때문이 아니며, 만방의 백성들에게 죄가 있는 것은 그 책임이 내 몸에 있는 것이다. … (무왕이 백성들의 죄를 자임하여) 백성에게 허물이 있는 것은 (허물이) 나 한 사람에게

이러한 공자의 자성적 사유는 '책임'과 깊은 관련이 있다. 『논어』에서 '책(責)'자는 "자기 자신에게 책임을 돌리는 것을 후하게 하고 남에게 책임을 전가하는 것[責]을 적게 한다면 원망이 멀어질 것이다."[131]에서 1회 등장한다. 이 구절은 '자기 자신을 책망하는 것[責己]'과 '다른 사람에게 책임을 전가하는 것[責人]'에 대해 논하고 있다. 형병은 이 구절이 '자기 책임[自責]'의 중요성을 강조하는 것이라고 보았다.[132] 주희는 이를 수신으로 연결하여 자기 자신의 책임을 묻고 반성하는 것을 후하게 하는 것이 도덕적 자기 수양으로 이어진다고 설명한다.[133]

또한, 공자는 자신의 과오에 대한 태도가 군자와 소인을 가르는 핵심 기준이라고 보았다. 그는 군자는 문제의 원인을 '자기 자신에게서 찾고[求諸己]', 소인은 그 원인을 '타인에게서 찾는다[求諸人]'고 하여, 자성의 대상과 방향을 '기(己)'에 두었다.[134] 하안(何晏, 193-249)은 자기에게서 찾는 태도를 '책기(責己)'로, 남에게서 찾는 태도를 '책인(責人)'으로 해석한다. 형병은 이 장을 군자는 자

있는 것이다[朕躬有罪 無以萬方. 萬方有罪 罪在朕躬. … 百姓有過, 在予一人]." 등이 있다.

131 『論語』「衛靈公」"躬自厚而薄責於人 則遠怨矣."

132 『論語注疏』"此章戒人責己也. 躬, 身也. 言凡事自責厚, 薄責於人, 則所以遠怨咎也."

133 『論語集注』"責己厚故身益修 責人薄故人易從 所以人不得而怨之."

134 『論語』「衛靈公」"君子求諸己 小人求諸人."

기 자신에게서 책임을 찾고 반대로 소인은 남을 탓한다는 뜻으로 푼다.[135]

군자는 자신의 잘못을 즉시 인정하고 고치는 태도를 보이지만, 소인은 이를 부정하거나 왜곡하려는 경향을 보인다. 공자는 군자와 대비되는 소인의 행태를 비판하면서, 자성이 결여된 존재가 어떻게 자신의 과오를 합리화하는지 지적한다. 자기 과오를 숨기지 않고 성찰하며 개선하는 데 주저하지 않는 군자와 달리 소인은 "잘못[過]을 반드시 변명하고, 꾸며대는[文] 자"로 묘사된다.[136] '문(文)'은 '꾸밈[修飾]'의 뜻으로 자신의 잘못을 변명하거나, 그럴듯한 이유를 꾸며내어 책임을 회피하는 태도를 가리킨다. 소인은 자신의 과오를 고치는 것을 꺼리고, 자신을 속이는 것을 꺼리지 않기 때문에 반드시 꾸밈[文]으로써 그 과오를 가중시키는 사람이다.[137]

'책기'와 '책인'의 사유는 각각 '위기(爲己)'와 '위인(爲人)'의 학문 방향으로 이어진다.[138] 책임의 귀속을 자신에게 두는 사유는 곧 자

135 『論語注疏』 "[注] 君子責己 小人責人. … 正義曰 此章言君子責於己 小人責於人也. 求 責也. 諸 於也."

136 『論語』 「子張」 "小人之過也必文."

137 『論語集注』 "文 飾之也. 小人 憚於改過 而不憚於自欺. 故 必文以重其過."

138 『論語』 「憲問」 "古之學者爲己 今之學者爲人." 孔安國은 爲己를 직접 실천하고 행하는 것[行]으로, 爲人을 남에게 말로 잘 설명하는 것[言]에 불과한 것으로 해석하였다. 邢昺 또한 실천을 동반하는 학문을 爲己라 하였고, 실천 없이 말로만 남을 위해 설명하는 것을 爲人이라 보았다. 『論語注疏』 "孔曰 爲己 履而行之. 爲人 徒能言之. … 古人之學 則履而行之 是爲己也. 今人之學 空能爲人言說之 己不能行 是爲人也."

기 내면을 중심으로 학문을 수행하고 덕성을 기르는 위기의 학문적 방향성과 연결되어 있다. 반대로 책임을 외부로 돌리는 사유는 곧 자신의 수양을 도외시하고, 남의 인정이나 외적 성취에 의존하는 학문 태도인 '위인'으로 귀결된다.

공자의 '인(仁)'에 대한 태도 역시 자신의 내면을 성찰하고 도덕적 실천을 자기 안에서 비롯된 책임으로 자각하는 자성적 사유와 밀접하게 연결된다. 공자는 "인을 행하는 것은 나[己]에게 달려 있으며, 타인[人]의 힘에 의존하는 것이 아니다", "인이란 멀리 있는 것이 아니라, 내가 인하려고 하면 곧 도달할 수 있다", "인을 마주한 자리에서는 비록 스승이라 하더라도 그에게 양보하지 않는다"[139]고 하였다. 인을 행하는 것이 나에게 달려 있다는 말은 선과 불선을 판단하고 그에 따라 행위를 조정할 능력과 책임이 바로 자기 자신에게 있다는 뜻이다. 즉, 공자는 도덕적 판단의 권한과 실천의 주체성을 외부가 아닌 내면에 두었으며, 이로써 책임의 자기 귀속과 자기 단속을 가능하게 하는 윤리적 토대를 제시한다.

"나는 날마다 세 가지를 반성한다[省]. 남을 위해 일을 계획하면서 진심이 부족한[不忠] 점은 없었는가? 벗과 교제하면서 신의가 부족한[不信] 점은 없었는가? 내가 익히지 않은 것을 다른 이에게 함부로 전한 것은 없었는가?"[140]

---

139 『論語』「顔淵」"爲仁由己 而由人乎哉.", 「述而」"仁遠乎哉 我欲仁 斯仁至矣.", 「衛靈公」"當仁 不讓於師."

140 『論語』「學而」"吾日三省吾身. 爲人謀而不忠乎? 與朋友交而不信乎? 傳不

형병(邢昺)은 이 장을 증자가 자신을 성찰하고[省身] 행실을 삼간 일을 논한 것이라고 여겨, '성'자를 '자성찰(自省察)'로 풀어서 해석했다.[141] 여기서 '성'자는 유교의 자성 개념을 구성하는 핵심 글자로서, 그 내용은 주로 자신의 도덕적 결함과 실천상의 부족함, 곧 도덕적 과실을 점검하고 반성하는 데 집중되어 있다. 이 구절에서 증자가 성찰한 항목은 세 가지로, 남을 위하는 일을 하면서 그 안에 충실함이 결여되지는 않았는지, 벗과 교제하면서 신의가 부족하지는 않았는지, 자신이 완전히 습득하지 못한 내용을 타인에게 전하였던 것은 아닌지를 돌아보는 것이다.

이처럼 '성'자는 일상적인 실천 속에서 드러나는 미세한 도덕적 결함과 과오에 대한 내면적 점검하는 것을 의미한다. 이는 자신의 행위가 지닌 윤리적 정당성과 진정성을 끊임없이 되묻는 태도를 포함한다. 따라서 성 개념은 윤리적 책망과 도덕적 반성의 의미를 내포하며, 무심히 지나쳤을 수 있는 잘못과 실천의 진실성을 다시 확인하는 자성적 행위를 의미한다. '삼성(三省)'에 대한 해석에 있어서 정호(程顥)는 형서(刑恕)가 삼성을 "세 번 반성한다"는 뜻으로 풀이한 것을 비판하며, 삼성은 세 가지를 늘 반성한다는 것이지, 하루에 3번 반성하는 것이 아님을 강조하였다.

習乎?"

141 『論語注疏』 "正義曰 此章論曾子省身愼行之事. 弟子曾參嘗曰 吾每日三自省察己身."

형서가 말했다. "저는 하루에 세 번씩 자신을 점검하고 있습니다." 명도 선생께서 말씀하셨다. "불쌍하도다. 그 나머지 시간은 무슨 일을 하는가? 대체로 '하루에 세 가지를 반성한다'는 설을 본뜨려다가 잘못되었구나. 공부를 잘하지 않았다는 것을 알 수 있네."[142]

이러한 견해를 수용하여 주희와 정약용은 삼성을 삶에서 반성해야 할 대표적인 세 가지 사항[數目]으로 보고 횟수에 상관없이 끊임없이 삶 전체를 반성하는 것으로 이해했다. 다만 주희는 삼성이 본래 성인(聖人)의 일이 아니며, 증자가 만년에 덕에 나아가는 공부에서 약간의 문제가 남아 있었기 때문에 이를 반성하는 것으로 보았으나, 다산은 『주역』의 '해 질 녘에도 두려워하는 모습[夕惕若]'을 성인의 일상적 성찰로 해석하며, 성인조차도 자신의 도덕적 과오 가능성을 끊임없이 경계해야 한다는 점을 강조하였다. 그는 성인이라 하더라도 도덕적 결함에서 완전히 벗어나 있다고 전제할 수 없으며, 오히려 그러한 지위에 있을수록 더욱 세밀한 자기 점검이 요구된다고 보았다. 이때의 성은 덕의 완성 여부와 무관하게, 언제든 과오에 빠질 수 있는 인간의 조건에 대한 자각에서 비롯된다. '성'자에 대한 다산의 해석은 자성을 도덕적 완성의 최고 단계에서도 결코 중단될 수 없는 지속적인 윤리 행위로 본다는 점에서

---

142 『程氏外書』「卷12」"刑恕云. 一日三檢點. 明道先生曰. 可哀也哉. 其餘時理會甚事. 蓋仿三省之說錯了 可見不曾用功."

공자의 자성적 사유를 강화한다.[143]

여기서 '삼성'의 기준은 충(忠) · 신(信) · 습(習)이며, 이는 일상적 관계 속에서의 도덕적 실천과 직결된다. 요컨대 남을 위한 일을 하면서 그 안에 진정한 마음을 담지 못한 것은 아닌지[不忠], 벗과의 교제 속에서 신뢰를 저버린 일이 있었는지[不信], 자신이 충분히 익히지 못한 내용을 무책임하게 남에게 전한 것은 아닌지[不習]를 스스로 성찰한다. 자성은 인간관계나 일상적 행위에서 발생하는 도덕적 긴장과 갈등을 인식하고, 그 안에서 자신의 처신을 반성하며 잘못을 교정하려는 실천적 행동 방식으로 작동한다. 친구와의 관계, 언행의 일치, 감정의 조절 등 삶의 소소한 장면들은 모두 자성의 대상이 된다.

자성의 기준으로서 '충'은 인간을 대할 때 내면의 진실한 마음을 온전히 드러내는 태도이다. 자성은 자신의 진정성을 외면하지 않고 그것이 타자에게까지 일관되게 확장되었는지, 내면의 준거가 외적인 관계에서도 일관되게 유지되는지를 판단하고 평가하는 행위이다. 이는 '서(恕)' 개념과도 깊이 연결된다. 서는 "자기가 하고자 하지 않는 것을 남에게 시키지 않는 것[己所不欲 勿施於人]"[144]

---

143 『論語古今注』「卷1」"易曰 君子終日乾乾 夕惕若 厲无咎. 夕惕若者 聖人省察之極工也. 朱子謂 三省 非聖人之事. 曾子晩年進德工夫 蓋微有這些子査滓去未盡. 然湯以六事自責 豈亦査滓有未盡乎. 聖人未嘗無省察也."

144 『論語』「衛靈公」"子貢 問曰 有一言而可以終身行之者乎. 子曰 其恕乎 己所不欲 勿施於人."

으로서 자기 내면의 진정성을 기준으로 타인을 헤아린다는 점에서 충과 같다. 충과 서는 나의 처지와 마음을 객관화하고 그것을 성찰의 기준으로 삼아 타인과의 관계를 윤리적으로 조율하는 행위로 작동한다. '충서(忠恕)'는 자신의 내면을 성찰하는 잣대이자 그 성찰의 결과를 타자와의 관계 속에서 실현하는 중심축으로 기능한다.

> "현명한 자를 보면 그와 같아지기를 생각하고[思], 현명하지 못한 자를 보면 안으로 자신을 성찰해야[內自省] 한다."[145]

더 나아가 공자는 자성의 준거로 외부의 구체적 대상, 즉 타인을 제시하고 있다. 그는 타인의 덕성이나 결함을 거울삼아 자신의 도덕적 상태를 점검할 수 있도록 하였다. 이는 타인에게서 관찰된 부정적 사례를 바탕으로, 자신에게도 유사한 결함이 존재하지는 않는지를 되돌아보는 반성적 과정이다. 이러한 사유는 자성이 타자와의 비교를 통해 도덕적 긴장을 형성하고, 그것을 자기 성숙의 계기로 삼을 수 있게 해준다는 것을 보여준다.

형병은 이 구절의 '내자성(內自省)'에 '찰'자를 덧붙여 다른 사람의 어질지 못함을 보면 그 사람과 같은 어질지 못한 점이 없는지 안으로 자신을 성찰(省察)하는 것[內自省察]으로 설명했다.[146] 주희

145 『論語』「里仁」"見賢思齊焉 見不賢而內自省也."

146 『論語注疏』"見彼賢 則思與之齊等. 見彼不賢 則內自省察得無如彼人乎."

는 내자성의 의미를 자기 자신에게 어리석고 악한 기운이 잠재해 있을 가능성을 두려워하는 것[恐]으로 보았다. 군자는 타인의 선악을 거울삼아 스스로를 되돌아보고자 하며, 이를 통해 자신의 내면을 반성하고[反諸身], 필요할 때는 자신을 꾸짖고 책망할 수 있어야 한다[自責]. 주희는 이러한 자성의 실천이 곧 도덕적 의미에서 자신을 저버리지 않는 것[不自棄]이라고 보았으며, 내면의 도덕 가능성을 포기하지 않는 실천적 윤리 행위로 해석하였다.[147]

> "군자는 근심하지 않고 두려워하지 않는다. … 안으로 살펴보아[內省] 잘못됨이 없으니[不疚], 무엇을 근심하고 무엇을 두려워하겠는가?"[148]

공자는 '성'자 앞에 '내(內)'자를 결합하여 '내성(內省)' 개념을 제시함으로써, 성찰의 대상이 자기 내면의 도덕적 상태임을 분명히 한다. 『논어주소』에서는 '구(疚)'를 '잘못[罪惡]'으로 해석하여, 스스로를 점검한 결과 죄가 없다면[自省無罪惡] 근심하고 두려워할 것이 없다고 설명한다.[149] 여기서 내성은 도덕적 결함의 유무를 확인하는 자기 점검의 행위이다. 이에 비해 주희는 '불구(不疚)'를 '평소 행하는 바가 마음에 부끄러움[愧]이 없는 것'으로 풀이함으로써,

---

147 『論語集注』 "思齊者 冀己亦有是善. 內自省者 恐己亦有是惡. … 胡氏曰 見人之善惡不同而無不反諸身者 則不徒羨人而甘自棄. 不徒責人而忘自責矣."

148 『論語』「顏淵」 "君子 不憂不懼. … 內省不疚 夫何憂何懼."

149 『論語注疏』 "包曰 疚病. 自省無罪惡 無可憂懼."

공자의 내성 개념이 지닌 내면적 성격을 한층 더 강화한다. 주희에 따르면, 평소 행실이 마음에 부끄러움을 남기지 않으면 안으로 살펴보아 부족하지 않기에 저절로 근심과 두려움이 사라지게 된다. 이때의 근심과 두려움이 사라지는 것은 억지로 감정을 억누른 결과가 아니라, 내면의 도덕적 충실함에서 자생적으로 도출되는 상태이다. 주희는 '근심하지 않고 두려워하지 않음'은 '덕이 온전하고[德全] 잘못이 없음[無疵]'에서 비롯된다고 보았다.[150] 즉, 내성은 자신의 내면을 지속적으로 점검하여 덕에 합당한 상태를 유지함으로써 허물과 결함을 남기지 않도록 하는 수양의 방식이다.

이러한 맥락에서 '부끄러움[愧]'의 감정은 내성의 기초가 된다. 자신의 행위가 도덕적 기준에 미치지 못했음을 내면에서 자각할 때 부끄러움이 발생하며, 반대로 내성을 통해 덕에 어긋남이 없을 때에는 부끄러움이 남지 않는다. 따라서 내성은 자신의 내면을 살펴 덕에 부합하는지를 확인하고, 그 결과로 부끄러움 · 근심 · 두려움이 제거된 도덕적 평안의 상태에 이르는 과정이다. 공자는 도덕적 삶을 실천하는 과정에서 내면의 평화와 만족을 누리는 즐거움[樂]의 정신을 중시한다. "인(仁)하지 못한 자는 곤궁함을 오래 견디지 못하고. 즐거움도 오래 누리지 못하니, 인한 사람은 인을

---

150 『論語集註』"言由其平日所爲 無愧於心. 故能內省不疚 而自無憂懼 未可遽以爲易而忽之也. 晁氏曰 不憂不懼 由乎德全而無疵. 故無入而不自得. 非實有憂懼而强排遣之也."

편안히 여기고, 지혜로운 자는 인을 이롭게 여긴다."[151]에서 볼 수 있듯이 공자는 도덕의 길을 따르며 자신에게 부끄러움이 없는 삶, 즉 도덕적 세계 안에서의 떳떳함과 안정을 추구하였다.

한편, 인간의 감정은 아무리 진실할지라도 적절히 다듬어지지 않으면 과도하거나 편향될 위험을 내포하고 있다. 바로 이러한 감정의 왜곡 가능성을 인식하고, 내면의 진정성을 도리에 맞게 조율하기 위해서는 반드시 예(禮)의 기준과 지속적인 학습[學]이 필요하다.

> 공손하되 예가 없으면 수고롭고, 신중하되 예가 없으면 두려워하게 되고, 용감하되 예가 없으면 난을 일으키고, 강직하되 예가 없으면 야박해진다.[152]

> 인을 좋아하고 배우기[學]를 좋아하지 않으면 그 폐단은 어리석게 되는 것이고, 지혜로움을 좋아하고 배우기를 좋아하지 않으면 그 폐단은 방자하게 되는 것이고, 신의를 지키기를 좋아하고 배우기를 좋아하지 않으면 그 폐단은 진리를 해치게 되는 것이고, 정직함을 좋아하고 배우기를 좋아하지 않으면 그 폐단은 급하게 되는 것이고, 용기를 좋아하고 배우기를 좋아하지 않으면 그 폐단은 어지럽게 되는 것이고, 굳센 것을 좋아하고 배우기를 좋아하지 않으면 그 폐단은 경솔하게 되는 것이다.[153]

---

151 『論語』「里仁」"不仁者 不可以久處約 不可以長處樂, 仁者安仁 知者利仁."

152 『論語』「泰伯」"恭而無禮則勞 愼而無禮則葸 勇而無禮則亂 直而無禮則絞."

153 『論語』「陽貨」"好仁不好學 其蔽也愚 好知不好學 其蔽也蕩 好信不好學 其蔽也賊 好直不好學 其蔽也絞 好勇不好學 其蔽也亂 好剛不好學 其蔽也狂."

공자에 의하면, 공손함[恭], 신중함[愼], 용감함[勇], 강직함[直]과 같은 윤리적 태도가 예에 부합하지 않을 때, 수고로움[勞], 두려움[葸], 혼란[亂], 야박함[絞]의 부정적 결과를 낳을 수 있다. 즉, 아무리 긍정적인 덕목이라 하더라도 그것이 예에 의해 조율되지 않으면 오히려 해로운 결과를 초래할 수 있다. 마찬가지로 인(仁), 지혜로움[知], 신의[信], 정직함[直], 용기[勇]를 좋아하는 윤리적 선호를 가지고 있더라도 배움의 과정을 제대로 거치지 않는다면 이는 폐단으로 나아갈 수 있다. 요컨대 진실한 마음이나 도덕적 선호가 반드시 도덕적 행위로 귀결되는 게 아니다. 따라서 예와 학습은 자성이 제대로 작동하기 위한 전제 조건이 된다. 학습은 감정이 한쪽으로 치우치지 않도록 비판적 균형을 제공하며, 예는 그것을 타자와의 관계 속에서 적절하게 표현하고 실현하는 형식과 질서를 제공한다. 공자에게 있어 자성은 자신의 감정과 선호를 실천 가능한 덕으로 올바르게 이끌어내는 과정을 포함한다.

예는 자신의 과오를 교정하여 선으로 나아가기 위한 자성의 과정에서 필수적으로 요구되는 기준이다. 이는 타자와의 관계 속에서 자기 자신을 적절하게 표현하고 드러낼 수 있는 형식과 질서를 제공한다. 동시에 예는 반드시 인간다움이라는 내면적 정신을 담아야 한다. 내면화된 도덕성으로서의 인은 외면화된 형식인 예를 통해서만 현실 속에서 드러날 수 있고, 반대로 구체적인 규범과 질서로서의 예 역시 인에 근거하지 않으면 형식으로 전락하기 때문이다. 따라서 인과 예 가운데 어느 하나만으로는 공자가 추구한 온전한 도덕 세계를 구현할 수 없다. 따라서 자성의 과정에서 반드시 인과 예가 함께 고려되어야 한다. 자성은 자기 내면의 도덕적 마음가짐을 점검하는 데 그치지 않고, 그 내면의 정신이 구체적인 행위와 규범 속에서 어떻게 구현되고 있는지를 함께 성찰하는 과정이기 때문이다. 이러한 통합적 과정을 통해서만 진정한 의미에서의 도덕적 자기 성찰이 실현될 수 있다.

2) 맹자의 자성론

맹자는 인간의 도덕성이 후천적인 경험과 학습 이전에 본래적으로 인간 내부에 존재한다는 점을 주장한다. 인간 사회에서 규범과 가치가 성립하고, 세련되고 질서 정연한 제도와 문명적 삶의 양식이 가능해지는 것은, 사회적 관계를 맺고 상호 협력을 가능하게 하는 도덕의 발생 근거가 인간에게 선천적으로 내재되어 있기 때문이다. 맹자는 인간의 타고난 본래적 모습 속에서 문화와 질서를 이룩할 수 있는 선의 단서를 포착하며, 이 내면의 도덕적 본성을 표현하는 개념이 바로 사단(四端)이다. 사단은 측은지심(惻隱之心), 수오지심(羞惡之心), 사양지심(辭讓之心), 시비지심(是非之心)이라는 네 가지 도덕 감정으로 구성되며, 이는 인간이라면 누구에게나 자연스럽게 존재하는 도덕적 마음이자 본성이다.[154]

또한, 맹자는 경험과 학습 이전에도 선천적으로 알고 행할 수 있는 능력으로서 양지(良知)와 양능(良能)을 제시한다.[155] 양지는 옳고 그름과 선악을 직관적으로 판별하는 도덕적 인식 능력이며, 양

154 『孟子』「公孫丑上」 "모든 사람은 남에게 차마 하지 못하는 마음이 있다[人皆有不忍人之心].", "측은지심이 없으면 사람이 아니며, 수오지심이 없으면 사람이 아니며, 사양지심이 없으면 사람이 아니며, 시비지심이 없으면 사람이 아니다[無惻隱之心非人也. 無羞惡之心非人也. 無辭讓之心非人也. 無是非之心非人也]."

155 『孟子』「盡心上」 "사람이 배우지 아니하고서도 할 수 있는 것은 良能이고, 헤아려보지 않고서도 알 수 있는 것을 良知이다[人之所不學而能者 其良能也 所不慮而知者 其良知也]."

능은 그러한 인식을 실제 행위로 옮길 수 있는 실천 능력이다. 맹자는 인간이 후천적 사회화나 교육 이전에도 이미 도덕적으로 인식하고 행할 수 있는 주체라고 보았다. 인간은 타고난 도덕적 인식과 실천 능력을 지니기에, 자신의 내면에 근거하여 도덕적 판단과 선택을 수행할 수 있으며, 이는 인간 행위의 결과를 자기 자신에게 귀속시키는 사유 구조로 이어진다.

이러한 관점에서 맹자는 인간이 선한 본성을 지니고 있음에도 불구하고 잘못된 결과가 발생했다면, 그 원인은 자신의 본성을 충분히 발현하지 못한 데에 있다고 본다. 이 때문에 맹자는 인간 행위의 결과를 '스스로 자초함[自取]'으로 설명하며, 도덕적 반성과 자기 책임을 인간 존재의 본질적 조건으로 강조한다. 이는 맹자의 자성론이 내면의 도덕적 자각과 자기 성찰을 통해 도덕적 삶을 구축하려는 사유임을 보여준다.

> "공자께서 말씀하시기를 '제자들아, 저 노래를 들어보게. 물이 맑으면 소중한 갓끈을 빨고 물이 흐리면 더러운 발을 씻는다고 하였으니, 물이 스스로 그렇게 만든[自取] 것이네.' 하셨다. 사람은 반드시 스스로 업신여긴[自侮] 뒤에 남이 그를 업신여기며, 집안은 반드시 스스로 훼손한[自毀] 뒤에 남이 그 집안을 훼손하며, 나라는 반드시 스스로 공격한[自伐] 뒤에 남이 그 나라를 공격하게 된다. 『서경』「태갑」에 이르기를 '하늘이 지은 재앙은 오히려 피할 수 있지만, 스스로 지은 재앙[自作孽]은 빠져나갈 수가 없다' 하였으니, 이를 말한 것이다."[156]

---

156 『孟子』「離婁上」"孔子曰 小子聽之. 淸斯濯纓 濁斯濯足矣 自取之也. 夫人必自

맹자는 물이 스스로 그러한 흐름을 형성하는 것처럼, 인간 역시 자신의 처지를 스스로 만들어낸다는 비유를 통해 '자취(自取)'의 개념을 도덕적 맥락에서 해석한다. 이 구절은 타인의 경멸이나 외적의 공격이 스스로를 경시하거나 해하는 행위에서 비롯된다는 점을 강조한다. 도덕적 본성을 실현하지 않는 행위는 곧 스스로를 낮추고 파괴하는 행위이며, 이는 철저히 자기의 선택과 태도의 문제로 귀결된다. 이는 자신의 삶의 결과를 자신의 도덕적 수양 여부에 돌려야 한다는 윤리적 자각으로 이어진다.[157]

侮然後人侮之 家必自毁而後人毁之 國必自伐而後人伐之. 太甲 曰 天作孼 猶可違 自作孼 不可活. 此之謂也." 맹자가 인용한 『서경』「太甲」은 위고문에 속하기에 유교의 자성론적 사유가 반영된 후대에 고문 형식으로 봐야 한다.

157 한편 순자는 自取의 개념을 주로 국가의 흥망과 관련하여 설명한다. 「富國」에서는 군주가 탐욕스럽고 포악하며 무도한 행위를 일삼을 경우, 그 결과로 나라가 멸망하게 되는 것을 스스로 초래한 일로 규정한다. 이는 외부의 요인이 아닌 군주 자신의 행위가 재앙의 원인임을 밝히는 것이다. 『荀子』「富國」 "無它故焉 人主自取之." 또한, 「解蔽」에서는 마음의 특성을 서술하며, 마음이 스스로 명령을 내리고 스스로 행위의 결과를 낳는 주체임을 강조하는 맥락에서도 自取라는 표현이 등장한다. 여기에서 마음은 "스스로 제한하고, 스스로 부리며, 스스로 빼앗고, 스스로 취하며, 스스로 움직이고, 스스로 멈춘다"고 서술되어, 인간 주체의 자율성과 행위의 귀속성을 나타낸다. 『荀子』「解蔽」 "心者形之君也 而神明之主也 出令而無所受令. 自禁也 自使也 自奪也 自取也 自行也 自止也." 한편, 한비자의 경우 自取 개념은 윤리적 의미 없이 정치적 현실을 묘사하는 데 사용된다. 『韓非子』「外儲說 右下」에서는 禹임금이 형식상으로는 伯益에게 천하를 전한 것처럼 보였으나, 실제로는 啓가 스스로 그것을 얻도록 만든 것으로 설명하며, 여기서의 自取는 '스스로 얻다' 또는 '자발적으로 취하다'는 의미로 기능한다. 이처럼 한비자에게 있어 自取는 도덕적 반성이나 책임의 개념과는 무관하며, 권력의 이전이나 정치적 결과를 기술하는 실용적 표현에 가깝다. 『韓非子集解』「外儲說 右下」 "是禹名傳天下於益 而實令啓自取之也. … 是名傳之而實令太子自取之也."

"자신을 해치는 자[自暴者]와는 함께 말할 수 없고, 자신을 버리는 자[自棄者]와는 함께 행할 수 없다. 말할 때 예의를 비방하는 것을 자포(自暴)라 하고, 나는 인(仁)에 거할 수 없고 의(義)를 따를 수 없다고 하는 것을 자기(自棄)라 한다."[158]

"나는 자신을 굽히고서[枉己] 남을 바로잡는다는[正人] 말은 들어보지 못했으니, 하물며 자신을 욕되게 하면서[辱己] 천하를 바로잡음에 있어서랴. 성인(聖人)의 행동은 똑같지 않아서, 혹은 멀리 은둔하고 혹은 가까이 군주를 모시며, 혹은 떠나기도 하고, 떠나지 않기도 하지만, 귀결되는 점은 자신을 깨끗이 하는 것[潔其身]뿐이다."[159]

인간은 누구나 선한 본성을 타고나지만, 그러한 본성이 자연스럽게 실현되는 것은 아니며, 자성을 통한 지속적인 점검과 성찰이 결여될 경우 도덕적 타락이나 자기 포기의 상태에 이를 수 있다. 맹자는 자성을 상실한 태도가 자신의 도덕성을 부정하는 삶의 태도로 이어질 수 있음을 경고한다. 자포(自暴)와 자기(自棄)는 자기 자신에 대한 성찰과 책임을 포기한 상태를 가리킨다. '자포'는 예의를 부정하거나 조롱함으로써 스스로 도덕적 기준을 무너뜨리는 태도이며, '자기'는 자신이 인에 거할 수 없고 의를 따를 수 없다고 단정함으로써 자기 안에 내재한 도덕적 잠재성을 부인하는 태도이다.

158 『孟子』「離婁上」"自暴者 不可與有言也. 自棄者 不可與有爲也. 言非禮義 謂之自暴也. 吾身不能居仁由義 謂之自棄也."

159 『孟子』「萬章上」"吾未聞枉己而正人者也. 況辱己以正天下者乎. 聖人之行 不同也 或遠, 或近 或去, 或不去 歸 潔其身而已矣."

맹자가 경계하는 자포자기의 태도는 현실 속에서 자신을 굽히고[枉己], 스스로를 욕되게 하는[辱己] 방식으로 구체화된다. 이는 외부의 인정이나 성과를 위해 자기 내면의 도덕적 기준을 훼손하는 모습으로 나타나며, 결국 타인을 바로잡거나 세상을 교화하겠다는 명분조차 정당성을 상실하게 만든다. 이에 비해 맹자가 제시하는 성인의 삶의 태도는 상황과 처신의 방식이 서로 다를 수 있음에도 불구하고, 그 귀결점이 언제나 자기 자신을 깨끗이 유지하는 것[潔其身]에 있다는 점에서 일관성을 지닌다. 여기서 '자신을 깨끗이 한다'는 것은 어떤 환경과 상황 속에서도 도덕적 판단의 주체로서 자기 자신을 상실하지 않는 자성의 태도를 가리킨다. 이러한 태도는 곧 도덕적 판단과 실천의 근거를 외부가 아닌 '자신에게 있는 것[在我者]'에서 끊임없이 구하려는 자세로 이어진다.

> "구하면[求] 얻고 버리면 잃어버리니, 이러한 구함은 얻음에 유익함이 있으니, 자신에게 있는 것[在我者]을 구하기 때문이다. 구함에 도가 있고 얻음에 명(命)이 있으니, 이 구함은 얻음에 유익함이 없으니 밖에 있는 것[在外者]을 구하기 때문이다."[160]

맹자는 외적인 조건이나 타인의 인정, 물질적 성공과 같은 밖에 있는 것을 좇지 말고, 도덕적 자질과 덕성, 책임 의식과 같은 자

160 『孟子』「盡心上」"求則得之 舍則失之 是求 有益於得也 求在我者也. 求之有道 得之有命 是求 無益於得也 求在外者."

기 내면에 있는 것을 구하는 데 힘써야 한다고 강조한다. 여기서 '구하는[求]' 행동은 자신의 내면을 끊임없이 성찰하고, 잘못을 돌아보며, 도리와 의리를 실천할 수 있도록 삶을 스스로 조율해 가는 윤리적 행위이다. 이는 도를 따르는 자기 수양의 실천으로 이어지며, 결과로서의 얻고 잃음은 하늘의 명에 맡기는 담담한 태도를 가능케 한다. 반면 밖에 있는 것에 집착하는 행위는 아무리 노력해서 얻는다고 하더라도 참된 도덕적 유익함으로 이어지지 않는다.

> "군자의 지킴은 자기의 몸을 닦아서 천하가 화평해지는 것이다. 사람들의 병통은 자기의 밭은 놓아두고 남의 밭을 김매는 것이니, 남에게 책임 추궁하는[求於人] 것을 무겁게[重] 하고 자기가 책임지는[自任] 것을 가볍게 하는 것이다."[161]

맹자는 타인에게는 많은 것을 요구하면서 정작 자신에게는 아무런 책임을 지지 않으려는 태도를 비판한다. 이는 자신에게는 관대하고 타인에 대해서만 엄격한 태도가 유교 윤리에서 큰 결함으로 간주되었음을 보여준다. 군자는 이러한 병통을 벗어나 남을 책망하기에 앞서 먼저 자신을 반성하고 자신의 책임을[自任] 중히 여기는 사람이다. 따라서 수신을 통해 자신의 도리를 다하고, 자기 안의 기준을 정제해 가며, 내면의 단속을 통해 바깥의 관계까지 확

---

161 『孟子』「盡心下」"君子之守 修其身而天下 平. 人病 舍其田而芸人之田 所求於人者 重 而所以自任者 輕."

장해 나간다. 군자의 덕성은 끊임없는 자성에 기초하며, 자신에게서 구하고 자기 자신을 바로 세우는 데서 비롯된다. 이러한 태도는 곧 '반구저기(反求諸己)'라는 윤리적 실천으로 구체화된다. 여기서 '반(反)'은 자기 자신의 도덕적 상태를 점검하고 성찰하는 자성적 사유의 핵심 개념이다.

> "인(仁)한 자는 활쏘기 하는 것과 같으니, 활을 쏘는 자는 자신을 바로잡은[正己] 뒤에야 발사하여, 발사한 것이 맞지 않더라도 자신을 이긴 자를 원망하지 않고 돌이켜서 자신에게서 찾을[反求諸己] 뿐이다."[162]

맹자가 활쏘기의 비유를 통해 제시한 '반구저기'는 외적 결과의 성패를 타인이나 환경에서 찾지 않고 행위의 근원을 자기 자신에게로 되돌리는 윤리적 태도를 뜻한다. 활이 과녁에 맞지 않았을 때 그 원인을 외부에 돌려 원망하지 않고, 스스로를 바로잡는 데서 이유를 찾는다는 점에서 이는 도덕적 실패를 외적 조건의 문제로 환원하지 않고 자기 내면의 상태에 대한 성찰로 전환하는 사고 방식이라 할 수 있다. 여기서 '구(求)'는 인간 안에 이미 내재해 있으나 외물에 의해 가려진 도덕적 근원을 다시 찾아 회복하려는 적극적 움직임을 의미한다.

---

162 『孟子』「公孫丑上」"仁者如射 射者正己而後發. 發而不中 不怨勝己者 反求諸己而已矣."

“남을 사랑해도 그와 친해지지 않으면 자신의 인(仁)을 돌이켜 보고[反], 남을 다스려도 다스려지지 않으면 자신의 지혜[智]를 돌이켜 보고[反], 남에게 예를 베풀어도 답례하지 않으면 자신의 경(敬)을 돌이켜 봐야[反] 한다. 행하고서 얻지 못함이 있으면 모두 자신에게 돌이켜 찾아야 하니[反求諸己], 자기 자신이 바르게 되면 천하가 돌아온다.”[163]

위 구절의 반 개념은 모두 인간 관계의 실패를 계기로 삼아 자기 내면의 도덕 상태를 점검하도록 요구하는 자성적 의미로 쓰인다. 맹자는 사회적 행위가 기대한 결과를 낳지 못할 경우, 그 원인을 상대나 상황에서 찾지 않고 인(仁) · 지(智) · 경(敬)의 덕목에 비추어 행위의 주체인 자신의 내면을 되돌아보도록 한다. 인이 부족하면 타인과의 관계 속에서 친밀함과 신뢰가 형성될 수 없고, 지가 부족하면 타인을 올바르게 이끌거나 바르게 다스리는 능력이 결여된다. 또한, 경이 결핍된 경우에는 상대방으로부터의 존중이나 배려를 기대하기 어려워진다. 따라서 자신이 타인의 사랑을 얻지 못했다면 인이 부족한 것은 아닌지, 타인을 제대로 이끌지 못했다면 지가 모자란 것은 아닌지, 예를 갖춘 존중을 받지 못했다면 경이 결여된 것은 아닌지를 각각 돌이켜 보아야 한다고 말한다. 반구저기는 자성의 방향성이 일관되게 자아 내부를 향하고 있음을 드러낸다. 이처럼 맹자는 반 개념을 통해 도덕적 문제의 책임을 자기

---

163 『孟子』「離婁上」“愛人不親 反其仁 治人不治 反其智 禮人不答 反其敬. 行有不得者 皆反求諸己 其身正而天下歸之.”

자신에게로 전환함으로써 자성에 기초한 윤리적 사유의 틀을 확립하였다. 이는 일상적 인간 관계 속에서 적용 가능한 자성의 구체적 방법인 '자반(自反)' 개념으로 이어진다.

> "여기에 어떤 사람이 있는데 그 사람이 나를 강하고 포악하게 대하면, 군자는 필히 스스로 돌이켜서[自反] '내가 반드시 인(仁)하지 못하며 예(禮)가 없는가 보다. 그렇지 않다면 이러한 일이 어찌 생길 수 있겠는가' 한다. 스스로 돌이켜 보아[自反] 인하였고, 스스로 돌이켜 보아[自反] 예가 있었는데도, 그가 여전히 나를 함부로 대한다면 군자는 필히 스스로 돌이켜[自反] '내가 반드시 진실하지[忠] 못하였는가 보다'라고 한다. 스스로 돌이켜 보아[自反] 진실하였는데 그가 여전히 나를 함부로 대한다면, 군자는 '이 사람은 망령된 자'라고 할 것이다. 이와 같다면 금수와 무엇이 다르겠는가? 금수에게 또 무엇을 따지겠는가?"[164]

누군가 자신에게 포악하거나 무례하게 대할 때, 군자는 먼저 상대를 탓하기보다는 자신을 돌이켜 보며, 자신의 언행이 인과 예에 어긋난 것은 아니었는지, 또 겉으로는 그 기준에 부합했더라도 진실한 마음[忠]이 결여된 것은 아니었는지를 돌이켜 봐야 한다. 겉으로는 인과 예에 부합한 태도로 보일지라도 자성의 결과 그 행동이 충의 기준에서 어긋난다면 이는 겉만 비슷할 뿐 실제로는 전혀

---

164 『孟子』「離婁下」"有人於此 其待我以橫逆 則君子 必自反也 我必不仁也 必無禮也. 此物 奚宜至哉. 其自反而仁矣 自反而有禮矣 其橫逆 由是也 君子 必自反也 我必不忠. 自反而忠矣 其橫逆 由是也 君子 曰 此亦妄人也已矣. 如此 則與禽獸奚擇哉 於禽獸 又何難焉."

다른 사이비(似而非)에 불과하다.[165] 따라서 외적인 유사성과 내면의 진정성을 구분하기 위해 충(忠)을 바탕으로 스스로를 돌이켜 보고 검토하는 성찰의 과정이 중요하다. 여기서 '자반'은 도덕적 판단과 실천의 전 과정을 자기 자신에게 귀속시키는 맹자의 사유 방식을 보여준다. 타인의 횡역한 행위나 대립적 상황에 직면했을 때, 맹자는 인 · 예 · 충의 도덕적 기준에 비추어 자기 자신의 내면 상태를 단계적으로 점검하도록 요구한다. 이러한 점검은 도덕적 책임의 소재를 자아 내부에서 찾는 성찰 과정이다. 다만, 맹자는 자반의 과정이 자기비하나 무조건적인 자책으로 귀결되지 않음을 분명히 한다. 도덕적 기준에 비추어 스스로를 점검한 결과 내면의 정당성이 확보되었음에도 상대의 횡역이 계속될 경우, 군자는 그 원인을 더 이상 자신에게 귀속시키지 않고 상대를 망령된 자로 규정한다. 이는 유교의 자성이 모든 책임을 자기에게 전가하는 태도가 아님을 보여준다.

> "자네는 용기[勇]를 좋아하는가? 내 일찍이 선생님께 큰 용기에 대해서 들은 적이 있네. 스스로 돌이켜 보아서[自反] 정직하지 못하면[不縮] 비록 상대가 미천한 자라도 내가 그를 두려워하지 않겠는가? 그러나 스스로 돌이켜 보아서[自反] 정직하다면[縮] 비록 천만 명의 사람이라도 내가 가서 당당히 대적할 것이다." [166]

---

165 『孟子』「盡心下」"居之似忠信 行之似廉潔 衆皆悅之自以爲是 而不可與入堯舜之道. 故曰 德之賊也. 孔子 曰 惡似而非者."

166 『孟子』「公孫丑上」"子好勇乎. 吾嘗聞大勇於夫子矣. 自反而不縮 雖褐寬博 吾

'자반'을 통해 자신의 행위가 정직함[縮]에 부합함을 확인한 사람은, 상대의 지위나 수적 우세와 무관하게 당당히 맞설 수 있다. 이러한 담대함은 자신의 도덕적 상태에 대한 내적 확신에서 나오는 것으로서 도덕적 의미의 용기라 할 수 있다. 맹자의 자성론에서 용기와 자신감은 끊임없는 자기 성찰을 통해 행위를 도리에 맞게 조율해 왔다는 자기 자신에 대한 신뢰에서 비롯된다.

"아랫자리에 있으면서 윗사람에게 신임을 얻지 못하면 백성을 다스리지 못할 것이다. 윗사람에게 신임을 얻는 데 방법이 있으니, 벗에게 믿음을 얻지 못하면 윗사람의 신임을 얻지 못할 것이다. 벗에게 믿음을 얻는 데 방법이 있으니, 어버이를 섬겨 기쁘게 하지 못하면 벗에게 믿음을 얻지 못할 것이다. 어버이를 기쁘게 하는 데 방법이 있으니, 자기 자신을 돌이켜봄[反身]에 성(誠)하지 못하면 어버이를 기쁘게 하지 못할 것이다. 자신을 성하게 하는 것에는 방법이 있으니, 선을 밝게 알지 못하면 자신을 성하게 하지 못할 것이다. 그러므로 성은 하늘의 도이고, 성을 추구하는 것[思誠]은 사람의 도이다."[167]

"만물이 모두 나에게 갖추어져 있으니 나를 돌이켜 보아[反身] 성하면 즐거움[樂]이 이보다 더 클 수 없고, 서(恕)를 힘써서 행하면 인(仁)을 구하는 것이 이보다 더 가까울 수 없다."[168]

不惴焉. 自反而縮 雖千萬人 吾往矣."

167 『孟子』「離婁上」"居下位而不獲於上 民不可得而治也 獲於上 有道 不信於友 弗獲於上矣 信於友 有道 事親弗悅 弗信於友矣 悅親 有道. 反身不誠 不悅於親矣. 誠身 有道 不明乎善 不誠其身矣. 是故 誠者 天之道也 思誠者 人之道也." 이 구절은 『중용』 20장의 뒷부분과 거의 동일하며, 같은 맥락에서 誠을 말하고 있으므로, 이를 중용의 사유와 연결시켜 봐야 한다. 출토문헌으로 사맹학파의 존재를 부인할 수 없게 되었다. 따라서 위 구절의 형이상학적 誠 개념은 『중용』의 자성론에 포함시켜 논한다.

168 『孟子』「盡心上」"萬物皆備於我矣. 反身而誠 樂莫大焉. 强恕而行 求仁 莫近焉."

맹자는 인간 관계에서의 윤리적 실천을 위해서는 우선적으로 자신을 돌이켜[反身] 정성스럽고, 진실되며 성심성의한 상태[誠]를 갖추어야 한다고 말한다. 성(誠)은 스스로를 속이지 않는 진실하고 거짓됨이 없는 상태를 의미한다. 이는 일관되고 지속적인 진심과 내면의 정성스러움(성심성의함)을 의미하며,[169] 선을 명확히 아는 것[明善]에서 비롯된다. 이는 인간 본성에 내재한 선한 심성을 분명히 드러내는 것을 의미하며, 이러한 사유는『대학』의 명명덕(明明德), 왕수인의 치양지(致良知) 사상으로 이어진다. 이러한 '반신'은 친구, 부모, 상하관계 등의 인간 관계 전반을 관통하는 실천 윤리로 작동한다. 맹자는 통치의 정당성 또한 가까운 인간관계에서의 신뢰로부터 비롯됨을 강조한다. 즉, 벗으로부터 믿음을 얻지 못하면 윗사람의 신임을 받을 수 없고, 부모를 기쁘게 하지 못하면 벗의 신뢰도 얻을 수 없다. 이러한 과정은 친구와 부모와의 관계에서 시작되어 윗사람과의 관계를 거쳐 궁극적으로 정치적 정당성으로까지 확장되는 유기적 구조를 형성한다. 자성은 인간관계 속에서 신뢰와 덕을 실현하는 기본 조건이자, 군주로서 정치를 수행하기 위한 출발점이다. 이는 자성이 가정과 사회, 국가를 아우르는 윤리

169『孟子集註』「盡心上」"誠은 진실함이다. 자기 몸에 돌이켜봄에 갖추어져 있는 바의 理를 모두 惡臭를 싫어하고 好色을 좋아하는 실제와 같이 한다면 그 행함이 억지로 힘쓰기를 기다리지 않고도 순하지 않음이 없을 것이다. 그 즐거움이 무엇이 이보다 크겠는가[誠實也. 言反諸身而所備之理 皆如惡惡臭, 好好色之實然 則其行之不待勉强而無不利矣 其爲樂 孰大於是]."

적 기반이 되어야 한다는 유교의 정치철학을 반영한다.

또한, 맹자는 자신을 돌이켜 보아 성에 부합하다면 이보다 더 큰 즐거움은 없다고 하여, 진정한 즐거움이 나의 내면에 있다고 하였다. 여기서 반신은 성을 기준으로 삼아 자기 존재 전체를 점검하는 자성을 의미한다. 이는 자신의 행위의 옳고 그름을 따지는 수준을 넘어 인간이 지닌 도덕적 잠재성과 삶의 근거를 확인하는 사유 방식으로 확장된다. 이때 성은 자기 성찰의 기준이자 도덕적 충만함과 즐거움이 성립하는 근거로 기능한다. 자성의 결과 내면의 진실된 상태에 도달하게 되면, 내면의 근심과 걱정은 사라지기에 진정한 도덕적 즐거움을 누릴 수 있다.

맹자는 도덕적 삶이 가져다주는 진정한 즐거움은 부끄러움의 감정을 해소하는 데에서 비롯된다고 보았다. 그는 군자의 세 가지 즐거움[君子三樂] 가운데 하나로, 하늘을 우러러 부끄럽지 않고[仰不愧於天], 사람을 굽어보아도 부끄럽지 않은 삶[俯不怍於人]을 제시한다. 이는 외적 평가나 타인의 시선을 넘어, 자신의 내면에 대한 성찰을 통해 부끄러움 없는 삶을 실현하고자 하는 윤리적 이상을 함의한다. 특히 맹자는 "사람은 부끄러움이 없어서는 안 된다. 부끄러움이 없음을 부끄러워한다면[無恥之恥] 더 이상 부끄러운 일이 없게 된다."[170]고 하여, 부끄러움[恥]을 도덕적 경계와 성찰의

170 『孟子』「盡心上」"人不可以無恥 無恥之恥 無恥矣."

기준으로 삼았다. 자성을 통해 부끄러움을 인식하고 이를 극복할 수 있을 때, 도덕적인 즐거움의 상태에 도달할 수 있으며 이는 내면의 안정과도 연결된다.

> "군자가 도를 실천함으로써 깊이 나아가는 것은 자기가 스스로 터득하고자[自得] 해서이니, 스스로 터득하면 거처함이 편안하고, 거처함이 편안하면 삶의 근거로 삼는 것이 깊으며, 삶의 근거로 삼는 것이 깊으면 좌우에서 취하여 행동하더라도 그 근원을 만나게 된다. 그러므로 군자는 스스로 터득하고자[自得] 하는 것이다."[171]

이 구절에서 맹자는 '자득(自得)'의 태도를 군자의 도덕적 성장과 실천을 가능하게 하는 핵심 조건으로 제시한다. 군자가 도에 깊이 나아가려는 까닭은 도를 자기 삶의 일부로 스스로 체득하기 위함이다. 도가 자득될 때 군자는 처하는 자리마다 마음이 편안해지고, 이는 도를 삶의 근거로 삼는 안정된 내면 상태로 이어진다. 이는 자성을 통해 스스로의 행위가 인과 예에 부합하였음을 확인했을 때 비로소 얻어지는 내면의 평정과 확신을 의미한다.

---

171 『孟子』「離婁下」"君子 深造之以道 欲其自得之也. 自得之則居之安. 居之安則資之深. 資之深則取之左右 逢其原. 故 君子 欲其自得之也."

"군자는 일시적으로 걱정하는 것이 없으니, 인이 아니면 하지 않으며, 예가 아니면 행하지 않으면 된다. 혹 하루아침의 걱정거리가 있다 해도 군자는 걱정하지 않는다[不患]."[172]

군자는 자신의 언행이 도리에서 벗어나지 않았음을 점검하고 나면, 걱정이나 불안에 휘둘리지 않는다. 자신이 도덕적 기준에 따라 행위하였다는 떳떳함에서 비롯된 충만한 감정은 안정된 마음의 근원이 된다. 맹자의 자성론은 도덕적 행위의 올바름을 통해 부끄러움을 해소하고, 그로부터 오는 마음의 평정과 기쁨, 즉 스스로 성찰함으로부터 비롯된 도덕적 즐거움을 중요한 가치로 삼고 있다.

172 『孟子』「離婁下」"若夫君子所患則亡矣 非仁無爲也 非禮無行也 如有一朝之患 則君子 不患矣."

3) 순자의 자성론

순자는 도덕적 과실을 자기 자신에서 찾는 유가 자성론의 사유를 계승한다. 그는 인간관계에서 발생하는 불화와 불신의 원인을 외부로 돌리기보다, 그 책임을 철저히 자기 자신의 결함에서 찾는 태도를 강조한다.

> 증자가 말하였다. "다른 사람과 교유하면서 사랑받지 못하는 것은 내가 반드시 자애롭지 못하기 때문이고, 벗과 사귀면서 존경받지 못하는 것은 내가 반드시 어른을 공경하지 못하기 때문이고, 재물에 직면하여 신임을 받지 못하는 것은 내가 반드시 신의가 없기 때문이다. 이 세 가지 일이 자기 몸에 있다면 어찌 다른 사람을 원망할 수 있겠는가. 다른 사람을 원망하는 사람은 궁지에 빠지고, 하늘을 원망하는 사람은 (천명을) 모르는 것이다. 과실은 자기에게 있는데도[失之己] 도리어 다른 사람을 (책망하는) 것은 어찌 오활한 일이 아니겠는가."[173]

이 구절은 도덕적 판단과 책임의 중심을 주체 내부에 확고히 세움으로써, 자성이 인간관계를 바로 세우는 실천적 기준임을 분명히 보여준다. 순자는 인간관계에서 생겨나는 갈등과 신뢰의 결핍을 자신에게서 그 원인을 찾아야 한다고 보았다. 타인과의 관계 속에서 사랑받지 못하거나 존경받지 못하고, 신뢰받지 못하는 상황

---

173 『荀子』「法行」"曾子曰 同游而不見愛者 吾必不仁也. 交而不見敬者 吾必不長也. 臨財而不見信者 吾必不信也. 三者在身 曷怨人. 怨人者窮 怨天者無識. 失之己而反諸人 豈不亦迂哉."

이 생긴다면, 이는 자애로움, 공경, 신의가 자신에게 결여되어 있기 때문임을 분명히 한다. 나아가 이러한 문제가 자신에게 있음에도 불구하고 남을 탓하거나 하늘을 원망하는 것은 궁지에 빠지고 도리를 모르는 어리석음일 뿐이라고 지적한다.

> "뜻이 닦이면[志意修] 부귀한 사람 앞에서도 교만할 수 있고, 도의가 중후해지면[道義重] 왕공도 가볍게 보게 된다. 자기 내면을 성찰하면[內省] 외물이 가볍게 보이는 것이다. 예부터 전하는 말에 '군자는 외물을 부리지만 소인은 외물에 부림을 당한다'고 한 것은, 이것을 뜻하는 말이다."[174]

순자는 공자의 '내성' 개념을 수용하여 성찰의 대상이 나의 내면[內]이 되어야 한다는 점을 밝힌다. 외물은 감각적 쾌락이나 물질적 부, 사회적 지위나 명성, 손익 등 자아 외부의 환경적 조건을 포괄한다. 성찰을 통한 내면의 주체성이 확립될 때, 외물은 더 이상 도덕적 판단이나 삶의 방향을 결정짓지 못한다. 순자는 내성을 통해 내면의 규범적 판단 능력이 확립된다면 외적 조건은 더 이상 도덕적 효력을 갖지 못한다고 보았다. 이는 자신을 엄격하게 단속하는 사유로 나아간다.

---

174 『荀子』「修身」"志意修則驕富貴 道義重則輕王公 內省而外物輕矣. 傳曰 君子役物 小人役於物. 此之謂矣."

"외적인 상황에 맞춰, 마치 흐르는 물을 막는 제방처럼, 휘어진 나무를 바로잡는 기구처럼 자기 자신을 단속한다."[175]

"그러므로 군자는 예의에 대해 존중하여 그대로 따르고, 사물을 처리할 때에는 그 이치에 순응하여 실수가 없고, 다른 사람을 대할 때에는 원망하는 마음이 적어 관대하더라도 아첨하는 일이 없고, 자기에 대해서는 엄격하게 단속하여 예의에 어긋나지 않는다."[176]

순자의 자성은 외적 상황과 객관적 도덕 규범에 비추어 언행을 엄격히 점검하고 통제하는 규율의 실천으로 귀결된다. 순자는 후천적 노력과 사회 교화를 통하지 않고 자연스럽게 나타나는 생명체의 욕망[欲]을 '성(性)'이라고 본다.[177] 이러한 본성은 선천적으로 이익을 좋아하고[好利] 무절제하기에 스승과 예의법도가 없는 자연 상태의 인간은 쉽게 도를 거스르고 질서를 어지럽힌다.

---

175 『荀子』「非相」"府然若渠匽檃栝之於己也."

176 『荀子』「君道」"故君子之於禮 敬而安之 其於事也. 徑而不失 其於人也. 寡怨寬裕而無阿 其所爲身也 謹修飾而不危."

177 『荀子』「榮辱」"대체로 사람은 모두 동일한 부분이 있다. 배고프면 먹고 싶고, 추우면 따뜻하고 싶고, 피곤하면 쉬고 싶으며, 이익을 좋아하고 손해를 싫어한다. 이것은 사람이 태어날 적에 지닌 본성으로서 어떤 외적인 영향 없이 자연적으로 그런 것이니, 禹나 桀도 마찬가지이다[凡人有所一同. 飢而欲食 寒而欲煖 勞而欲息 好利而惡害. 是人之所生而有也 是無待而然者也是禹桀之所同也]."

"대체로 사람의 본성은 악하니[性惡], 반드시 스승과 법도[師法]를 기다린 뒤에야 정직해지고 예의를 얻은 뒤에야 다스려질 수 있다. 대체로 사람에게 스승과 법도가 없다면 편벽되고 음험하여 정직하지 않다."[178]

"예의가 없다면 도리를 거스르고 질서를 어지럽혀 다스려지지 않을 것이다. 옛날에 성왕(聖王)은 사람의 본성이 악한 것으로 인해 편벽되고 음험하여 바르지 않고, 도리를 거스르고 질서를 어지럽혀 다스려지지 않는다고 생각하였다. 이 때문에 예의를 만들고 법도를 제정함으로써 사람들의 성정(性情)을 정돈하고 개선하여 바로잡고, 사람들의 성정을 길들이고 교화시켜 인도하였다. 이에 비로소 모두 잘 다스려지는 방향으로 나아가고 선량한 표준[道]에 부합되었던 것이다."[179]

순자는 인간의 감정이 그대로 방치될 경우 도리에서 벗어날 수 있음을 전제하고, 외적 기준에 따라 그것을 끊임없이 조정해야 한다는 점을 강조하였다. 이에 성인(聖人)은 도덕적 질서의 회복과 사회적 안정화를 위해 예를 제정하여 인간의 성정을 교화하고 조율한다. 또한, 스승[師]은 예로써 본성을 교정하고 도에 이를 수 있도록 이끄는 예의 매개자이다. 예는 감정의 외형을 정제하고, 판단의 내면 기준으로 작동함으로써 도와 조화를 이루는 윤리적 행위의 준거로 기능한다.

---

178 『荀子』「性惡」"今人之性惡 必將待師法然後正 得禮義然後治. 今人無師法則偏險而不正."

179 『荀子』「性惡」"無禮義則悖亂而不治. 古者聖王以人性惡 以爲偏險而不正 悖亂而不治. 是以爲之起禮義 制法度 以矯飾人之情性而正之 以擾化人之情性而導之也. 始皆出於治 合於道者也."

물론 순자의 예 개념은 인간의 감정과 분리된 외재적 사회 규범에만으로 이해되어서는 안 된다. 순자는 인간의 정(情)에 근거하여 예가 성립하였음을 논하며, 그 사례로 상례를 제시한다. 그는 삼년상과 같은 장례 제도가 자식이 부모를 사랑하는 자연스러운 감정에서 비롯된 것임을 밝힌다. 모든 인간은 부모에 대한 사랑이라는 기본적인 정서를 공유하고 있지만, 그 감정을 구체적으로 어떻게 표현할 것인지는 문화적으로 합의된 형식과 절차를 필요로 한다. 순자는 바로 이 점에서 예의 기원을 찾는다. 즉, 인간의 본연적 감정을 사회적으로 조화롭게 표현하고 조절하기 위한 공통의 방식과 규범이 필요했고, 이러한 요구를 반영하여 예가 제정되었다.

그러나 동시에 순자는 예가 일정한 정도와 형식을 갖춘 규칙과 제도로 정착되었음을 강조한다. 이는 감정의 자의적 표출을 제한하고, 그 감정이 정당하고 적절한 방식으로 사회적으로 공유되도록 유도하기 위한 장치이다. 예컨대, 부모를 향한 애통의 감정이 너무 과하거나 혹은 너무 얕게 표현될 경우, 그것은 개인적 도리에 어긋날 뿐 아니라 공동체의 통합과 질서에도 악영향을 미칠 수 있다. 따라서 예는 인간의 감정을 바탕으로 그것을 정제하고 교정하는 장치로 작동한다. 이러한 관점에서 볼 때, 순자의 예는 인간의 본성적 감정에 뿌리를 두면서도, 그것이 무질서하거나 파괴적이지 않도록 일정한 사회적 형식으로 조절하고 계도하는 역할을 수행하는 규범 체계라 할 수 있다. 따라서 순자는 사람이 지녀야 할 도덕의 표준으로서 예를 상정하고, 이를 바탕으로 성찰이 이루어져야 함을 강조한다.

> "왕은 언제나 그의 아랫 사람들을 사랑하고, 그들을 예로 규제한다. 왕은 어린아이를 보육하듯이 백성들을 대해야 한다. 나라의 정령(政令)과 제도(制度)가 백성들을 위하는 방법에서 불합리한 점이 털끝만큼이라도 있다면, 비록 고아나 자식 없는 노인이나 홀아비와 과부 같은 힘이 없는 사람들일지라도 그들에게 절대로 강요하지 않는다. 그러므로 백성들이 왕을 친근히 대하는 모습이 기쁘게 부모를 대하듯 하게 되고, 그들을 죽일 수는 있을지언정 따르지 않도록 할 수는 없게 되는 것이다. 왕과 신하, 윗사람과 아랫사람, 신분이 높은 사람과 천한 사람, 나이 많은 사람과 어린 사람들로부터 서민들에 이르기까지 이것을 표준[隆正]으로 삼지 않는 이가 없게 된다. 그리고 나서 모두가 속으로 스스로를 성찰하여[內自省] 자기의 직분에 삼가 힘쓰게 된다. 이것이 여러 왕들이 다 같이 행한 것이고, 예법(禮法)의 중심이 되는 것이다."[180]

이 구절에서 백성들이 '속으로 스스로를 성찰[內自省]'하게 되는 것은 예에 근거한 정치 질서가 먼저 확립된 결과로서 나타나는 반응이다.[181] 왕이 사랑과 예로써 백성을 대하고, 정령과 제도가 조금

---

180 『荀子』「王霸」"上莫不致愛其下 而制之以禮. 上之於下 如保赤子 政令制度 所以接下之人百姓 有不理者如豪末 則雖孤獨鰥寡必不加焉. 故下之親上 歡如父母 可殺而不可使不順. 君臣上下 貴賤長幼 至於庶人 莫不以是為隆正. 然後皆內自省 以謹於分. 是百王之所以同也 而禮法之樞要也."

181 禮는 본래 上帝나 조상에게 제사를 지내는 의식 행위를 의미했다. 『說文解字』에 "예는 … 신을 섬겨 복을 구하는 일[禮 … 事神致福]"이라고 나온다. 禮라는 글자가 땅귀신을 의미하는 示와 제사 의식에 사용하는 제기에 제물을 담아놓은 형상인 豊의 결합임을 생각할 때, 禮의 본래적 의미를 파악할 수 있다. 시간이 지나며 禮는 행위의 규범, 즉 도덕 규율을 의미하는 개념으로 사용된다. 또한, 禮는 통치질서를 의미하기도 한다. 공자는 주례를 회복하여

의 불합리도 남기지 않을 때, 백성들은 이를 표준[隆正]으로 받아들여 각자의 직분을 스스로 점검하게 된다. 따라서 순자에게서 자성은 예법이라는 객관적인 도덕 규범에 의해 유도되고 규정되는 성찰이며, 정치 질서와 규범이 마련한 기준에 따라 내면을 조정하게 하는 기능을 수행한다.

> "먹줄은 곧음의 표준이고 저울은 공평함의 표준이고 걸음쇠와 곱자는 방원(方圓)의 표준이고 예는 사람이 지녀야 할 도덕의 표준이다. … 예에 부합하여 사색하는 것을 능히 생각을 한다고 이르고, 예에 부합하여 변치 않는 것을 능히 의지를 확고하게 지킨다고 이른다. … 성인은 도덕의 표준이다. 그러므로 배운다는 것은 진실로 성인이 되기 위해 배우는 것이다."[182]

> "군자가 자신을 바로잡는 것[度己]은 목수가 먹줄을 놓듯이 하고, 남을 대하는 것은 사공이 배를 젓듯이 한다. 자신을 바로잡는 것은 목수가 먹줄을 놓는 것처럼 하기 때문에 충분히 천하의 본보기가 될 수 있고, 남을 대할 때는 사공이 배를 젓는 것처럼 하기 때문에 능히 너그럽게 포용하여 대중에 의해 천하를 다스리는 대업을 이루어낸다."[183]

무너진 정치 사회질서와 도덕규범을 회복하고자 하였다. 이때 예는 나라를 다스리는 데 쓰이는 도구로 기능하며 나라를 다스릴 수 있는 헌법질서와 같은 것으로 이해된다. 김병환(2017), 『김병환 교수의 동양윤리사상 강의』, 새문사, 34-38.

182 『荀子』「禮論」"繩者 直之至 衡者 平之至 規矩者 方圓之至 禮者 人道之極也. … 禮之中焉能思索 謂之能慮 禮之中焉能勿易 謂之能固.", "聖人者 道之極也. 故學者 固學爲聖人也."

183 『荀子』「非相」"君子之度己則以繩 接人則用抴. 度己以繩 故足以爲天下法則矣. 接人用抴 故能寬容因衆以成天下之大事矣."

여기서 '도기(度己)'는 '자기 몸을 바로잡는다[正己]'는 뜻이다. 군자가 자기 몸을 바로잡는 것은 먹줄을 놓듯이 하고, 다른 사람을 대할 때는 이끌어 바른 길로 가게 한다는 것으로, 자기 몸을 바르게 한 뒤에 남을 이끌어주는 것을 말한다. 이를 위해서는 '박학(博學)'의 과정이 매우 중요하다. 순자는 자성을 통해 자기 과오를 줄이는 데 있어서 학문의 유익함을 논한다. 나무는 먹줄을 따르면 곧아지고 쇠는 숫돌에 갈면 날카로워지는 것처럼 군자도 널리 배우며 매일 자기를 점검하고 성찰하는 과정을 거치면 앎이 밝아지고 행동에 잘못이 없을 것이라고 보았다. 여기서 학문은 견문적인 배움을 넓게 쌓는 과정이다. 순자는 선왕이 남긴 말[先王之遺言]을 듣는 것[聞]이 매우 유용함을 제시하며 이를 통해 군자가 스스로를 점검하고 수양할 수 있는 기반을 마련해야 한다고 보았다. 따라서 순자는 도덕 규범의 기준과 학문적 훈련을 결합하여 자성 개념을 보다 체계적이고 규범적인 방식으로 심화시켰다. 순자에게 있어 자성은 철저한 학습과 도덕적 규범에 입각한 판단력을 기르는 훈련의 과정이다.

또한, 찰(察) 개념은 순자의 자성론을 형성하는 데 주요한 개념이다. 순자는 살피는 행위에 도덕적 기준과 조건이 엄밀하게 전제되어야 한다는 점을 강조했다.

"본래 사람에게 스승도 없고 법도도 없는데[無師無法] … 잘 살피기만[察] 한다면 반드시 괴상한 짓을 하는 자가 되고, 말만 잘한다면 반드시 허황된 일을 하는 자가 된다. (반면) 사람에게 스승이 있고 법도가 있고[有師有法] … 잘 살핀다면[察] 바로 사리대로 다하게 되고, 말을 잘한다면 바로 결론을 유도하게 된다."[184]

"사리에 통달하고 지혜롭더라도 법도를 지키지 않으며[不法], 통찰력이 있고 논변을 잘하더라도[辨察] 행위가 바르지 않으며, 용감하고 과단성이 있더라도 예의를 잃어버리는 것은 군자가 증오하는 일이다."[185]

순자는 스승과 법도, 예가 전제된 성찰과 그렇지 못한 고찰 행위를 구분하고 있다. 순자는 올바른 도덕적 모범과 규범적 기준이 없을 때 자의적으로 이루어지는 찰의 위험성을 지적한다. 스승과 법도가 없는 상태에서의 찰은 오히려 기이한 행위나 허황된 언설로 기울어질 위험을 내포하지만, 스승과 법도를 갖춘 상태에서의 찰은 사리를 신속히 다하게 하고 판단을 정당한 결론으로 이끈다. 나아가 순자는 통찰력과 분별력을 지니고 있더라도 법도를 따르지 않거나 예의에 부합하지 않는 경우 이를 군자가 배척해야 할 태도로 규정한다. 이와 같이 순자는 찰을 규범적 질서 속에서 통제되고 정향된 성찰 행위로 이해함으로써, 군자의 자성이 성립하기 위한 윤리적 조건을 분명히 제시한다.

---

184 『荀子』「儒效」"故人無師無法而 … 察則必為怪 辯則必為誕. 人有師有法而 … 察則速盡 辯則速論."

185 『荀子』「大略」"疏知而不法 辨察而操僻 勇果而無禮 君子之所憎惡也."

“옛글에 말을 분석하면서[析辭] 스스로 잘 살피는 것[察]으로 여기고 사물의 명칭을 열거하면서 변별을 잘하는 것[辨]으로 여기는 것을 군자는 천하게 여긴다.”[186]

“(혜시와 등석이) 궤변을 잘 늘어놓으나[察] 소용이 없고, 말을 잘하지만 쓸데가 없다.”[187]

“예의 원리는 참으로 깊으므로 견백(堅白) · 동이(同異) 등의 궤변[察]이 그 속에 들어가면 침몰한다.”[188]

위의 구절들에서 나타나는 찰 개념은 변(辯)자와 병렬되어 사용되며, ‘말을 쪼개어 분석하고, 세밀하게 따지며, 논리적으로 변론하는 것’이라는 인식적 · 언어적 행위를 가리키는데 이는 도덕적 기준이 전제된 군자의 찰과는 대비된다. 예에 기반하지 않은 찰은 오히려 궤변의 의미에 가깝다. 혜시와 등석은 뛰어난 논리적 능력과 변설로 찰에 몰두했으나, 그러한 행위는 예에 근거하지 않았기에 유용한 판단이나 바른 행위로 귀결되지 못하였다. 따라서 순자는 도덕적 의미에서 군자의 살핌 개념을 강조하며, 예에 입각하여 사리를 바로 세우고 행위를 교정하는 찰만을 윤리적으로 정당한 것으로 인정한다.

---

186 『荀子』「解蔽」“傳曰. 析辭而為察 言物而為辨 君子賤之.”

187 『荀子』「非十二子」“甚察而不惠 辯而無用.”

188 『荀子』「禮論」“禮之理誠深矣 堅白同異之察入焉而溺.”

"군자는 너그럽지만 태만하지 않고, 모가 나지만 사람을 손상치 않으며, 말은 잘하지만 다투지 않고[辯而不爭], 잘 살펴 알지만 지나치지 않는다[察而不激]."[189]

"그러므로 예를 존중한다면 비록 명석하지는 못하다 하더라도 법도를 지키는 선비가 될 것이다. 예를 존중하지 않는다면 비록 상세하게 말을 잘한다[察辯] 하더라도 허튼 선비가 될 것이다."[190]

"군자는 행동은 구차히 행하기 어려운 것만을 귀중히 여기지 않고, 이론은 구차히 잘 살펴 아는 것[察]만을 귀중히 여기지 않으며, 이름은 구차히 세상에 전해지는 것만을 귀중히 여기지 않는다. 오직 합당한 것만을 귀중히 여긴다. … 혜시와 등석이 그렇게 하였지만 군자들이 귀중히 여기지 않는 것은 예의에 합당한 일이 아니기 때문이다."[191]

순자는 찰 자체의 행위보다는 예를 존중하는지[隆禮], 예의에 합당한지[禮義之中]가 더욱 중요한 문제라고 보았다. 위의 구절들에서 순자는 찰이라는 행위 자체의 정밀함이나 능숙함을 문제 삼기보다, 그것이 어떤 기준 위에서 작동하는가를 핵심적으로 묻는다. 군자의 찰은 지나치게 날카롭거나 격렬하지 않으며[察而不激], 절제와 중용을 전제로 한다. 또한 군자가 잘 살핀다고 할 때의 찰은 가능한 모든 것을 끝까지 파헤치는 인식 능력을 뜻하지 않고,

189 『荀子』「不苟」"君子寬而不僈 廉而不劌 辯而不爭 察而不激."

190 『荀子』「勸學」"故隆禮 雖未明 法士也. 不隆禮 雖察辯 散儒也."

191 『荀子』「不苟」"君子行不貴苟難 說不貴苟察 名不貴苟傳 唯其當之為貴. … 而惠施鄧析能之 然而君子不貴者 非禮義之中."

예를 근거로 삼아 마땅히 살펴야 할 바를 살피는 규범적 인식 행위를 의미한다. 이 때문에 예를 존중하지 않는 상태에서 이루어지는 세밀한 관찰과 논변[察辯]은 오히려 쓸모없는 선비의 특징으로 규정되며, 윤리적 가치로는 평가되지 않는다. 순자에게서 찰은 예의라는 상위 규범에 의해 방향과 한계를 부여받는 조건적 성찰이다. 즉, 군자의 성찰은 옳은 기준에 맞게 살피는 데 있으며, 그 목적은 예의에 합당한 행위와 인격의 형성에 있다. 이러한 맥락에서 순자는 혜시와 등석의 뛰어난 찰의 능력을 인정하면서도, 그것이 예의의 중정에 부합하지 않기에 군자가 귀하게 여기지 않는다고 평가한다. 결국 찰은 절제와 기준을 상실할 때 궤변으로 기울지만, 예의에 근거할 때에만 자기 성찰과 도덕 실천을 가능하게 하는 군자의 덕목으로 자리 잡는다.

"지금 저 길 가는 사람에게 도를 지켜 학습[學]을 진행하되 온 마음을 다 기울여 사색하고[思索] 깊이 헤아리면서[孰察] 하루 또 하루 오랫동안 선을 쌓아 중단하지 않도록 한다면 신명(神明)에 통하고 천지와 필적하게 될 것이다."[192]

순자는 '숙(孰)'자와 '찰'자를 결합하여, 살핌이 깊이 익히고 반복하여 숙찰의 단계에 이르러야 함을 강조한다. 숙찰(孰察)은 오랜

---

192 『荀子』「性惡」"今使塗之人伏術為學 專心一志 思索孰察 加日縣久 積善而不息 則通於神明 參於天地矣."

사색과 반복적 점검을 통해 도덕적 기준이 내면에 완전히 체화된 상태에서 이루어지는 살핌을 의미한다. 이 구절에서 찰은 사색과 나란히 배치되어, 학습 과정에서 마음을 전일하게 기울여 이치를 되새기고, 그것이 타당한지 여부를 거듭 점검하는 지적·윤리적 성찰을 가리킨다. 따라서 숙찰은 이성과 학습을 바탕으로 한 치밀한 사유 작용으로서 군자의 자성을 실현하는 핵심 작용으로 기능한다.

학습과 사려에 기반한 숙찰은 도덕적 규범과 자신의 행위 사이의 정합성을 면밀히 따져 묻는 성찰적 활동이다. 순자는 인간이 도를 체득하고 실천하기 위해서는 무엇보다 예를 기준 삼아 자신의 행위를 비판적으로 점검해야 한다고 보았다. 이때 숙찰은 예를 근거로 내면의 상태를 판별하고 조정하며 도덕적으로 감별하는 행위이다. 이는 순자의 견문 중심적 학문관과 밀접히 연결되어 있다. 도덕적 성숙은 내면적 수양뿐 아니라 지식에 대한 탐구와 비판적 학습을 통해 이뤄져야 하며, 이 과정에서 찰은 도를 인식하고 실현하는 중추적 기능을 한다.

더 나아가 숙찰은 선을 하루하루 쌓는 실천과 결합되어 있으며, 이로써 살핌은 도덕적 수양의 지속적 과정 속에서 작동한다. 따라서 순자가 말하는 찰은 예와 도에 근거하여 끊임없이 자신을 점검하고 행위를 조율하는 숙성된 성찰로서, 지속적인 수양을 통해 이상적인 경지에 이르게 하는 핵심적 작용으로 이해될 수 있다. 순자는 찰 개념의 의미를 더욱 구체적으로 설명한다. 찰은 겉으로 보이는 표면적 현상을 뒤집어 그 이면까지 파악해 보는 것으로 실제 이치를 파악하는 것을 말한다.

"(물은) 가득 차도 평미레를 필요로 하지 않는 것은 공정함[正]과 같다. (물은) 부드럽고 약해도 미세한 데까지 젖어드는 것은 성찰[察]과 같다. (만물이 물 속에) 나왔다 들어갔다 하면서 깨끗해지는 것은 선하게 교화하는 것[善化]과 같다."[193]

여기서 '정(正)', '찰', '선화(善化)' 개념이 대구로 이어지고 있는데, 이는 모두 물의 긍정적 속성을 설명한다. 물은 비록 지극히 부드럽고 약하더라도 사물에 깊이 젖어드는 성질이 있다. 이는 마치 정확하게 살피고 분별하여 깊이 있게 성찰[察]하는 것과 같다는 의미이다. 순자는 이러한 찰이 가능하기 위한 전제로 마음의 상태를 중시하였다. 마음이 편벽된 견해나 선입견, 욕망과 감정의 동요에 사로잡혀 있을 경우, 살핌은 쉽게 피상적 분석이나 궤변으로 전락한다. 따라서 마음을 비우고[虛], 하나로 모으며[壹], 고요하게 유지하는 것[靜]이 필수적이다.

허일정(虛壹靜)의 상태에 이른 마음만이 물처럼 투명하여 사물의 이치를 정확히 비추고, 부드럽되 깊이 스며드는 성찰을 가능하게 한다. 이 점에서 순자의 찰은 도덕적 수양 상태를 전제로 하는

193 『荀子』「宥坐」"盈不求概 似正. 淖約微達 似察. 以出以入以就鮮絜 似善化."

규범적 성찰이다. 이는 겉으로 드러난 현상을 넘어 그 배후의 이치와 도덕적 질서를 파악하게 하는 핵심적 인식 작용이며, 마음의 평정과 도덕적 기준 위에서 작동할 때에만 참된 의미를 갖는다. 이러한 성찰을 통해 군자는 사물과 인간을 올바르게 이해하고, 그 이해를 바탕으로 자신을 수양하며 세상을 조화롭게 변화[善化]시키는 경지에 이르게 된다. 순자는 자성이 감정에 휘둘리지 않는 정제된 심리 상태 속에서만 가능하다는 점을 분명히 한다. 이를 위해 마음이 반드시 허일정해야 한다고 보았고, 이러한 상태야말로 자성이 가능한 인식 조건이라고 주장하였다. 이는 자성의 주체로서의 마음이 외적 규범을 내면화하기 위한 준비 상태에 도달해야 한다는 점을 보여준다.

"사람은 무엇으로 도를 아는가? 그것은 마음에 의해서이다. 마음은 무엇으로 도를 아는가? 그것은 텅 비고 전일하며 또 고요한[虛壹而靜] 마음에 의해 가능하다. 마음은 본디 무엇을 저장하고 있지 않을 때가 없으나 이른바 텅 빈 상태가 있고 마음은 본디 이쪽저쪽을 (돌아보지) 않을 때가 없으나 이른바 전일한 상태가 있고 마음은 본디 활동하지 않을 때가 없으나 이른바 고요하고 차분한 상태가 있다."[194]

"도를 아직 체득하지 못하여 도를 구하는 사람은 마음을 비우고 전일하며 고요하게 해야 한다. … 마음이 고요하게 되면 분명히 살펴볼[察] 수 있다. 도를 알아 그것을 잘 살피고[察] 도를 알아 그것을 실천하는 것이 도를 체득한 사람이다. … 도에 마음을 전일하게 갖는다면 뜻이 올바르고 그것으로 만물을

194 『荀子』「解蔽」"人何以知道. 曰心. 心何以知 曰虛壹而靜. 心未嘗不臧也 然而有所謂虛. 心未嘗不兩也 然而有所謂一. 心未嘗不動也 然而有所謂靜."

참고하고 살핀다면[察] 이치를 분명하게 살필[察] 수 있다. 올바른 뜻으로 분명하게 살핀[察] 이론을 실천한다면 만물이 제 기능을 잘 발휘할 것이다."[195]

순자는 자성의 주체로서 마음[心]의 인식 능력을 강조한다. 인간은 인의와 법도를 배울 수 있는 지능을 가진 존재이다. 평범한 사람도 배움을 통해 무엇이 옳고 그른지 알 수 있고 법도와 준칙을 따를 수 있는 것은 인간이 도를 이해하고 습득할 수 있는 지적 기능을 갖고 있음을 의미한다.[196] 인간의 마음은 고금의 바른 규범[古今之正權], 곧 도를 인식할 수 있는 지적 기능을 갖추고 있지만, 그 자체로 윤리적 방향성을 내장하고 있는 것은 아니다. 따라서 마음이 올바른 도덕 판단과 성찰 기능을 수행하기 위해서는 반드시 도에 근거한 외적 기준인 예의 법도와 같은 규범이 전제되어야 하고, 이러한 도를 바르게 받아들이기 위해서는 마음이 허일정하여 대청명(大淸明)한 상태가 되어야 한다.

따라서 마음 상태가 올바르게 되었을 때 더 이상 마음이 가려지는[蔽] 일은 없게 되어 방 안에 있어도 천하를 볼 수 있게 된다. 마음이 텅 비게 되면 외부의 도를 받아들일 수 있고, 마음이 전일

195 『荀子』「解蔽」"未得道而求道者 謂之虛壹而靜. … 靜則察. 知道察 知道行 體道者也. … 壹於道則正 以贊稽物則察. 以正志行察論 則萬物官矣."

196 『荀子』「性惡」"今塗之人者 皆內可以知父子之義 外可以知君臣之正 然則其可以知之質 可以能之具其在塗之人明矣. 今使塗之人者以其可以知之質 可以能之具 本夫仁義法正之可知 可能之理 然則其可以爲禹明矣."

하게 되면 전체의 도를 올바르게 식별할 수 있으며 마음이 고요하고 차분하면 만사를 분명히 살펴볼 수 있기 때문이다. 반면 마음이 청정하지 못하고 외물에 가려져 내면에서 기울게 되면 시비를 제대로 가리지 못하게 된다. 또한, 순자는 반복적이고 지속적인 성찰[反鉛察之] 과정을 중시한다.

"시서예악의 근본에 대해서는 원래 일반 사람들로서는 알 수 있는 것이 아니기에 '그 근본에 대해 하나를 알았으면 다시 둘을 알도록 힘써야만 하고, 그 근본에 대해 공부하였다면 오래도록 계속해야 하며 … 그 근본을 따라서 되풀이해 살핌[反鉛察之]으로써 더욱 좋아져야 한다'고 하는 것이다. 이를 통해 감정을 다스리면[治情] 유익해지고, 그렇게 됨으로써 명성이 드러나면 영화로워지면, 그렇게 됨으로써 사람들과 어울리면 조화를 이루게 되고, 그렇게 됨으로써 홀로 지내게 되더라도 스스로 만족하게[足] 된다. 뜻을 즐기는 사람[樂意者]이란 바로 이런 사람이 아니겠는가."[197]

군자의 성찰은 시서예악의 근본을 지속적으로 공부하고, 이를 되풀이해서 살펴보는 과정이다. 순자는 성찰을 반복적이고 지속적인 자기 점검의 과정으로 보았다. 그는 성찰이 도덕적 분별과 판단 능력을 키우기 위해 끊임없이 이어져야 함을 강조한다. 이러한 반복은 학습과 숙찰을 통해 도덕적 기준을 내면화하고 행동으로 체

197 『荀子』「榮辱」"夫詩書禮樂之分 固非庸人之所知也. 故日 一之而可再也 有之而可久也 … 反鉛察之而俞可好也. 以治情則利 以為名則榮 以群則和 以獨則足 樂意者其是邪! 以治情則利 以為名則榮 以群則和 以獨則足 樂意者其是邪."

화해 가는 과정이다. 순자의 자성은 포기하지 않고 꾸준히 도덕적 기준을 되새기며 실천하는 지속적 수행으로 완성되는 윤리적 훈련 체계라 할 수 있다. 이러한 성찰 행위를 통해 군자는 성찰을 통해 감정을 잘 조절하고 절제할 수 있으며, 타자와의 관계에서 조화롭게 지낼 수 있다. 이를 통해 군자는 외적 조건에 의존하지 않는 자족적인 평정 상태에 이르러 도덕적 즐거움을 누릴 수 있다.

> "저 시서예악의 규범은 본디 예사로운 사람이 알 수 있는 것이 아니다. … 이것을 가지고 감정을 다스리면 이롭고 이것을 가지고 이름을 내면 영예로울 것이며, 이것을 가지고 무리 지어 살면 화목하고 이것을 가지고 혼자 지내면 만족할 것이니, 즐겁고 평온한 자는 아마도 이와 같을 것이다."[198]

> "안정되고 순리로운 자는 항상 즐겁고 평온하며, 위태롭고 어려움에 처한 자는 항상 걱정하고 불안하다."[199]

순자는 도덕적 규범에 따라 감정과 욕망을 통제하고 내면을 조율하는 과정이 곧 인간을 평온하고 즐겁게 만드는 길이라고 보았다. 그는 자성을 통해 마음을 바르게 다스리는 일이야말로 삶의 안정과 기쁨을 가능케 하는 핵심이라 보았으며, 이러한 성찰과 조율의 반복을 통해 인간은 도덕적 질서에 부합하는 삶의 방식

---

198 『荀子』「榮辱」"夫詩書禮樂之分 固非庸人之所知也. … 以治情則利 以爲名則榮 以群則和 以獨則足. 樂意者其是邪."

199 『荀子』「榮辱」"安利者常樂易 危害者常憂險."

에 도달할 수 있다고 보았다. 결국 순자에게 있어 자성은 삶 전체를 윤리적으로 구성하고 조화롭게 살아가게 하는 실천적 결실로 연결된다.

3장. 『중용』·『대학』·『역전』의 자성론

본 장에서는 『중용』 · 『대학』 · 『역전』에 나타나는 자성적 사유를 바탕으로 유교 자성론의 범위를 확장한다.[200] 자성과 관련된 주요 개념과 사유를 분석하여 각 문헌의 자성론을 도출하는 것은 유교 자성론의 내용과 구조를 더욱 체계적으로 정립하여 도덕교육에 활용될 수 있는 자성론의 이론적 기반을 확장하는 데 도움이 될 것이다. 『중용』의 신독(愼獨)과 성(誠) 개념은 자성론의 범위를 존재론적 · 실존적 깊이로 확장하고, 『대학』의 실천 체계는 자성이 가정과 사회, 나아가 국가적 차원의 윤리적 실천과 어떻게 유기적으로 연결되는지를 설명한다. 또한, 『역전』은 뉘우침[悔]과 허물없음[无咎]의 사유를 바탕으로 자성의 성격을 더욱 선명히 부각시킨다.

---

200 『中庸』의 성서 시기는 秦漢 시기보다 3세기 정도 더 오래된 것으로 봐야 한다. 최근의 죽간 연구는 『中庸』이 子思 문인들의 저작일 가능성을 더욱 높였다. 일부 구절이 후대에 삽입되었더라도, 『中庸』은 子思가 쓴 글을 바탕으로 그의 계승자들이 지금의 형태로 놓은 것이라고 보는 것이 타당하다. 김병환(2018), 『김병환 교수의 신유학 강의』, 휴먼북스, 92-93; 徐復觀은 『대학』의 저작 연대를 秦 나라 통일 후 漢 나라가 수립되기 전으로 내려 잡았고, 타케우치 요시오(武內義雄)는 漢 武帝 시기에 편찬된 것으로 본다. 하지만 20세기 말엽 郭店 楚簡이 발굴되면서 이러한 주장의 설득력은 점차 낮아졌다. 『대학』의 저작 시기는 순자 이후로 보는 것이 타당하다. 『대학』은 순자계열의 사상가에 의하여 전국시대의 다양한 사상을 집대성하였고, 집필 시기는 『呂氏春秋』의 성립 시기와 일치한다. 김용옥(2022a), 『대학 · 학기 한글 역주』, 통나무, 174-201.

1) 『중용』의 자성론

1장에서 반(反)자와 성(省)자의 의미 변천 과정을 해명하며, '신독에 기반한 내성(內省)'과 '반신(反身)'이라는 개념을 중심으로 『중용』에 나타난 자성의 의미를 고찰하였다. 본 절에서는 자성적 사유와 연계되는 신독(愼獨), 성(誠), 충서(忠恕), 중화(中和) 개념을 바탕으로 유교 자성론의 범위와 깊이를 확장한다.

> "그대 군자들에게 고하노니 그대의 얼굴을 부드럽게 지니면 아무런 허물[愆]도 없게 될 걸세.
> 그대가 방안에서 반성할 적에 방 어두운 모퉁이에 대하여도 부끄러움이 없어야만 하네.
> 드러나지 않을 것이니 아무도 나를 안 볼거라 생각지 말게.
> 신이 강림하시는 것은 미리 알 수 없는 것이거늘 하물며 소홀히 할 수가 있겠는가! …
> 그대를 본떠 덕을 닦게 하면 착하고 아름답게 될 것이네.
> 그대의 행동을 잘 삼가서 거동에 잘못 없기[不愆] 바라네. …
> 아아, 젊은이들이여! 그대들에게 옛 법도를 알려주는 것이네.
> 내 가르침을 따른다면 아마도 크게 뉘우칠[悔] 일은 없게 될 것이네."[201]

『시경』의 「억(抑)」편은 신에 대한 외경을 바탕으로 보이지 않는 곳에서도 조심스럽게 행동을 삼가며 허물을 짓지 말아야 할 것을

---

201 『시경』「大雅 · 抑」"視爾友君子 輯柔爾顔不遐(何)有愆 相在爾室尙不愧于屋漏 無日不顯莫予云覯 神之格思不可度思矧可射思 … 辟爾爲德俾臧俾嘉 淑愼爾止不愆于儀 … 於乎小子告爾舊止 聽用我謀庶無大悔."

권면하는 내용이다. 『중용』에서는 “그대가 그대의 방에 있을 때를 살펴보니, 모퉁이에서도 부끄러운 짓을 하지 않았다[相在爾室 尙不愧于屋漏]”는 구절을 인간이 타인의 시선이 닿지 않는 은밀한 내면까지 철저히 성찰하고 스스로의 도덕적 상태를 점검해야 한다는 윤리적 내성 개념으로 재해석하였다. 『중용』은 본래 외적 행동을 신중히 하라는 의미에 가까웠던 『시경』의 구절에 내면적 자성과 엄격한 도덕적 자기검열의 차원을 새롭게 부여하여, 표면적이고 형식적인 윤리에서 벗어나 내면 깊숙한 곳까지 진정한 자성을 요구하는 철학적 담론으로 심화한다.

신독은 군자가 외부의 시선이 닿지 않는 은미한 상황에서도 자신의 내면에 도사린 불선의 가능성이 언젠가 스스로에게 명백히 드러나게 됨을 염려하여 항상 스스로의 잘못을 철저히 점검하고 단속하는 도덕적 긴장 상태를 의미한다. 내면에 부끄러움이 생길 가능성조차도 예민하게 감지하고, 그것이 자기 인격 전체를 어지럽히지 않도록 경계하고 두려워해야 한다. 이는 인간 내면의 중심부에서 끊임없이 자신을 정비하고 검토하는 윤리적 의지의 작동을 뜻한다. 즉, 군자가 스스로 자기 내면을 살펴[內自省身] 양심에 부끄러움이 없다면 비록 세상에서 인정받지 못하더라도 도를 따르려는 자기의 뜻[己志]에 손상이 없게 된다.[202]

---

202 『禮記正義』“[注] 疚 病也. 君子自省 身無愆病 雖不遇世 亦無損害於己志. [疏] 言君子雖不遇世 內自省身 不有愆病 則亦不損害於己志.”

이처럼 보이지 않는 자리에서도 스스로를 부끄러움 없이 단속하라는 신독의 가르침은 유교 자성론의 중요한 측면을 형성한다. 이러한 사유는 외부의 평가나 감시가 전혀 없는 상황에서도 자신의 마음과 행동을 스스로 바로잡는 원리로 체계화된다. 신독은 인간 내면의 도덕적 완성과 일상적 삶 속에서의 지속적 수양을 뒷받침하는 핵심 사상으로 자리 잡는다.

> "도라는 것은 잠시도 벗어날 수 없으니, 벗어날 수 있으면 도가 아니다. 이 때문에 군자는 남들이 보지 않는 곳에서도 경계하여 삼가며[戒愼], 남들이 듣지 않는 곳에서도 염려하고 두려워한다[恐懼]. 깊숙이 가려져 있는 곳[隱]보다 더 잘 드러나는 곳은 없으며 깊숙이 숨은 곳[微]보다 더 잘 나타나는 곳은 없다. 그러므로 君子는 홀로 지낼 때의 행위를 삼간다[愼其獨]."[203]

신독의 방법은 계신(戒愼)과 공구(恐懼)의 사유에 근거한다. 계신은 타인의 시선이 없는 은밀한 순간에도 마음을 방심하지 않고 엄격히 경계하는 태도를 말하며, 공구는 아무도 듣지 않는 곳에서도 스스로를 염려하고 두려워하는 신중한 내적 긴장 상태를 뜻한다.[204] 『중용』에서 이러한 계신과 공구의 사유는 인간이 홀로 있을

---

203 『中庸』 "道也者 不可須臾離也 可離非道也. 是故君子戒愼乎其所不睹 恐懼乎其所不聞. 莫見乎隱 莫顯乎微. 故君子愼其獨也."

204 "는 戒愼恐懼를 未發의 단계인 靜에 적용되는 경계의 태도이며, 愼獨은 이미 감정과 사유가 動한 이후에도 그 내면적 움직임이 올바른지를 지속적으로 성찰하는 행위로 구분한다.

때조차 도를 벗어나지 않도록 자신을 성찰하고 도덕적으로 관리하는 신독의 실천적 토대가 된다. 즉, 신독은 계신과 공구를 통해 내면 깊숙이 존재하는 은밀한 곳에서 자기 자신을 더욱 엄격히 단속하고 철저히 반성하는 유교 자성론의 핵심적 방법으로서 자리 잡고 있다.

공영달(孔穎達)은 군자의 신독이 자신의 도덕적 죄과에 대한 것임을 분명하게 밝혔다. 그는 여러 사람들 속에 있을 때는 오히려 두려워할 줄 알면서, 깊숙이 가려져 있는 곳에 이르러서는 남이 보지 못한다고 여겨 곧 제멋대로 한다면 남이 모두 엿보고 엿듣고서 죄의 상태를 따져봄[察見罪狀]이 여러 사람 가운데에서 하는 것보다 심할 것이라고 보았다. 따라서 죄와 허물이 깊숙이 가려져 있는 곳보다 더 잘 드러나는 곳은 없고, 깊숙이 숨은 곳보다 더 잘 나타나는 곳은 없기에 군자는 그 은미한 곳에서 그 죄악이 뚜렷하게 드러날까 염려해야 한다.[205]

한편, 주희는 도덕 수양의 과정에서 인간 내면의 움직임을 정(靜)과 동(動)의 두 국면으로 구분하고, 이에 상응하는 수양 태도를 각각 달리 제시하였다. 그는 계신공구를 감정과 의지가 아직 발현되지 않은 미발의 상태, 곧 정의 국면에 적용되는 태도로 보았다.

---

205 『禮記正義』 "言凡在衆人之中, 猶知所畏, 及至幽隱之處, 謂人不見, 便卽恣情, 人皆佔聽, 察見罪狀, 甚於衆人之中. 所以恒須愼懼如此, 以罪過愆失無見於幽隱之處, 無顯露於細微之所也. '故君子愼其獨也'者, 以其隱微之處, 恐其罪惡彰顯, 故君子之人恒愼其獨居. 言 雖曰獨居, 能謹愼守道也."

이때는 외부 자극이나 의식적 판단이 작동하기 이전의 근원적 상태이므로, 미세한 마음의 움직임조차 경계하며 스스로를 엄숙히 살피는 내면의 긴장과 경의 자세가 필요하다고 하였다. 이러한 계신공구는 사욕이 일어나기 전 단계에서 도덕적 주체가 그 가능성을 사전에 제어하고 다스리는 근본적인 자성의 태도이다.

반면, 신독은 감정과 사유가 이미 작동한 이후인 동의 상태에서 내면의 흐름이 도덕적 기준에 부합하는지를 지속적으로 성찰하는 실천적 행위로 규정된다. 이는 도덕적 분별과 의지가 실제로 발현된 상황에서 그 판단과 행동의 방향이 정당한지를 끊임없이 점검하고 교정하는 행위로, 주희는 이를 통해 도덕적 실천이 일상적 상황 속에서도 일관되게 유지되어야 함을 강조하였다. 주희는 군자가 신독을 통해 마음의 부끄러움을 없앨 수 있다고 주장했다. 마음에 미움이 없다는 것은 마음에 부끄러움이 없다는 것이므로 이는 군자가 신독하는 것이고, 군자의 계신하고 공구함이 때마다 그렇지 않음이 없어서 말하고 행동하기를 기다릴 필요 없이 공경하고 믿음을 말한 것이니, 자신을 위하는 공부가 더욱 치밀해진다.[206]

따라서 『중용』에서 자성 개념은 타인의 시선이 닿지 않는 은미한 상황에서조차 자기 내면을 끊임없이 점검하고 도덕적 정결함을 유지하려는 윤리적 긴장으로 작용한다. 이는 군자가 홀로 있을 때

206 『中庸章句』 "無惡於志 猶言無愧於心 此 君子謹獨之事也.", "君子之戒謹恐懼無時不然 不待言動而後敬信 則其爲己之功 益加密矣."

조차 자신을 단속하며 도덕적 일관성을 유지해야 함을 뜻하며, 신독은 이러한 내면의 정밀한 자기 감시를 요구하는 중심 개념으로 기능한다.

> "항상 덕을 행하며 항상 말을 삼가, (덕행에) 모자란 점이 있으면 감히 힘쓰지 않음이 없으며, (말에) 넘친다 싶은 점이 있으면 (할 말이 남아 있어도) 감히 다 하지 않아야 한다. 말은 행실을 돌아보며[言顧行] 행실은 말을 돌아보아야[行顧言] 한다. 군자가 어찌 독실하지[慥慥] 않겠는가."[207]

여기서 군자가 말하는 독실함[慥慥]은 홀로 있을 때에도 도덕적 긴장과 자각을 유지하는 신독의 상태를 의미한다. 이를 위해 군자는 자신의 말이 행실을 넘어 지나치지 않도록 항상 행실을 점검해야 하며[言顧行], 자신의 행실이 말에 부합하는지를 끊임없이 말을 통해 확인해야 한다[行顧言]. '고(顧)'자는 '頁(혈)'과 '雇(고)'로 구성되어 있으며, 본래 눈을 돌려 뒤를 돌아보는 모습을 나타낸 글자이다. 따라서 '고개를 돌려 다시 살핀다' 혹은 '되돌아보다'의 의미로 쓰이며, 자기 언행을 신중히 되짚어 점검하는 성찰적 행위를 의미한다. 이는 언행의 도덕적 일관성을 지속적으로 유지하기 위한 자성의 반복적 구조로서, 상호 점검을 통해 내면과 외면, 이상과 현실 간의 일치를 실현하고자 하는 유교 자성론의 핵심 방법이다. 군

207 『中庸』 "庸德之行 庸言之謹 有所不足 不敢不勉 有餘 不敢盡 言顧行 行顧言. 君子 胡不慥慥爾."

자의 독실함 역시 언행일치를 위한 지속적이고 정밀한 내적 감시의 태도로 귀결된다.

이와 같은 반복적인 자기 점검은 군자가 내면적으로 도덕적 긴장을 유지하며 언행의 일치를 이루고자 하는 신독의 실천적 태도를 보여준다. 이는 타인의 시선이나 평가가 없는 은밀한 상황에서도 스스로의 내적 기준에 맞게 행동하는지를 점검하며, 순간적인 욕망이나 충동으로 인해 도덕적 원칙에서 벗어나지 않도록 지속적으로 자신을 감시하는 태도이다. 이러한 자기 점검의 사유는 『중용』에서 반신(反身)의 행위로 더욱 강조되며 이 내용은 앞 절에서 반 개념의 의미를 고찰하며 밝혔다.

다음으로 성(誠) 개념을 중심으로 자성론의 내용을 보다 심화하여 고찰하고, 이를 통해 『중용』 자성론의 이론적 깊이와 구조를 한층 확장하고자 한다. 또한, 『중용』에서 충서와 중화 개념이 자성적 사유와 어떠한 방식으로 연관되어 있는지를 분석함으로써, 자성이 구체적으로 어떻게 수행되어야 하는가라는 방법적 측면과 어떠한 상태를 지향하는가라는 목적적 측면을 보다 분명하게 파악한다. 이를 통해 자성이 일상적 윤리 실천과 존재의 조화로운 완성을 향해 나아가는 과정임을 밝힘으로써, 『중용』 자성론의 이론적 구조와 사상적 깊이를 한층 강화하고자 한다.

『중용』의 자성론은 자연적 질서와의 합일이라는 존재론적 차원으로 확장되는데 이 과정에서 핵심 개념으로 작동하는 것이 바로

성이다. 『중용』은 자성의 의미를 존재론적 초월과 인간 완성의 가능성으로까지 확장시킨다. 결국 성은 유교 자성론이 지향하는 최종적 가치이며, 인간이 도덕적 주체로서 우주 질서에 응답할 수 있도록 하는 토대이자 준거이다.

> "자신을 돌이켜 보아[反身] 성(誠)하지 않으면 어버이 마음에 들지 못할 것이다. 자신을 성하게 하는 데[誠身] 방법이 있으니, 선에 밝지 않으면 자신을 성하게 하지 못할 것이다. 성은 하늘의 도이고, 성에 이르려고 노력하는[誠之] 것은 사람의 도이다. 성에 이른 자는 힘쓰지 않고서도 (도에) 맞으며, 생각하지 않고서도 저절로 도에 맞으니, 성인이다. 성에 이르려고 노력하는 자는 선을 선택하여[擇善] 굳게 잡아 지키는[固執] 자이다."[208]

위와 유사한 내용이 거의 동일한 형태로 『맹자』「이루상」과 『공자가어』「애공문정」에 실려있다. 이는 『중용』의 사유에 귀속시켜 이해한다. 여기서는 성의 기준에 비추어 자신을 돌이켜 보고[反身], 자기 자신을 성하게 만들어 가는 자성적 행위를 강조한다. 이는 성을 자성의 준거로 삼아 그 속성을 내면화하고 실현함으로써 성의 경지에 도달하고자 하는 실천적 수양 과정이다. 자성의 궁극 목표는 '성신(誠身)'으로, 인간이 천지의 도를 체득하고 이를 자신의 내면에서 구현하는 존재론적 경지를 가리킨다. 『중용』이 말하는 '성

---

208 『中庸』 "反諸身不誠 不順乎親矣. 誠身 有道 不明乎善 不誠乎身矣." "誠者 天之道也 誠之者 人之道也. 誠者 不勉而中 不思而得 從容中道 聖人也. 誠之者 擇善而固執之者也."

지(誠之)'는 자신을 성하게 만드는 노력으로 구체화되며, 성선(性善)의 기반 위에서 선을 선택하고[擇善] 이를 굳게 지켜 실천하는[固執] 일관된 도덕적 실천을 뜻한다. 결국 자성은 선을 향한 선택과 그 지속을 포함한 의지적 실천의 차원을 포함하며, 인간이 스스로의 도덕적 가능성을 완성해 가는 통합적 수양의 구조로 이해된다.

『중용』의 성 개념은 윤리적 덕목을 넘어 형이상학적 의미로 확장되며, 존재의 근원을 규명하는 핵심 개념으로 작용한다.[209] 성은 존재의 시작과 끝[物之終始]으로서 천지만물의 성립과 운행을 가능하게 하는 우주론적 원리이자 천도로 간주된다. 천지의 본성은 지극한 성의 작용으로 이해되며, 이는 끊임없는 자성을 통해 인간이 내면화하고 실현해야 할 지성무식(至誠無息)의 원동력으로 나타난다. 인간은 농경이라는 구체적 삶의 맥락 속에서 사시의 순환을 몸소 체험하고, 식물이 지속적으로 생장과 번식을 반복하는 모습을 관찰함으로써, 천지의 생성과 화육이라는 우주의 오묘한 이치를 깨닫게 된다.[210] 『중용』은 이러한 생명의 역동성과 조화의 원리를 성이라는 자연적 생성 원칙으로 상정하며, 이를 존재의 생성과 변화에 내재된 근본적 법칙으로 설정한다.[211] 이러한 성은 천도와

---

209 김병환(2006), 「중용이전의 誠 개념 연구」, 한국중국학회, 중국학보54, 451-466.

210 『中庸』"天地之道 可一言而盡也. 其爲物 不貳. 則其生物 不測. 天地之道 博也厚也高也明也悠也久也."

211 김충열은 誠을 공간 · 시간적 측면에서의 생성력, 생명력으로 보면서 生命本

인도가 상호 소통할 수 있는 근거로 작용한다.

"오직 천하에 지극히 성(誠)한 분이라야 그 본성을 다할 수 있다. 그 본성을 다하면 사람의 본성을 다할 수 있고, 사람의 본성을 다하면 사물의 본성을 다할 수 있고, 사물의 본성을 다하면 천지의 화육을 도울 수 있고, 천지의 화육을 도우면 천지와 함께 나란히 설 수 있게 된다."[212]

"오직 천하의 지극한 성이어야, 천하의 큰 법을 다스릴 수 있고, 천하의 큰 근본을 세우며, 천지의 화육을 알 수 있으니, 어찌 달리 의지할 것이 있겠는가. 간곡하고 지극한 그 仁이며, 고요하고 깊은 못 그 심연이며, 넓고 넓은 그 하늘일 뿐이다. 진실로 총명하여 하늘의 덕을 통달한 자가 아니면, 그 누가 이를 알겠는가."[213]

이러한 성의 개념은 완전히 체현된 존재로서의 성인에 의해 구체화된다. 성인은 정성과 독실함을 바탕으로 하되, 깊은 사유와 넓은 포용력, 그리고 도덕적 감응 능력을 갖춘 이상적 인격으로 형상화된다. 성인에 대한 이러한 묘사는 성이 인간이 도덕적 자성을 실천함으로써 천지의 도를 온전히 내면화할 수 있음을 드러낸다. 지

能 · 生命本質 · 生命力量 · 生命精神으로 세목화한다. 그는『중용』전체를 이 誠으로 체계화하고 있고, 이와 관련해 주희의 정적인 誠을 비판하고 활동성이 강한 동적인 誠 개념을 제시한다. 김충열(1990),『중국철학산고 I』, 온누리, 129.

212『中庸』"惟天下至誠 爲能盡其性 能盡其性 則能盡人之性 能盡人之性 則能盡物之性 能盡物之性 則可以贊天地之化育 可以贊天地之化育 則可以與天地參矣."

213『中庸』"唯天下至誠 爲能經綸天下之大經 立天下之大本 知天地之化育 夫焉有所倚. 肫肫其仁 淵淵其淵 浩浩其天. 苟不固聰明聖知達天德者 其孰能知之."

성(至誠)의 상태란 인간이 자신의 내면에서 우주의 역동적 원리를 실현하는 궁극적 도달점이며, 이는 존재의 깊이에서 비롯된 도덕적 자각과 성숙의 결과로 나타난다. 따라서 『중용』의 자성은 인간이라는 보편적 존재에 대한 앎으로 확장되며, 더 나아가 이 보편자에 대한 앎은 곧 천에 대한 궁극적 인식과 접속되며, 이는 인간 존재의 실존성과 종교성을 통합하는 우주론적 지평의 개방으로 나아간다.

『중용』에서 말하는 수신은 신독의 실천을 통해 내면의 주체성을 심화하는 과정으로 이해된다. 그러나 이러한 수양은 고립된 개인의 자기완결적 윤리로 머무르지 않으며, 가장 가까운 인간관계인 혈연적 유대를 매개로 한 횡적 연대를 통해 구체화되어야 한다. 그 출발점은 부모에 대한 효(孝)의 마음이며, 이는 인간의 본연적 생명력에서 자연스럽게 발산되는 인(仁)의 감정이다. 그러나 이러한 사친(事親)의 정서는 가족주의적 질서에 한정되어서는 안 되며, 이를 넘어서 인간이라는 보편적 존재에 대한 인식으로 확장되어야 한다. 이 보편적 존재에 대한 인식은 천에 대한 궁극적 인식과 연결되며, 이는 인간 존재의 실존성과 종교성을 통합하는 우주론적 지평을 여는 방향으로 나아간다. 따라서 『중용』에서 수신, 사친, 지인(知人), 지천(知天)으로 이어지는 인식과 실천의 확대 과정은 『대학』이 제시하는 수신 · 제가 · 치국 · 평천하라는 정치적 · 공간적 · 제도적 맥락에서 구성된 수양론보다 존재론적이고 본원적인 자기 수

양의 도정으로 이해될 수 있다.[214]

또한, 『중용』의 자성은 '자성명(自誠明)'과 '자명성(自明誠)'의 상호 교섭 과정으로 설명될 수 있다.[215] '성에서부터 명으로 구현되어 나가는 것[自誠明]'은 성이 인간 존재의 내면에 본성 그대로 부여되어 있기에 진실무망한 천도의 세계로부터 인간의 삶에 도덕적 인식과 판단의 명철함이 자연스럽게 구현되는 과정을 의미한다. 이는 "천명지위성(天命之謂性)"이라는 대명제를 전제로 하며, 인간의 본성이 곧 천지자연의 성됨으로부터 유래한 것임을 보여준다. 반면 '명에서부터 성으로 구현되어 나가는 것[自明誠]'은 유교에서 말하는 수양과 교육, 곧 끊임없는 자성의 노력과 실천을 의미한다. 이는 지속적인 자성 공부를 통해 내면의 성을 회복하고 강화해 가는 자율적 수양 과정이다. 성과 명은 선후 관계나 인과 관계에 그치지 않고, 상호 순환하며 서로를 증대시키는 구조를 이룬다. 이러한 상호 교섭적 관계 속에서 인간은 천도의 세계와 인도의 세계의 조화를 통해 도덕적 자각과 실천을 심화시키며, 존재의 본래적 완성으로 나아가게 된다.

지극한 성을 온전히 체현하여 진실하고 거짓됨이 없는 성인은 마침내 '건행불식(乾行不息)'의 덕을 지니고 천지의 화육 작용에 능동적으로 참여하게 된다. 따라서 인간은 끊임없는 자성을 통해 성

---

214 김용옥(2011), 『중용 한글 역주』, 통나무, 484-485.

215 『中庸』 "自誠明謂之性 自明誠謂之教 誠則明矣 明則誠矣."

을 삶의 기준으로 삼고 실현하려는 지속적 노력을 기울여야 한다. 결국 성은 유교의 자성의 궁극적 기준이자 준거로 자리 잡으며, 인간의 도덕적 자기 성취가 자연의 보편적인 생성 질서에 응답하는 실천적 삶의 방식임을 강조한다.

> "다음은 어느 한 방면에 극진한[致曲] 것이니, 한쪽을 미루어 지극히 하면 성(誠)해질 수 있다. 성하면 나타나고, 나타나면 더욱 뚜렷해지고, 더욱 뚜렷해지면 밝아지고, 밝아지면 감동시키고, 감동시키면 변하고, 변하면 화(化)할 수 있으니, 오직 천하에 지극히 성한 분이라야 화할 수 있다."[216]

인간은 '성지(誠之)'와 '자명성'의 공부를 통해 천도를 인식하고, 나아가 이를 삶 속에 체화할 수 있다. 유교에서 천도의 인식은 인간이 자신의 본성을 성찰하여 극진히 발휘하고, 타인과 만물의 본성까지도 충분히 발휘할 수 있도록 돕는 도덕적 실천과 연결된다. 지극히 성하여 진실하고 거짓됨이 없는 자는 건행불식의 덕을 갖추게 되며, 그 결과 천지의 화육에 능동적으로 참여하는 존재가 된다.

따라서 『중용』의 자성론은 인간이 도덕적으로 완성될 수 있는 가능성을 천지와 상응하는 존재의 경지에서 조망한다. 이로써 유교의 자성론은 자성의 범위와 깊이를 인간 중심의 윤리적 실천을

---

216 『中庸』 "其次 致曲 曲能有誠 誠則形 形則著 著則明 明則動 動則變 變則化 唯天下至誠 爲能化."

넘어서 자연 세계의 보편적 원리와의 합일이라는 존재론적 차원으로까지 확장된다.

동시에 '성신(誠身)'과 '성지'는 일상적 차원에의 반성적 의미도 갖는다. 인간은 하늘을 원망하거나 사람을 탓하지 않으며 오직 자기 자신을 돌이켜[反身] 성찰하는 존재이다.[217] 천지가 만물을 낳고 기를 때 그 성실함은 잠시도 멈추지 않으므로[至誠無息], 인간 역시 끊임없는 자성을 통해 내면의 도덕적 일관성을 유지하고 삶 속에서 지속적으로 구현해야 한다.[218] 자성은 자기 자신의 말과 행동이 서로 일치하고 있는지, 양자 간에 상호 모순이나 어긋남이 없는지 철저히 점검하여 도덕적 일관성을 확보하는 데 있다. 이는 자신의 언행을 돌아보아 일관되지 않은 상태를 점검하며, 순간의 욕망과 감정적 충동으로 인해 도덕적 원칙에서 벗어나지 않도록 스스로를 엄격히 점검하게 한다. 성지의 과정을 통해 내면의 도덕적 기

---

217 주희는 反身不誠을 자기 몸에 돌이켜 찾아봄[反求諸身]에 있어서 마음에 보존한 바와 발하는 바가 진실되고 망령함이 없음[眞實無妄]을 이른다고 보았다. 誠은 진실(성실)하고 망령됨이 없음을 이르니 천리의 본연이요, 誠之는 능히 진실하고 망렴됨이 없지 못하여 진실하고 망령됨이 없고자 함을 이르니 人事의 당연함이라고 보았다. 『中庸章句』 "反諸身不誠 謂反求諸身 而所存所發 未能眞實而無妄也.", "誠者 眞實無妄之謂 天理之本然也. 誠之者 未能眞實無妄而欲其眞實無妄之謂 人事之當然也."

218 牟宗三은 정호, 육구연 중심의 心學 계열의 천도관이 창생성과 질서성을 모두 포함한다고 본 반면, 정이와 주희의 천도관은 氣化의 유행성과 질서성은 인정하지만, 오목불이가 드러내는 천도의 창조성과 생명력(창생성)은 결여되어 있다고 판단한다. 牟宗三, 황갑연 외 역(2012), 『심체와 성체』, 소명출판. 이는 주희가 反身不誠의 사유를 우주적 질서와의 합일이라는 존재론적 차원으로 해석하지 않고, 일상적인 도덕적 반성 개념으로 해석한 것과 관련된다.

준과 현실의 행위 사이에 존재하는 불일치를 제거하고, 궁극적으로 확고한 도덕적 품성을 갖추게 된다. 이러한 자성의 과정은 충서의 도덕률을 실천하는 것으로 이어진다.

"도(道)는 충서와 멀지 않다. 자기 자신에게 적용했을 때, 원하지 않는 것을 나 또한 남에게 행하지 않는 것이다. 군자의 도가 네 가지인데, 내[丘]는 한 가지도 잘하지 못한다[未能一焉]. 자식에게 바라는 것으로 아버지를 잘 섬기지 못하며, 신하에게 바라는 것으로 왕을 잘 섬기지 못하며, 아우에게 바라는 것으로 형을 잘 섬기지 못하며, 벗들에게 바라는 것으로 먼저 잘 베풀지 못한다."[219]

『중용』의 저자는 공자의 자기 고백적 어조와 구체적인 삶의 맥락을 통해 자성의 준거와 내용을 권위 있게 제시한다. 공자는 도가 충서에서 멀지 않다고 말하며, 자성의 기준을 자기 자신에게 먼저 적용되는 실천 원리로 설정한다. 곧 자신에게 적용했을 때 원하지 않는 바를 타인에게도 행하지 않는다는 충서의 원칙은 도덕 판단의 기준을 자기 성찰을 거친 내적 준칙에 두고 있음을 보여준다. 이러한 맥락에서 공자는 자식 · 신하 · 아우 · 벗이라는 네 가지 구체적인 인간관계를 제시하며, 각 관계에서 자신이 타인에게 요구하는 기준을 스스로에게 온전히 적용하지 못했음을 솔직하게 고백

219 『中庸』"忠恕違道不遠 施諸己而不願 亦勿施於人. 君子之道四 丘未能一焉. 所求乎子 以事父 未能也 所求乎臣 以事君 未能也 所求乎弟 以事兄 未能也 所求乎朋友 先施之 未能也."

한다.

여기서 충서는 자성의 핵심 표준으로 기능한다. 공자는 이 두 요소를 네 가지 인간관계의 실천적 장면 속에 배치함으로써, 자성이 인간 관계 속에서 검증되는 실천적 윤리임을 드러낸다. 특히 “하나도 잘하지 못했다[未能一焉]”는 자기 평가에는 성인의 위치에 있는 인물조차 스스로를 예외로 두지 않는 철저한 자성의 태도가 담겨 있다. 이러한 공자의 자기 고백은 자성을 끊임없이 자신을 기준에 비추어 점검하는 지속적 실천 과정으로 이해하게 하며, 충서를 구체적이고 실천적인 자성의 표준으로 확립하는 근거가 된다.

주희는 충서 개념이 장재의 “타인을 책망하는 마음[責人之心]으로 자신을 책망하면[責己] 도를 다할 수 있다”는 사상과 깊이 상통한다고 보았다.[220] 주희는 이 구절을 통해 충서의 윤리적 핵심이 도덕적 판단의 방향을 타인에서 자기 자신으로 전환하는 데 있음을 강조한다. 곧 충서란 타인의 잘못을 비판할 때 사용하는 엄격하고 날카로운 도덕적 기준을 그대로 자신에게 적용하는 자성의 태도를 가리킨다. ‘책인지심(責人之心)’은 타인의 언행을 평가하거나 과오를 추궁할 때 발동되는 강한 도덕적 판단의식이다. 주희의 해석에 따르면, 이러한 마음을 외부로 향하게 두지 않고 자기 자신에게 돌려, 타인을 판단하듯 엄격한 기준으로 자신을 성찰할 때에야 비로

220 『中庸章句』 “張子所謂以責人之心 責己則盡道 是也.”

소 도는 온전히 실현될 수 있다. 이는 도덕적 수양이 타인에 대한 비판이나 교정에서 시작되는 것이 아니라, 자기 자신을 향한 날카롭고도 지속적인 성찰에서 비롯된다는 점을 분명히 한다. 이러한 해석은 충서를 도덕적 주체가 스스로를 단련하는 핵심적인 자성의 방법으로 재정립하는 데 중요한 의미를 지닌다.

또한, 주희는 "충은 자기 내면의 속마음[中心]을 다하는 것이고, 서는 나를 헤아려 그 마음으로 재어 보는 것이라는 황간의 해석을 계승하여,[221] 충을 '자기의 마음을 온전히 다하는 것[盡己之心]'으로, 서를 '자기를 미루어 타인에게까지 미치는 것[推己及人]'으로 정식화하였다. 이러한 해석은 충서가 내면적 성찰에서 출발하여 대인 관계 속에서 확장되는 자성의 구조를 지닌다는 점을 분명히 드러낸다.

한편, 정약용은 충서를 서로 구분되는 두 덕목으로 이해하는 견해에 반대하였다. "이 "충은 안으로 마음을 다하는 것[內盡於心]이고, 서는 밖으로 남을 속이지 않는 것[外不欺物]"이라 하여 충과 서를 내외의 차원에서 대비적으로 설명한 것과 달리, 정약용은 이러한 해석이 충서의 본래 의미를 분절한다고 보았다. 정약용에 따르면 서는 하나의 원리로서 만 가지 행위를 관통하는 핵심이며, 바로 속마음[中心]으로 서를 실천하는 것이기에 이를 충서라 부른다. 만

221 『論語集解義疏』「里仁 · 吾道一貫章」"忠謂盡中心也. 恕謂忖我以度於心也."

약 자기의 마음을 다하는 것을 충이라 하고, 자기를 미루어 타인에게 적용하는 것을 서라 하여 두 개념을 분리한다면, 충서가 다시 두 가지 사물로 나뉘게 되므로 옳지 않게 된다.[222] 이러한 관점에서 도덕적 성찰과 대인 관계에서의 실천은 하나의 연속선상에 놓이게 된다. 곧 자신에게 적용했을 때 원하지 않는 바를 타인에게도 행하지 않는다는 충서의 원칙은 외부 규범에 의존하지 않고 자기 마음을 기준으로 끊임없이 자신을 점검하고 조정하는 자성의 핵심 기준으로 자리 잡는다.

> "기쁘하고 성내고 슬퍼하고 즐거워하는 정(情)이 일어나지 않은 상태를 중이라 이르고, 기쁘하고 성내고 슬퍼하고 즐거워하는 정이 일어나되 모두 절도에 맞는 상태를 화라 이르니, 중이란 천하의 큰 근본이고, 화란 천하에 두루 통하는 도이다."[223]

또한 『중용』에서 중(中)과 화(和)의 상태는 자성이 이루어졌는지를 가늠하는 핵심적인 기준으로 작용할 수 있다. 『중용』에서는 기쁨 · 성냄 · 슬픔 · 즐거움이라는 감정이 아직 발현되지 않은 상태를 중이라 하고, 이러한 정이 발현되었지만 모두 절도에 맞는 상태를 화라 규정한다. 중은 감정이 억제되거나 제거된 상태가 아니

222 『中庸自箴』 "恕者以一而貫萬者也. 謂之忠恕者 以中心行恕也. 若必盡己之謂忠 推己之謂恕 則忠恕仍是二物 恐不可也."

223 『中庸』 "喜怒哀樂之未發 謂之中 發而皆中節 謂之和 中也者 天下之大本也 和也者 天下之達道也."

며, 감정이 발현되기 이전에 마음이 치우침 없이 바르게 유지된 근원적 상태를 가리킨다. 화는 그러한 마음 상태를 바탕으로 감정이 상황에 맞게 조화롭게 드러난 결과를 뜻한다.[224] 이 점에서 중은 자성의 내적 기준으로서 마음의 상태를 점검하는 준거가 되고, 화는 자성이 외적 행위와 감정 표현 속에서 적절히 실현되었는지를 판단하는 실천적 기준으로 기능한다.

주희는 『중용』의 핵심 개념인 '중'이라는 한 글자에 두 가지 의미가 병존하고 있음을 지적한다. 하나는 희로애락의 정(情)이 아직 발현되기 이전의 마음 상태로서의 중이며, 이는 감정이 외물에 의해 자극되기 전, 치우침이나 기울어짐이 없는 내면의 평형 상태, 곧 미발지중(未發之中)을 가리킨다. 주희는 이 상태를 마음의 체(體)로 규정하며, 자성이 가능하기 위한 근원적 조건으로 이해한다. 다른 하나는 희로애락의 정이 이미 외부 사물에 반응하여 발현된 이후의 중으로, 감정이 과도하거나 부족함 없이 정확히 상황에 적중하여 조화를 이루는 상태를 뜻한다. 이는 곧 '시중(時中)' 혹은 '중절(中節)'의 의미에 해당하며, 마음의 용(用)으로서의 중이다.[225]

---

224 『中庸章句』 "喜怒哀樂情也. 其未發則性也. 無所偏倚故謂之中. 發皆中節情之正也 無所乖戾故謂之和."

225 『朱子語類』 "未發之中是體, 時中之中是用.", "在中者, 未動時恰好處; 時中者, 已動時恰好處. 才發時, 不偏於喜, 則偏於怒, 不得謂之在中矣. 然只要就所偏倚一事, 處之得恰好, 則無過 · 不及矣. 蓋無過 · 不及, 乃無偏倚者之所爲; 而無偏倚者, 是所以能無過 · 不及也.", "已發之中, 卽時中也, 中節之謂也."

이미 감정이 발현된 상태에서는 그때그때 발현된 감정을 상황에 맞게 정확히 조절하여 '과불급(過不及)'이 없는 상태에 이르게 하는 것이 중요하다. 따라서 이미 치우침이 발생했더라도 그 사안에 대해 알맞게 처리하여 과도함과 부족함을 넘어서지 않는다면 그것은 곧 시중이 된다. 이와 같은 시중의 실현은 '계근공구(戒謹恐懼)'의 공부를 통해 가능해진다.[226] 즉, 보이지 않아도 삼가고, 들리지 않아도 두려워하는 태도를 통해 마음이 항상 경계된 상태를 유지할 때, 감정이 발현되는 모든 순간마다 중에 어긋나지 않을 수 있다. 이는 자성이 감정이 발현되는 순간마다 즉각적으로 작동하는 지속적 과정이 되어야 함을 의미한다. 이 점에서 중은 자성의 이상적 상태이자, 끊임없는 자기 경계와 성찰을 통해 실현되어야 할 실천적 기준으로 이해된다.

이러한 '중'의 실현 여부는 자성을 수행하는 주체의 태도와 능력에 따라 달라질 수밖에 없다. 중을 유지할 수 있는가는 스스로를 끊임없이 점검하고 절제하는 자성의 힘이 얼마나 확립되어 있는가에 달려 있다.

226 『中庸或問』 "於已發而時中, 則取無過不及之義." 『中庸章句』 "能戒謹不睹恐懼不聞, 而無時不中."

"군자의 행위는 중용(中庸)을 지키지만, 소인의 행위는 중용에서 어긋난다. 군자가 중용을 행하는 것은 군자다우면서 때에 맞게 하기 때문이요, 소인이 중용과 반대로 하는 것은, 소인으로서 꺼리는 것이 없기 때문이다."[227]

군자가 중용을 실천할 수 있는 이유는 매 순간의 상황에 맞게 중을 실현하는 '시중'의 능력을 갖추고 있기 때문이다. 이는 자성을 통해 자신의 감정과 행위를 점검하며 언제나 도덕적 절도를 유지하는 태도를 의미한다. 반면 소인이 중용에서 어긋나는 이유는 스스로를 제어하고 성찰하는 자성의 태도가 없기 때문이다. "꺼리는 바가 없다[無忌憚]"는 것은 자기 내면에서 작동해야 할 도덕적 기준과 경계가 부재한 상태를 가리킨다. 이로 인해 소인은 자신의 욕망과 충동에 따라 행동하게 되고, 그 결과 중용의 도에서 점점 멀어지게 된다.

다만 『중용』에서는 인간이 비록 잘못을 범하더라도 도덕적으로 새롭게 변화될 가능성을 지닌 존재임을 강조하며, 이미 고친 허물에 대해서는 더 이상 죄책을 부과하거나 과도한 기준으로 판단하는 것이 도를 실현하는 올바른 윤리가 아님을 분명히 밝힌다. 이는 인간에 대한 도덕적 평가와 처벌이 궁극적으로 인간의 변화 가능성과 도덕적 개선을 전제로 해야 하며, 이미 시정된 과거의 과오에 대해 계속해서 엄격한 잣대를 들이대는 것은 윤리적으로 타당하지

227 『中庸』 "君子中庸 小人反中庸. 君子之中庸也 君子而時中 小人之中庸也 小人而無忌憚也."

않다는 메시지를 담고 있다.

> 공자께서 말씀하셨다. "도가 사람에게서 멀지 않으니, 사람이 도를 행하면서 사람의 도리를 멀리한다면 도라 할 수 없다. … 그러므로 군자는 사람을 다스리다가, 그 사람이 잘못을 고치면[改] 즉시 그치고 다스리지 않는다[止]."[228]

여기서 군자의 다스림[治]은 도덕적 회복과 공동체적 질서의 복원을 위한 행위이다. 따라서 이미 고쳐진 죄과를 반복적으로 책망하는 것은 도의 실천적 목적을 벗어나는 것이다. 사람에게 그릇된 허물[罪過]이 있으면 군자는 사람의 도로 그를 다스릴 수 있어야 한다. 그러나 그 사람이 과오를 고치면 다스림을 그만두고 용서하여 사람이 할 수 없는 것을 책망하지 않아야 한다.[229] 이는 인간 안에 도(道)의 가능성이 본래적으로 내재해 있기 때문이다. 군자의 다스림은 인간을 스스로 허물을 성찰하고 변화할 수 있는 존재로 이해하는 데서 출발한다. 따라서 자성은 잘못을 인식하고 그것을 실제로 고쳐 나감으로써 도덕적 회복과 갱신을 가능하게 하는 내적 역량으로 이해되어야 한다. 이러한 자성의 관점에서 볼 때, 이미 시정된 과오에 대해 계속해서 엄격한 기준을 적용하는 것은 인간

---

228 『中庸』 "子曰 道不遠人 人之爲道而遠人 不可以爲道. … 故 君子 以人治人 改而止."

229 『禮記正義』 "[注] 言人有罪過 君子 以人道治之 其人 改則止赦之 不責以人所不能. 疏: 故君子以人治人改而止'者 以道去人不遠 言人有過 君子當以人道治此有過之人. '改而止' 若人自改而休止 不須更責不能之事."

의 변화 가능성을 부정하는 태도이다. 따라서 자성은 과오를 단죄하기 위한 도구가 아니며, 인간이 스스로 도에 합치되도록 나아가게 하는 윤리적 과정이기에 군자의 다스림 또한 이와 같은 자성의 가능성을 존중하고 촉진하는 방향에서 이루어져야 한다.

2) 『대학』의 자성론

선진 시대에 성립한 『대학』은 송 대까지는 전한의 대성(戴聖, B.C. 50 전후)이 전한 『소대예기』의 49편 중 하나로 전해 내려왔으나, 송 대에 이르러 이정(二程)과 주희(朱熹)의 역할로 인해 『시경』, 『서경』, 『역경』, 『예기』, 『춘추』의 오경에 더해 『대학』, 『논어』, 『맹자』, 『중용』의 사서가 추가되면서 비로소 하나의 독립된 경전으로 확립되었다. 『대학』은 개인의 수양으로부터 가족, 국가로 확장되어 가는 유가의 체계적이고 총체적인 도덕 실천 과정을 제시하고 있으나, 1750자에 지나지 않는 매우 압축되고 밀도 높은 서물이기에 과(過) · 반(反) · 성(省) · 찰(察)자에 대한 분석만으로는 자성의 의미를 도출하기 어렵다.

따라서 본 절에서는 성의(誠意) 개념을 바탕으로 『대학』에서 형성된 자성의 의미를 도출하고, 수신 · 제가 · 치국 · 평천하 구조 안에서 군자의 자성이 어떠한 사회적 변화를 이끌어내는지 파악한다. 이를 위해 『대학』에 나타난 정치적 지도자의 지속적이고 반복적인 자기 경계와 성찰적 태도를 비롯하여, 다양한 인간관계 속에서 발생하는 여러 상황을 자기 자신에게 되돌려 비유하는 태도와 혈구지도(絜矩之道)의 실천 방식을 분석한다.

성의는 자신의 과오를 점검하는 데 필요한 태도를 구성하는 핵심 개념으로서 『대학』에서 정립된 자성의 의미를 파악하기 위해 분석하기 적합하다. 성의는 자신의 내면적 의지를 철저히 성찰하여 자기기만이나 거짓됨이 없는 순수하고 진실한 마음의 상태를 가리키는 데 유교의 자성 개념을 형성하는 데 중요한 영향을 미쳤다. 성의는 마음속에서부터 뜻과 행위를 일치시키는 것으로서, 개인의 도덕적 자각이 실천으로 이어지는 중요한 매개가 된다.

"이른바 '그 뜻을 정성되게 한다는 것[誠其意]'은 스스로를 기만하지 않는 것[毋自欺]이다. 나쁜 냄새를 싫어하듯이 악을 미워하며, 아름다운 여인을 좋아하듯이 선을 좋아하는 것, 이것을 자겸(自謙)이라고 이른다. 그러므로 군자는 반드시 그 홀로있음을 삼간다[愼其獨]. 반면 소인은 홀로 지낼 때에 不善한 짓을 행하여 못하는 짓이 없다가 군자를 본 뒤에는 겸연쩍게 그 불선함을 감추고 선함을 드러내는 척한다. 남들이 자기를 보기를 자신의 폐와 간을 보듯이 할 것이니, 이게 무슨 유익함이 있겠는가. 이것을 일러 자기 내면에 정성됨이 있으면[誠於中] 겉으로 나타난다고 하는 것이다. 그러므로 군자는 반드시 자기 홀로 지낼 때의 행위를 삼간다[愼其獨]."[230]

『대학』의 성(誠) 개념은 주로 성의 개념에 그 뜻이 한정되어 있으며, 여기서 성은 성실함, 충실함, 정성스러움, 진실함이라는 내면의 윤리적 품성을 의미한다. 『대학』은 성의의 실천적 방법으로 '자기를 속이지 않는 것[毋自欺]'을 강조한다. 즉, 자신의 내면을 철저히 반성하여 숨겨진 이기심과 허위를 제거하고, 진정한 도덕적 기준과 일치하도록 마음을 조율하는 것이 성의의 구체적 실천이다.

---

230 『大學』 "所謂誠其意者 毋自欺也. 如惡惡臭 如好好色 此之謂自謙. 故君子必愼其獨也. 小人閒居 爲不善 無所不至 見君子而后厭然 揜其不善 而著其善 人之視己如見其肺肝然 則何益矣. 此謂誠於中 形於外. 故君子必愼其獨也."

이는 마음을 올바르게 유지하여 사사로운 욕망이나 감정의 혼란에 휘둘리지 않고 항상 도덕적 기준과 내적 일관성을 확보하는 것을 말한다.

격물치지(格物致知)를 통해 선악이 분별되는 자리와 무엇을 좋아하고 무엇을 미워해야 하는지를 인식할 수 있게 되면 비로소 성의를 할 수 있다. 자기(自欺)는 격물치지를 통해 이미 무엇이 옳은지 알았음에도 불구하고, 여전히 마음이 발하는 바가 충분히 성실하지 못하여 자기 자신을 속이는 상태를 지칭한다. 즉, 올바름과 그름의 이치를 알았다면, 실제 삶에서 그 앎에 부합하는 실천이 뒤따라야 하며, 이 과정에서 자기를 속이지 않고 내면적 진실성을 유지하는 것이 바로 성의이다.

성의는 악을 마치 불쾌한 냄새를 맡듯이 실제로 혐오하고 멀리하는 내적이고도 진실한 결단의 상태이다. 이러한 내면적 진실함은 오직 자기 자신만이 점검하고 확인할 수 있으며, 『대학』은 이것을 자성의 핵심으로 본다. 성의는 내적으로 자기를 속이지 않는 순수하고 일관된 마음을 유지함으로써 도덕적 앎을 현실의 실천과 연결시키는 구체적이고도 실제적인 자성의 과정이다.

소인은 선을 행하고 악을 제거해야 함을 알더라도 그것에 실제로 그 힘을 쓰지 못하여 그것을 행동으로 옮기지 못한다. 마음에서 자발적으로 그것을 행하려는 의지, 결단력을 갖지 못하기 때문이다. 따라서 속마음의 불선은 감추고 겉으로 선함을 드러내는 척 하지만 속마음은 결국 겉으로 드러나게 되므로 사람들이 그 속을 다 보게 된다.

주희는 성의의 과정이 자기 자신만이 알 수 있는 내적 진실성을 확인하는 문제임을 강조하였다. 그는 마음의 성실함[實]과 성실하지 못함[不實]이 타인에게는 잘 드러나지 않고 오직 자기 자신만이 홀로 알 수 있는 영역임을 지적한다. 즉, 성의의 실천은 스스로 자기 내면을 엄밀히 살피고 반성하는 과정이다. 이 과정에서 중요한 것은 자신이 도덕적으로 옳은 상태인지 아닌지를 판단하는 것을 넘어, 성실함과 불성실함이 나누어지는 미세한 경계와 그 기미[幾]를 세밀하게 점검하고 조심스럽게 살피는[審] 것이다.[231]

이러한 성찰을 통해 자기 자신을 속이지 않을 때, 도덕적 주체는 점차 내면의 충실함을 확립하게 되며, 궁극적으로는 스스로 만족스럽고 유쾌한 내적 충만감[自謙]에 이르게 된다. 즉, 성의는 마음의 참됨과 거짓됨이 가장 은미하게 갈라지는 지점에서 이루어지는 철저한 자기 성찰이며, 이러한 자성의 축적을 통해 도덕적 주체는 내적으로 안정되고 자족적인 상태에 도달하게 된다. 다만 주희는 성의 공부에 앞서 반드시 격물치지(格物致知)의 과정이 선행되어야 함을 강조한다. 주희에게 격물치지의 기본 정신은 궁리(窮理)에 있

---

231 『大學章句』「傳六章」"獨者 人所不知而己所獨知之地也. 言欲自修者知爲善以去其惡, 則當實用其力, 而禁止其自欺. 使其惡惡則如惡惡臭, 好善則如好好色, 皆務快去而求必得之, 以自快足於己, 不可徒苟且以徇外而爲人也. 然其實與不實, 蓋有他人所不及知而己獨知之者. 故必謹之於此, 以審其幾焉."

다. 궁리의 공부는 마음을 밝히고 열어 주어 선악이 분별되는 지점과 좋아하고 미워해야 할 당위를 분명히 인식하게 한다. 이러한 인식이 갖추어진 이후에야 비로소 뜻을 참되게 하는 성의의 공부가 가능해진다. 만약 앎이 지극하지 않다면, 아무리 뜻을 성실하게 하고자 하더라도 그것이 의거할 근거를 갖지 못한다. 이는 밤길을 걷는 사람이 길의 방향을 알고 있음에도 어둠 속에서는 실제로 나아갈 수 없는 상황에 비유될 수 있다.[232]

따라서 주희는 앎을 지극히 하는 것을 수양의 필수 조건으로 보고, 격물치지의 공부를 통해 앎이 충분히 밝아질 때 도리가 명확해지고, 실천 역시 막힘없이 이루어진다는 점을 주장한다. 주희는 격물치지의 공부가 자기 자신을 돌이켜보는 반성적 태도[反身]에서 이탈해서는 안 된다고 보면서도, 동시에 반신(反身)의 과정은 격물 · 지지(致知) 이후에 이루어져야 함을 분명히 한다. 주희에게 반신이성(反身而誠)은 격물치지 이후, 즉 성의와 정심(正心)의 단계에서 비로소 성립한다. 따라서 선이 무엇인지를 분명히 밝히지 못한 상태에서는 몸을 돌이켜 진실하게 하는 수양에 이를 수 없다. 이러한 이유로 주희는 학문의 전개가 임의적으로 이루어질 수 없다고 보고, 이치의 탐구에서 내면의 수양으로 나아가는 공부의 점진적

232 『朱子語類』「大學二」"問 物未格時 意亦當誠. 日 固然. 豈可說物未格, 意便不用誠. … 但知未至時, 雖欲誠意 其道無由. 如人夜行, 雖知路從此去, 但黑暗行不得. 所以要致知, 知至則道理明白, 坦然行之. 今人知未至者, 也知道善之當好 惡之當惡. 然臨事不能如此者, 只是實未曾見得. 若實見得, 則行處無差.

순서와 단계성을 중시하였다.

한편, 왕수인(王守仁)은 『대학』에서 성의를 핵심 개념으로 삼고, 격물의 공부 또한 성의에 근본을 둘 때만 의미를 가진다고 주장한다.[233] 그에게 학문과 수양의 요체는 외적 규범의 습득이나 지식의 축적에 있지 않고, 내면의 진실성을 확립하는 데 있으며, 이러한 문제의식은 '성을 세운다[立誠]'는 공부론으로 구체화된다. 성의는 마음의 작용이 자기 자신에게조차 거짓되지 않도록 끊임없이 점검하는 내면 지향적 수양이므로, 인간 안에 이미 내재한 선의 근거를 신뢰하는 사유 체계에서 특별한 비중을 갖는다. 이처럼 왕수인은 성의를 도덕 실천의 전제이자 출발점으로 파악함으로써, 자기를 속이지 않으려는 자성의 태도가 곧 도덕적 완성으로 나아가는 동력임을 분명히 드러낸다.

그에 따르면, 의(意)는 마음이 발동한 측면이므로 여기에는 선과 악의 가능성이 함께 내재한다. 따라서 만약 성(誠)을 신독(愼獨)이라는 구체적 수양 방법과 결부하지 않고 이해할 경우, 의가 향하는 바에 그대로 충실하기만 하면 된다는 의미로 오해될 위험이 있다. 예를 들어 감각적 욕구나 세속적 욕망을 추구하려는 의에 충실한 것까지도 성의로 간주한다면, 이는 더 이상 윤리적 의미를 지

233 『陽明全書』「大學古本序」"大學之要, 誠意而已矣. 誠意之功, 格物而已矣. 誠意之極, 止至善而已矣. 止至善之則, 致知而已矣. 正心復其體也. 修身著其用也."

닐 수 없게 된다. 따라서 성의는 의의 선악을 분별하지 않은 채 모든 동기에 마음을 쏟는 행위가 아니라는 점이 중요하다. 마음의 미세한 동요와 사욕의 발현을 경계하며 스스로를 삼가는 계신공구(戒愼恐懼)와 신독을 통해 선을 좋아하고 악을 미워하는 도덕적 본심의 의가 제대로 드러날 수 있다. 이러한 맥락에서 '무자기(毋自欺)'의 '자(自)'는 도덕적 본심을 갖춘 존재이며, 성의는 자신의 타고난 도덕적 본심을 전제로 한 내면의 진실성을 의미한다. 이는 사람에게 본래 갖추어진 시비지심(是非之心)에서 발현되는 의에 따라 일관되게 힘을 기울이는 자기 성찰 과정을 의미한다. 따라서 성의에 근거한 자성은 내면의 진실성을 확보하는 데 그치지 않고, 도덕적 판단과 행위를 관통하는 근본 원리로 자리 잡게 된다. 이런 맥락에서 성의는 도덕적 지행합일과도 관련이 있다.[234]

이렇게 성의를 통해 자기의 내면을 엄격히 성찰하고 스스로 속이지 않을 때[禁止自欺], 궁극적으로는 자기 스스로 만족스럽고 유쾌한[快足] 내적 충만감[自謙]을 얻게 된다. 즉, 성의의 목적은 자신만이 알 수 있는 내적 진실성을 확보하여 스스로 만족하고 기뻐하는 자발적이고 내면적인 도덕적 충족을 실현하는 것이다. 이는

234 江西에서 번왕의 반란을 평정하던 시기를 전후로 하여, 그 이전에는 誠意를 중심으로 格物을 이해하였으나 이후로는 致知를 종지로 삼아 자신의 철학 체계를 세웠다. 내면의 품격 수양에 착안한 立誠을 학문의 종지로 삼게 되면 필연적으로 외물의 理를 처리하는 문제에 부딪히기 때문이다. 陳來, 전병욱 역(2009), 『양명철학』, 예문서원, 213–218.

자성이 내면적 도덕의 진실성을 철저히 검토하고, 그 미세한 분기점까지 지속적으로 관찰하고 관리하는 것을 핵심으로 하고 있음을 잘 보여준다.

성의는 남들이 보지 못하는 은미한 곳에서 스스로를 삼가며, 구차스럽거나 자신을 속이려는 마음이 싹트지 못하도록 하는 것이다. 마음에서 일어나는 생각을 참되게 하고, 잠깐 사이에도, 가시끝처럼 미세한 순간에도 이러한 생각을 유지하며, 조금도 끊어짐이 없도록 하는 것이다. 이는 도덕과 신체가 일관된 상태로 몸이 본능적으로 아름다운 이성에게 끌리고, 악취를 싫어하는 것처럼, 선을 좋아하고 악을 미워하게 되는 상태를 의미한다.

혼자만이 아는 마음을 삼가고, 스스로 자기를 속이는 마음의 싹을 없애버리는 과정을 통해 인간은 잘못에 빠져 있는 경우일지라도 스스로 그것을 자각하고 이를 교정할 수 있다. 아는 것이 아무리 지극하다 하더라도, 반드시 스스로를 속이지 않는 성의의 과정이 수반되어야만, 그 앎이 올바른 행동으로 이어질 수 있다는 점에서 자성은 성의 그 자체라고 할 수 있다.

좋아해야 할 줄은 알면서도 정작 선을 좋아하지 못하는 마음이 간직되어 있고, 미워해야 할 줄은 알면서도 정작 악을 미워하지 못하는 마음이 내면에 감춰져 있을 수 있다. 이러한 것들이 바로 스스로 자신을 속이는 일이다. 따라서 스스로에게 만족을 느끼고, 그 밖의 어느 것도 필요로 하지 않는 상태에 이르는 것이 중요하다.

자기 자신을 속이는 사람은 결국 다른 사람들까지도 속이게 된다. 남들이 있을 때는 선한 행동을 하다가, 혼자 있을 때는 불선한 행동을 하는 것, 또는 실제로 악을 저지르고서도 거짓으로 선한 척 꾸며내는 것이 바로 그 예이다. 군자는 반드시 혼자만이 아는 그 마음을 항상 삼가며, 열 개의 손가락과 열 개의 눈이 자신을 바라보고 있는 것처럼 두려워해야 한다. 이는 신독이 중요한 이유와도 상통한다.

『대학』은 이전의 유교 문헌에서 구체적으로 제시하지 않았던 자성의 실질적인 내면적 과정을 성의라는 개념을 통해 체계적이고 명확하게 제시함으로써, 유교 자성론을 보다 구체적이고 실천 가능한 윤리로 발전시켰다. 성의는 자신의 내면적 의지를 철저히 성찰하여 어떠한 자기기만이나 거짓도 없는, 순수하고 진실한 마음의 상태를 의미한다. 성의는 마음에서부터 뜻과 행위의 일치를 이루게 함으로써 자성이 실제적 실천으로 나아갈 수 있도록 한다.

『대학』은 군자의 자성이 개인의 도덕적 내면을 정화하는 데 그치지 않으며, 그것을 바탕으로 가정과 사회, 더 나아가 국가의 질서를 바로 세우는 실천적 근거가 되어야 함을 명확히 한다. 이러한 맥락에서 『대학』에서는 사회와 국가에 직접적인 영향을 미치는 정치적 지도자의 지속적이고 반복적인 자기 경계와 성찰을 강조한다. 또한, 다양한 인간관계에서 나타나는 여러 상황 속에서 돌이켜 자기에게 비유하는[反以喻己] 태도와 혈구지도의 방법을 제시함으로써, 자성이 구체적 인간 관계와 사회적 실천의 상황 속에서 어떤 식으로 기능할 수 있는지 조망한다.

우선, 자성의 궁극적 목표는 개인의 수양을 통해 타자와 공동체를 평화롭게 만들 수 있는 능력과 책임을 기르는 데 있다. 이는 유교의 자성이 수신 · 제가 · 치국 · 평천하의 연속 구조 안에서 사회적 변화를 이끌어내는 원동력이 된다는 점을 의미한다.

"옛날 지극한 덕을 천하에 밝히고자 한 사람은 먼저 자기 나라를 다스리고, 자기 나라를 다스리고자 한 사람은 먼저 자기 집안을 가지런하게 하고, 자기 집안을 가지런하게 하고자 한 사람은 먼저 자기 몸을 닦고, 자기 몸을 닦고자 한 사람은 먼저 자기 마음을 바르게 하고, 그 마음을 바르게 하고자 하는 자는 먼저 그 뜻을 성실히 하고[誠意], 그 뜻을 성실히 하고자 하는 자는 먼저 그 아는 것을 지극히 하였으니[致知], 아는 것을 지극히 함은 격물(格物)에 있다."[235]

"격물 이후에 아는 것이 지극해지고[知至], 아는 것이 지극해진 뒤에 뜻이 성실해지고[意誠], 뜻이 성실해진 뒤에 마음이 바르게 되고[心正], 마음이 바르게 된 뒤에 몸이 닦이고[身修], 몸이 닦인 뒤에 집안이 가지런해지고[家齊], 집안이 가지런해진 뒤에 나라가 다스려지고[國治], 나라가 다스려진 뒤에 천하가 화평해진다[天下平]. 천자로부터 서인에 이르기까지, 한결같이 모두 몸을 닦는 것을 근본으로 삼는다."[236]

---

235 『大學』 "古之欲明明德於天下者 先治其國 欲治其國者 先齊其家 欲齊其家者 先修其身 欲修其身者 先正其心 欲正其心者 先誠其意 欲誠其意者 先致其知 致知 在格物."

236 『大學』 "物格而后知至 至而后意誠 意誠而后心正 心正而后身修 身修而家齊 家齊而后國治 國治而后天下平. 自天子 以至於庶人 壹是皆以修身爲本."

위 구절은 『대학』이 제시하는 수양의 전 과정을 하나의 연속적 구조로 제시하면서, 자성이 개인의 내면에 머무르지 않고 사회적 · 정치적 질서로 확장되는 논리를 분명히 보여준다. 격물과 치지는 사물과 사태를 정확히 인식하는 인식적 토대이자, 자기 기만을 제거하기 위한 자성의 출발점이며, 이를 통해 뜻이 성실해지고 마음이 바르게 되는 내적 정화의 과정이 가능해진다. 성의와 정심은 행위의 동기와 방향을 바로잡아 도덕적 실천이 왜곡되지 않도록 하는 핵심 단계로 기능한다. 이러한 내면적 자성의 성취는 수신으로 이어지며, 이는 다시 가정의 질서와 국가의 통치, 천하의 안정으로 점진적으로 확산된다. 『대학』은 이 과정을 동일한 도덕 원리가 적용 범위를 넓혀 가는 연속적 전개로 이해한다. 다시 말해, 개인이 자신의 마음과 뜻을 성찰하고 바로잡는 방식이 곧 가정을 다스리고 백성을 이끄는 방식의 근거가 된다. 이러한 구조 속에서 군자의 자성은 사적인 덕목이 아니라 공적인 질서를 가능하게 하는 도덕적 역량으로 자리매김한다.

따라서 『대학』에서 자성은 개인의 도덕적 완성에 머무르지 않고, 정치 공동체 전체를 떠받치는 근본 원리로 이해된다. 천자에서 서인에 이르기까지 모두가 수신을 근본으로 삼는다는 것은 사회적 지위나 역할의 차이를 넘어 자성이 보편적 도덕 실천의 기초임을 강조한다. 이처럼 정심과 성의를 중심으로 한 자성의 과정은 개인 내면의 성실함을 사회적 책임과 정치적 안정으로 매개하는 핵심 고리이며, 유가 수양론이 개인 윤리와 공적 질서를 하나의 연속 선상에서 파악하고 있음을 잘 보여준다.

> 자로가 군자에 대하여 물으니, 공자께서 대답하셨다. "군자는 자신을 닦기를 경(敬)으로써 한다." 자로가 물었다. "이와 같을 뿐입니까?" "자신을 닦음으로써 남을 편안하게 한다." "이와 같을 뿐입니까?" "자기를 닦음으로써 백성을 편안하게 해야 하니, 자기를 닦음으로써 백성을 편안하게 하는 것은 요순께서도 오히려 부족하게 여기셨다."[237]

이러한 관점은 공자의 수기안인(修己安人)의 사유에 기반하며 도덕적 주체로서의 개인이 사회 전체의 질서 형성에 기초가 됨을 압축적으로 보여준다. 이는 『대학』의 수신 · 제가 · 치국 · 평천하 구조와 맥을 같이하며, 유교 정치사상에서 개인의 도덕적 완성과 공공의 안정이 불가분의 관계임을 드러낸다. 이는 도덕적 주체의 수양이 곧 공동체의 안정을 가능케 한다는 유교 정치사상의 핵심 전제로 작동한다.

> "이른바 수신이 자기의 마음을 바르게 하는[正心] 데에 달려 있다는 것은 몸에 분노하는 것이 있으면 그 바름을 얻지 못하며, 두려워하는 것이 있으면 그 바름을 얻지 못하며, 좋아하고 즐거워하는 것이 있으면 그 바름을 얻지 못하며, 근심하고 걱정하는 것이 있으면 그 바름을 얻지 못한다는 것이다. 마음이 거기에 있지 않으면 보고 있어도 보이지 않으며, 듣고 있어도 들리지 않으

237 『論語』「憲問」"子路問君子 子曰修己以敬 曰如斯而已乎 曰修己以安人 曰如斯而已乎 曰修己以安百姓 修己以安百姓 堯舜 其猶病諸."

며, 먹고 있어도 제 맛을 모른다. 이것을 수신이 자기의 마음을 바르게 함[正心]에 달려 있다고 하는 것이다."[238]

이 구절은 수신의 핵심이 자신의 마음을 바르게 하는[正心] 데 있음을 분명히 한다. 성내고 분노하는 마음[忿懥], 몹시 두려워하는 마음[恐懼], 지나치게 좋아하는 마음[好樂], 근심과 걱정[憂患]과 같은 감정이 특정 대상에 치우쳐 작동할 경우, 마음은 그 감정에 사로잡혀 스스로의 중심을 잃게 되고, 그 결과 올바름을 유지할 수 없게 된다. 여기서 말하는 정심은 감정이 마음을 지배하지 못하도록 조절하고 통제하여 도덕 본심이 바른 자리에 머물게 하는 상태를 뜻한다. 마음이 한곳에 머물지 못하면 지각과 인식마저 흐려져, 보고도 보지 못하고 듣고도 듣지 못하는 상태에 이르게 된다. 따라서 정심은 감정의 편향을 경계하며 마음을 집중시키고 바로잡는 내면 수양에 해당한다.

그러나 이러한 정심을 하기 위해서는 우리 마음에 반드시 진실되게 추구하는 바가 있어야 한다. 따라서 마음을 바르게 하려면 우선 성의의 단계가 전제되어야 함을 알 수 있다. 이 점에서 수신의 핵심은 자기 내면의 도덕적 의지를 충실하게 발현하고, 자기 마음을 어떻게 다스리고 성찰하느냐에 있다. 따라서 『대학』에서는 통치

238 『大學』 "所謂修身 在正其心者, 身有所忿懥 則不得其正, 有所恐懼 則不得其正, 有所好樂 則不得其正, 有所憂患 則不得其正. 心不在焉 視而不見, 聽而不聞, 食而不知其味. 此謂修身 在正其心.

자의 지속적이고 반복적인 자기 경계와 성찰을 강조한다.

> "탕왕의 욕조에 새긴 명문[盤銘]에 '진실로 어느 날에 새로워졌거든[日新] 나날이 새롭게[日日新] 하고 또 날로 새롭게[又日新] 하라.' 하였다."[239]

여기서 반(盤)은 목욕하는 소반인 욕조를 말하고, 명(銘)은 그 욕조에 이름을 붙여 스스로를 경계하는 말이다. 이 구절은 군주의 수신이 자신을 반성하고 경계하는 것과 관련되어 있음을 의미한다. 성현들은 조심조심하여 어느 때이든 경계하고 삼가고 두려운 마음을 가진다. 그럼에도 혹 자신이 게으르다거나 가벼이 여기는 바가 있을까봐 두려워 자신이 항상 사용하는 욕조에 각기 그에 따른 일과 관련한 명을 새겨 반성하고 경계의 마음을 다하는 것이다. 항상 그것을 눈여겨봄으로써 자기 마음을 성찰하고 잊지 않으려는 마음을 갖는다. 자기 점검과 성찰은 매일 반복되어 이루어져야 하는 군자의 과제이다. 탕왕이 자신을 반성하면서 닦아 나아가는 반지자(反之者)로서 성인의 경지에 이를 수 있었던 것은 바로 여기에서 얻은 바 있었기 때문이다.[240]

---

239 『大學章句』「傳二章」"湯之盤銘 日苟日新 日日新 又日新."

240 『大學或問』「傳二章」"盤者 常用之器. 銘者 自警之辭也. 古之聖賢, 兢兢業業, 固無時而不戒謹恐懼, 然猶恐其有所怠忽而或忘之也. 是以於其常用之器, 各因其事而刻銘以致戒焉, 欲其常接乎目, 每警乎心, 而不至於忽忘也.", "昔成湯所以反之而至於聖者, 正惟有得於此."

"이른바 자기의 집안을 가지런하게 함이 자기의 몸을 닦는 데에 달려 있다는 것은 사람이 자기가 친하게 여기고 아끼는 사람을 마주하면 (자기에게) 비유해 보며, 자기가 천하게 여기고 미워하는 사람을 마주하면 (자기에게) 비유해 보며, 자기가 두려워하고 공경하는 사람을 마주하면 (자기에게) 비유해 보며, 자기가 가엾고 불쌍하게 여기는 사람을 마주하면 (자기에게) 비유해 보며 자기가 깔보고 업신여기는 사람을 마주하면 (자기에게) 비유해 보아야 한다."[241]

정현(鄭玄)은 위 구절을 타인을 마주하면서 느끼는 나의 태도와 감정을 마음으로 헤아려[心度之] 보는 것으로 해석했다. 그는 타인과의 관계 속에서 자신이 누군가를 친애하고 아끼는 이유가 그 사람에게 아름다운 덕이 있기 때문이 아닌지, 반대로 자신이 누군가를 우호적으로 대하지 않게 되는 이유가 그 사람의 뜻과 행실이 경박하기 때문이 아닌가라는 질문을 스스로에게 던져봐야 한다고 보았다. 즉, 상대에 대한 자신의 판단 기준을 되돌아보고 이를 자기 자신에게 비추어 성찰해야 한다. 타인을 향한 판단과 평가를 자기 자신에게 되돌려 점검할 때, 스스로의 몸과 마음이 과연 제대로 닦여 있는지를 자연스럽게 알 수 있게 된다.[242]

인간관계에서 나타나는 여러 상황을 돌이켜 자기에게 비유하

241 『大學』 "所謂齊其家在修其身者 人之其所親愛而辟焉 之其所賤惡而辟焉 之其所畏敬而辟焉 之其所哀矜而辟焉 之其所敖惰而辟焉." 자성의 의미를 부각하기 위해 鄭玄의 주석을 바탕으로 해석한다.

242 『禮記正義』 "[注] 之適也. 譬猶喩也. 言適彼而以心度之. 曰吾何以親愛此人 非以其有德美與 吾何以敖惰此人 非以其志行薄與 反以喩己 則身修與否 可自知也." 鄭玄·孔穎達·陸德明 등이 辟자를 모두 譬喩로 풀이하였으나, 朱熹는 偏(치우침)의 뜻으로 보았다.

는[反以喻己] 태도는 『곽점초간』의 「성자명출」, 「성지문지」에 나타난 반기(反己) 개념, 『중용』의 반신(反身), 『맹자』의 반구저기(反求諸己) 등의 의미와도 상통한다. 이는 자성의 구체적 실천 방법으로서, 타인과 마주할 때 자신에게 친애, 혐오, 두려움, 가엾음, 경멸 등의 다양한 감정적 태도가 발생하면 그 감정과 태도를 즉각적으로 자기 자신에게 되돌려 점검하는 것이다.

이는 타인에게 느끼는 감정과 판단을 그대로 자기 자신에게 비추어 봄으로써 자신의 도덕적 내면 상태를 점검하고, 이를 통해 타인을 비판하거나 평가하기 전에 먼저 자신의 내면에서 도덕적 기준의 일관성을 확보하도록 촉구하는 것이다. 이러한 태도는 인간관계의 실천적 상황에서 공감과 이해를 증진시키고 궁극적으로는 가정과 사회라는 구체적 공동체의 윤리적 질서를 유지하는 데까지 확장될 수 있다. 이는 자성이 타인과의 관계 속에서 끊임없이 이루어져야 하는 실천적이고 구체적인 과정임을 드러낸다. 다음 구절 역시 공자로부터 이어지는 군자의 자성적 태도를 보여준다. 군자는 타인에게 어떤 행위를 하기 전에 우선 자신의 내면을 점검해 봐야 한다.

> "군자는 자기에게 있게 된 뒤에[有諸己而后] 남에게 요구하며[求諸人], 자기에게 없게 된 뒤에 남을 비난하는 법이다. 자신에게 간직된 것이 서(恕)하지 못하고서 남을 깨우칠 수 있는 자는 없었다."[243]

---

243 『大學』 "君子 有諸己而后 求諸人 無諸己而后 非諸人. 所藏乎身 不恕 而能喩

『대학』의 저자는 타인을 향한 도덕적 기대와 판단조차도 자신이 먼저 그 덕을 실현했는지를 기준으로 삼아야 한다는 점을 명확히 한다. 이는 도덕적 관계에서 타자를 이해하고 지도하려는 자는 반드시 먼저 자신의 도덕적 상태를 점검해야 한다는 유교 자성론의 핵심 사유를 반영한다. 마찬가지로 다음의 혈구지도를 논하는 구절에서도 이러한 관점이 드러난다.

> "윗사람에게 싫었던 것으로 아랫사람을 부리지 말며, 아랫사람에게 싫었던 것으로 윗사람을 섬기지 말며, 앞사람에게 싫었던 것으로 뒤에 오는 사람에게 앞장서서 하지 말며, 뒤에 온 사람에게 싫었던 것으로 앞사람을 따르지 말며, 오른쪽 사람에게 싫었던 것으로 왼쪽 사람과 교제하지 말며, 왼쪽 사람에게 싫었던 것으로 오른쪽 사람과 교제하지 않는 것, 이것을 혈구지도라고 한다."[244]

혈구지도는 도덕적 판단과 실천의 기준을 자기 자신에게 두는 자성의 윤리를 분명히 드러낸다. 윗사람과 아랫사람, 앞사람과 뒷사람, 좌우의 관계 등 다양한 인간관계의 방향과 위계 속에서, 자신이 싫어하는 바를 타인에게 적용하지 말라는 원칙은 도덕적 행위의 출발점을 언제나 '나'의 마음에 두도록 요구한다. 이는 타인의 입장을 고려하는 배려의 윤리이면서 동시에, 자기 감정을 기준으

諸人者未之有也."

244 『大學』"所惡於上 毋以使下 所惡於下 毋以事上 所惡於前 毋以先後 所惡於後 毋以從前 所惡於右 毋以交於左 所惡於左 毋以交於右此之謂絜矩之道."

로 자신의 행위를 점검하는 반구저기의 사유 구조와 긴밀히 연결된다. 도덕 판단의 중심을 타인이 아니라 자기 자신에게 두고, 자신의 감정과 판단을 거울삼아 행위를 조율하는 방식은 자성이 일상적 인간관계 속에서 구체적으로 작동하는 과정을 보여준다.

3) 『역전』의 자성론

『역전』에서는 인간이 저지른 과오를 신속하게 자각하고 적극적으로 보완하는 태도를 중요한 도덕적 실천으로 제시한다. 특히 과오에 대한 자성적 사유는 익(益)괘의 「상전」과 「계사전」에서 두드러지게 나타난다. 우선, 익(益)괘의 「상전」은 도덕적 과오[過]를 인식하고 이를 개선[改]하는 문제를 중심적으로 다룬다. 익괘는 42번째 괘(䷩)로 위에는 바람[☴]이 불고 아래에는 우레[☳]가 움직이는 형상을 이루는데, 이는 더하고 도와 이롭게 한다는 '익(益)'의 뜻을 상징한다. 「대상전」의 저자는 이러한 괘상을 도덕적 수양의 맥락에서 해석하여, 인간이 자신의 나약함에서 비롯된 과오를 인식할 경우 이를 과감하고 신속하게 고침으로써 도덕적 성장을 이룰 수 있음을 드러낸다.

> 「상전」에서 말하였다. "바람과 우레로 이루어진 괘가 익(益)괘이니, 군자가 이를 본받아 선을 보면 따르고[遷] 과오[過]가 있으면 고친다[改]."[245]

이 구절에 대한 역대 주석들은 「상전」에 나타난 과(過) 개념이 지닌 자성적 의미를 한층 심화하여 드러낸다. 정이(程頤)는 선을 따르고 과오를 고치는 행위를 인간에게 가장 큰 이로움으로 보았는

245 「象傳」"象曰 風雷益 君子以 見善則遷 有過則改."

데, 선을 보면 즉시 실천함으로써 천하의 선을 다할 수 있고, 허물이 있으면 곧바로 고침으로써 허물이 없는 경지에 이를 수 있으니, 인간에게 이보다 더 큰 유익은 없다고 해석하였다.[246] 이는 과오의 인식과 개선이 도덕적 완성으로 나아가는 핵심 경로임을 강조한 것이다. 주희는 한 걸음 더 나아가, 선을 보고 따르는 행위와 과오를 고치는 행위[改]가 바람과 우레가 서로 북돋우듯 상호 강화한다고 보았다.[247] 즉, 선으로 나아갈수록 과오를 인식하는 감각은 더욱 예민해지고, 과오를 바로잡을수록 선을 향한 실천 역시 더욱 촉진된다. 왕부지(王夫之)는 바람과 우레가 지닌 신속함과 거침없음을 주목하여, 군자는 이러한 괘상의 성격을 본받아 과오를 지체 없이 고치고 선으로 과감하게 이동해야 한다고 해석하였다.[248] 이처럼 주석가들의 논의는『역전』에서 과 개념이 빠른 자각과 결단력 있는 수정이라는 자성의 실천적 원리를 함축하고 있음을 보여준다.

다음으로「계사전」에서는 과의 문제가 허물 없음[无咎]이라는 윤리적 태도와 긴밀하게 연결되어 논의된다.『주역』은 본래 인간이 처한 다양한 상황 속에서 자신의 판단과 행위를 성찰하고, 그로 인

246『程氏易傳』"風烈則雷迅 雷激則風怒 二物相益者也. 君子觀風雷相益之象而求益於己 爲益之道 无若見善則遷 有過則改也. 見善能遷 則可以盡天下之善. 有過能改 則无過矣 益於人者无大於是."

247『周易本義』"風雷之勢 交相助益, 遷善改過 益之大者而其相益 亦猶是也."

248『周易内傳』"陰凝於下而不上交 陽來初以動之而改其過 雷以震懦之象. … 風雷 至速者也. 改過遷善 以速而益."

해 발생한 잘못을 바로잡아 바른 삶으로 나아가도록 돕는 책이다. 이러한 맥락에서 『역전』 전반에 반복적으로 등장하는 무구(无咎)라는 표현은 인간이 실수나 과오를 완전히 피할 수 없는 존재임을 전제하면서, 그 과오를 방치하지 않고 스스로 경계하며 성찰하는 태도를 유지할 것을 요구한다. 즉, 무구는 잘못이 발생하더라도 그것을 즉각적으로 인식하고 교정함으로써 더 큰 도덕적 파탄으로 나아가지 않는 상태를 가리킨다.

> "길(吉)과 흉(凶)은 일이 도리에 맞아 얻었는지[得], 혹은 어긋나 잃었는지[失]를 말한 것이고, 회(悔)와 린(吝)은 완전히 그르치지는 않았으나 아직 바로잡지 못한 작은 흠결과 결함을 가리킨 것이다. 이에 비해 허물이 없음[无咎]은 과오를 잘 보완한 것[善補過]이다."[249]

무구는 일정한 오류나 과실이 있었더라도 그것을 제때 인식하고 뉘우치며 바른 방향으로 수정함으로써 더 큰 화로 나아가지 않게 된 상태를 의미한다.[250] 「계사전」의 저자는 이러한 회복과 조정의 과정을 통해 인간이 자신의 행위를 스스로 통제하고, 변화하는

---

249 「繫辭上」"吉凶者 言乎其失得也. 悔吝者 言乎其小疵也. 无咎者 善補過也."

250 王弼에 따르면 无咎는 두 가지 의미가 있다. 첫 번째는 허물을 잘 보전하기 때문에 나에게 더 이상 허물이 없다는 것이고, 두 번째는 화(禍)를 자기 자신이 스스로 불러들인 것이기에 원망하고 허물할 데가 없다는 것이다. 전자의 의미로 대부분 쓰이나, 節卦의 六三 「象傳」 "절도를 지키지 못해 한탄하게 되니 또 누구를 허물하겠는가[節之六三 不節之嗟, 又誰咎也]"에서는 후자의 의미로 쓰인다.

상황에 능동적으로 대응할 수 있는 도덕적 주체임을 강조한다. 이와 같은 무구의 상태는 곧 과오를 적절히 보완한 상태, 즉 선보과(善補過)에 해당한다. 이러한 점에서 무구는 『역전』 자성론에서 과오를 외면하지 않고 반성적으로 응시하며, 이를 통해 스스로를 갱신해 나가는 사유 구조를 형성하는 핵심 개념으로 이해된다.

"무릇 무구라고 말한 것은 본래 모두 허물이 있는 것인데, 방비함에 그 도를 얻었기 때문에 무구를 얻는 것이다. '吉 无咎' 또한 본래 허물이 있는데 길하기 때문에 면함을 얻는 것이다. '无咎 吉'은 먼저 허물을 면하고 뒤에 길함이 따라온 것이며, 또는 처함이 제때를 얻어서 길함에 공(功)을 기다리지 않고 허물을 범하지 않으면 길함을 얻는 것이다. 혹 죄를 자기가 불러들여서 원망하고 허물할 곳이 없을 때에도 '무구'라고 한 경우가 있다."[251]

왕필에 따르면 무구는 본래 허물이 전제되지 않은 상태를 의미하지 않는다. 오히려 무구란 처음에는 일정한 과오나 위험한 가능성이 존재했으나, 그것을 미리 경계하고 적절하게 방비하며, 상황에 맞는 처신을 통해 더 큰 잘못으로 발전하는 것을 차단한 결과를 가리킨다. 그는 '길하여 무구한 경우[吉无咎]', '먼저 허물을 면한 뒤 길함이 따르는 경우[无咎吉]', 그리고 처함이 시의에 맞아 공을 기다리지 않더라도 허물을 범하지 않음으로써 길함을 얻는 경우까

---

251 『周易略例』 "凡言无咎者 本皆有咎者也. 防得其道 故得无咎也. 吉无咎者 本亦有咎 由吉 故得免也. 无咎吉者 先免於咎 而後吉從之也. 或亦處得其時 吉不待功 不犯於咎 則獲吉也. 或有罪自己招 无所怨咎 亦曰无咎."

지 구분하여 설명함으로써, 무구가 인간의 대응 방식과 수양의 정도에 따라 달리 성취되는 결과임을 밝힌다. 나아가 스스로 불러들인 죄라 하더라도 그것을 남 탓으로 돌리지 않고 책임을 자기에게 귀속시키는 경우 역시 무구라 한 점은 무구의 핵심이 자기 책임에 대한 자각과 도덕적 태도에 있음을 시사한다. 이러한 자발적 성찰과 교정의 태도를 설명하는 개념이 회(悔)다.[252] 회는 이미 저지른 과오에 대한 뉘우침과 후회의 감정을 의미한다.

> "회(悔)와 린(吝)을 우려함은 막 싹터 나와 갈리는 경계점[介]에 있고, 진동하여 허물이 없게 함은 회(뉘우침, 후회)에 있다."[253]

『계사전』에서는 회를 도덕적 전환이 이루어지는 결정적 계기로 제시한다. 여기서 회와 린은 아직 돌이킬 수 있는 작은 흠결이 막 드러나기 시작한 단계에서 나타나는 내면의 감응으로, 선과 악, 바름과 그름이 갈라지는 분기점에 놓인 상태를 가리킨다. 이러한 단계에서 인간은 여전히 잘못을 고착시키지 않고, 스스로를 성찰하며 방향을 전환할 가능성을 지닌다. 특히 "진동하여 허물이 없게

252 『周易』의 괘효사에서 悔자는 혁괘의 괘사에 1번 등장하고 효사에 33번 등장한다. 「역전」에서는 7회 나오는데 모두 吝과 함께 쌍 개념으로 쓰인다. 주역의 뉘우침은 변화의 원리 속에서 도덕적 반성과 책임을 담보로 하는 유교의 근본 원리로 수신하고 수기하는 과정이다. 조우진(2016), 「『주역』에서 뉘우침[悔]의 유학적 의미」, 범한철학회, 범한철학82, 1-3.

253 「繫辭上」"憂悔吝者 存乎介. 震无咎者 存乎悔.

함은 회에 있다[震无咎者 存乎悔]"고 한 것은 후회와 뉘우침의 감정이 자성을 촉발하여 실제 행위의 교정으로 이어질 때 비로소 무구에 이를 수 있음을 뜻한다. 이러한 점에서 회는 무구로 나아가기 위한 내면적 조건이자, 과오를 선보과로 전환시키는 결정적 계기로서『역전』자성론의 핵심 위치를 차지한다.

주희와 왕부지의 해석은 모두 회와 린을 무구로 나아가기 이전 단계에서 작동하는 도덕적 자각의 형식으로 이해한다.[254] 주희는 근심하고 염려함[憂虞]의 상태를 아직 흉(凶)에 이르지는 않았으나, 이미 뉘우침[悔]을 일으키고 부끄러움[羞]을 취하기에 충분한 도덕적 징후로 이해하였다.[255] 그의 해석에 따르면, 비록 외적으로 명백한 실패나 재앙이 드러나지 않았더라도, 마음속에 근심과 염려가 생겼다는 사실 자체가 이미 자신의 행위가 도리에 온전히 부합하지 않았음을 자각하고 있다는 증거이다. 염려함은 과오가 굳어지기 이전 단계에서 작동하는 도덕적 감각으로서, 인간을 자성으로 이끄는 내면의 신호에 해당한다.

왕부지는 회와 린을 보다 구체적인 행위의 국면에 따라 구분한다. 그는 회를 이미 실행에 옮겼으나 반드시 이치에 어긋나 근심할 수밖에 없는 상태로, 린을 실행하려 하였으나 끝내 완수하지 못해

254 吝 역시 悔의 경우처럼 작은 허물이 있는 경우를 뜻하기도 하고, 잘못이 있음에도 불구하고 교만하여 또는 마치 재물을 아끼듯 아까워서 고치려들지 않는 태도를 뜻한다.

255『周易本義』"憂虞雖未至凶 然已足以致悔而取羞矣."

마음속에서 놓지 못하고 안타까워하는 상태로 설명한다. 이러한 구분을 통해 그는 『주역』이 인간이 자신의 행위 전후를 스스로 성찰하도록 이끄는 윤리적 안내서임을 강조한다. 『주역』은 사람에게 요행을 바라지 말고, 남을 원망하지 말며, 모든 책임을 자기 자신에게서 구하도록[自反] 가르친다. 왕부지의 관점에서 작은 흠결[小疵]은 아직 명백한 죄과로 드러나지 않았을 수 있으나, 때[時]와 처함[位]에 부합하지 않는 행동이라는 점에서 이미 강과 유의 조화가 무너진 상태이다. 이러한 어긋남 속에서는 필연적으로 후회와 아쉬움이 뒤따를 수밖에 없다.[256]

따라서 왕부지는 아직 뚜렷한 공적이나 가시적인 성취[得]에 이르지는 않았더라도, 시의에 맞게 스스로를 바로잡고 과오로 나아가지 않도록 자신을 조절하는 상태를 무구로 설명하였다. 그의 관점에서 무구란 과오에 이르기 직전의 미세한 기미[幾]를 감지하고 그 단계에서 스스로를 성찰하며 조절할 수 있는 능력에 의해 성립되는 윤리적 상태이다. 복과 화는 자신의 처신에서 비롯되기에 군자는 사태가 드러나기 이전의 기미를 세밀하게 탐구하고[研幾], 작고 은미한 잘못이라 할지라도 가볍게 넘기지 않으며[謹小愼微], 과오가 싹틀 조짐이 보이면 즉시 이를 바로잡아 선으로 전환해야

256 『周易內傳』 "虞慮也. 易不為小人謀詭至之吉凶 於其善決其吉 於其不善決其凶 無不自己求之者 示人自反 而勿僥倖勿怨尤也. 悔者 行焉而必失 則宜憂. 吝者 求行而不遂 則宜慮. 故言悔吝者 以著其當憂虞也."

한다.[257]

건(乾) 괘(䷀)의 구삼 효사 "지나치게 높이 올라간 용은 뉘우침이 있다[亢龍有悔]"는 인간이 극단에 이르렀을 때의 위험성을 경고하는 구절로, 유교의 자성론에서 '회' 개념의 핵심적 의미를 드러낸다. 여기서 '항룡(亢龍)'은 너무 높이 올라 더 이상 오를 곳이 없는 용을 가리킨다. 이는 곧 인간이 자신의 처지를 넘어 지나치게 상승하거나 교만해질 경우, 반드시 후회할 일이 생긴다는 점을 상징적으로 표현한 것이다. 따라서 회는 도리에 어긋난 자기 처신을 반성하고 그것을 교정하려는 도덕적 책임과 실천의지와 연결되는 개념이다. 회는 인간이 변화의 도리 속에서 자신의 한계를 자각하고, 다시 도에 복귀하도록 이끈다. 따라서 상구의 '유회(有悔)'는 도를 넘은 행위에 대한 도덕적 자성이 요청되는 상태를 가리킨다. 이는 유교 자성론의 맥락에서 회가 왜 중요한지를 잘 보여주며, 스스로의 위치를 살피고 넘침을 경계하는 성찰의 자세가 군자됨의 조건임을 역설하는 구절이라 할 수 있다.

또한, 복(復) 괘(䷗)의 구삼 효사인 "멀리 가지 않고 회복하니 큰 후회에 이르지 않고 크게 길하다[不遠復 无祇悔 元吉]"와 육오 효사인 "돈후하게 회복하니 후회가 없다[敦復 无悔]"는 모두 잘못된

257 『周易內傳』 "小疵於道未失 而不當其時位 則剛柔差錯 而必有悔吝. 無咎於道未得 而有因時自靖 不終其過之幾. 蓋禍福無不自己求之者 雖或所處不幸 而固有可順受之命. 故研幾精義 謹小愼微 改過遷善 君子自修之實功 俱於彖爻著之."

방향으로 나아가던 흐름을 제때에 되돌림으로써 도덕적 실패를 면하는 상황을 보여준다. 이 두 효는 과오가 이미 발생했거나 발생 직전에 놓인 국면에서 얼마나 신속하고 성실하게 자신을 되돌아보느냐가 도덕적 결과를 결정한다는 점을 분명히 한다.

「상전」은 이러한 회복의 의미를 자성의 차원에서 해석한다. 초구의 "멀리 가지 않고 회복함"을 두고, 이는 몸을 닦는 데서 비롯된 것[以脩身也]이라고 설명함으로써, 회복의 근거를 외적 조건이 아닌 자기 수양에 두었다. 또한, 육오의 "후회가 없음"에 대해서는 가운데에 처하여 스스로를 성찰하고 점검한 결과[中以自考]라고 해석한다.[258] 이는 복괘의 회복이 자기 성찰을 통해 도덕적 균형을 회복하는 적극적 행위임을 뜻한다.

공영달 역시 이러한 해석을 계승하여, 멀리 가지 않고 속히 회복할 수 있었던 이유를 자신의 몸을 능히 닦고 바르게 하여 허물이 있으면 즉시 고쳤기 때문[有過則改]이라고 보았다. 즉, 과오를 방치하지 않고 곧바로 수정하는 태도가 있었기에 더 큰 잘못으로 나아가지 않았다. 또한, 육오의 무회(无悔)에 대해서는, 중(中)에 처하여 스스로 자신의 몸을 닦고 점검할 수 있었기 때문에 후회가 없다고 풀이하였다.[259] 이는 복괘에서의 무회가 자기 성찰과 자기 교

258 『周易』 "象曰 不遠之復 以脩身也. … 象曰 敦復无悔 中以自考也."

259 『周易正義』 "[疏] 正義曰 釋不遠之復也, 所以不遠速復者, 以能脩正其身, 有過則改故也. … 釋无悔之義, 以其處中, 能自考其身, 故无悔也."

정이 지속적으로 이루어진 상태에 부여되는 윤리적 판단임을 보여준다.

다음으로 군자의 자성과 밀접하게 관련된 진(震) 괘(䷲)에 대한 「상전」의 해석을 통해, 『역전』의 자성론에서 성(省)이 지니는 의미를 구체적으로 살펴볼 수 있다. 「상전」의 저자는 진괘의 상징적 형상을 군자의 내면적 태도와 직접 연결하여 해석한다. 진괘는 천둥[雷, ☳]이 위아래로 겹쳐진 형상으로, 반복되는 충격과 강한 진동을 상징한다. 이러한 진동은 인간의 마음을 흔들어 잠재된 안일함과 나약함을 깨우는 계기로 이해된다.

> 「상전」에 말하였다. "거듭된 우레가 진괘이니, 군자가 보고서 두려워하여[恐懼] (자기를) 닦고 살핀다[省]."[260]

군자는 천지의 진동을 보고 자신의 내면을 흔들어 깨움으로써, 방심하거나 나태해질 가능성을 사전에 차단한다. 이 구절에 대한 대표적인 주석들은 모두 성 개념이 지닌 자성적 함의를 더욱 분명하게 드러낸다. 공영달은 군자의 수양 태도를 "항상 스스로 전전긍긍하여 태만히 하지 않는 것"으로 설명하면서, 그 근거를 하늘의 노여움과 우레의 위엄에 대한 두려움에서 찾는다. 군자는 천지의 위엄을 목도할 때 외부 현상에 압도되는 데서 그치지 않고, 오히려

---

260 「象傳」"象曰 洊雷 震 君子以 恐懼修省."

그러한 두려움을 계기로 더욱 스스로를 닦아 자신의 잘못을 성찰한다[省察己過].[261] 여기서 성은 태만과 방심을 경계하며 지속적으로 자신을 점검하는 내면적 태도를 가리킨다.

정이 역시 우레가 거듭되어 위세 있게 진동하는 형상을 관찰한 군자가 두려움 속에서 스스로를 신중히 경계하고, 자신의 허물과 잘못을 살펴 고친다고 보았다. 특히 정이는 이러한 성찰의 태도가 우레와 같은 자연 현상에 국한되지 않고, 인간이 삶에서 마주하는 모든 놀람과 두려움의 상황에까지 확장되어야 함을 강조한다.[262] 이처럼 공영달과 정이의 해석은 공구(恐懼)가 자기를 닦고 허물을 살피게 하는 도덕적 긴장 상태임을 보여준다. 이를 통해 군자는 자신의 과오를 조기에 발견하고 교정함으로써 도덕적 균형을 유지한다.

왕부지는 진괘의 상을 통해 성 개념의 자성적 함의를 한층 더 정교하게 해명한다. 그는 군자의 '진동함[震]'을 "깊은 물에 임하고 엷은 얼음을 밟는 듯한 태도[臨深履薄]"에 비유하면서, 군자가 이러한 긴장과 경계의 마음가짐을 잠시도 잊지 않고 되풀이함으로써 수기치인의 과정을 축적해 나간다고 설명한다. 여기서 성은 혹시라도 잘못이 있지는 않은지를 끊임없이 안으로 살피는 내적 성찰[內省]의 작용을 가리킨다. 진괘의 내괘는 생각이 막 일어나기

261 『周易正義』 "君子以恐懼修省者 君子恒自戰戰兢兢 不敢懈惰 今見天之怒 畏雷之威 彌自修身 省察己過 故日 君子以恐懼修省也."

262 『程氏易傳』 "君子觀洊雷威震之象 以恐懼 自修飭循省也. 君子畏天之威 則修正其身 思省其過咎而改之 不唯雷震. 凡遇驚懼之事 皆當如是."

시작하는 시초의 국면을 상징하며, 이때의 근심과 두려움은 공구(恐懼)에 해당한다. 반면 외괘는 이미 생각이 일어난 이후, 그 판단과 행동에 혹시라도 어긋남이 없는지를 더욱 엄밀하게 점검하는 수성(修省)의 단계에 해당한다.[263] 이러한 내적 진동은 군자로 하여금 사소한 기미 단계에서 과오를 감지하고 교정하게 하며, 결국 허물에 이르지 않도록 자신을 단속하는 실천적 기준으로 기능한다. 이러한 주석들을 종합해 보면, 『역전』에서 성 개념은 자연의 위엄에 대한 두려움을 계기로 삼아 스스로를 긴장 상태에 두고, 잘못의 발생 가능성을 끊임없이 점검하며 교정하려는 지속적 · 실천적 성찰 행위를 의미함을 알 수 있다.

또한, 『역전』은 과오[過]가 일회적 실수로 그치지 않고 반복 · 누적되는 악적(惡積)의 상태를 특히 경계한다. 작은 잘못은 당장 눈에 띄지 않기 때문에 쉽게 용인되거나 방치되기 쉽지만, 이러한 태도가 지속될 경우 과오는 점차 습관이 되고, 이는 인격을 왜곡하며, 마침내 개인의 도덕적 기반 자체를 무너뜨리게 된다. 『역전』은 이러한 누적의 과정을 개인 차원에 국한하지 않고, 그 결과가 공동체 질서의 파괴로까지 이어질 수 있음을 강조한다.

---

263 『周易內傳』 "君子之震 非立威以加物 亦非張皇紛擾而不寧 乃臨深履薄 不忘於心 複時加克治之功 以內省其或失 震於內 非震於外也. 內卦始念之憂惕為恐懼 外卦後念之加警為修省."

"선이 쌓이지 않으면[不積] 이름을 이룰 수 없고, 악이 쌓이지 않으면[不積] 몸을 멸할 수 없으니, 소인은 작은 선[小善]을 무익하다 하여 행하지 않고 작은 악[小惡]을 무방하다 하여 버리지 않는다. 그러므로 악이 쌓여서[惡積] 가려질 수 없고 죄가 커져 풀 수 없으니, 역에 이르기를 '차꼬를 메서 귀를 멸하니 흉하다' 하였다."[264]

「계사하」의 이 구절은 선과 악이 모두 축적의 논리에 따라 성립한다는 점을 분명히 한다. 선은 쌓이지 않으면 인격적 명성을 이룰 수 없고, 악 역시 쌓이지 않으면 스스로를 파멸에 이르게 할 수 없다. 그러나 소인은 작은 선을 '해가 없다'고 여겨 실천하지 않고, 작은 악을 '큰 해가 없다'고 여겨 제거하지 않는다. 이와 같은 태도는 개별 행위의 경중을 오판하게 만들고, 결국 악이 누적되어 더 이상 가릴 수 없을 정도에 이르며, 죄가 커져 스스로 풀어낼 수 없는 지경에 이르게 된다. 여기서 말하는 '차꼬를 메어 귀를 멸한다[何校滅耳]'는 형벌의 이미지이자, 악의 누적이 필연적으로 초래하는 도덕적 파국을 상징한다. 곤(坤) 괘(☷)의 「문언전」에서도 불선의 누적[積不善]에 대한 경계와 우려를 확인할 수 있다.

"선을 쌓은[積善] 집안은 반드시 남은 경사가 있고, 불선을 쌓은[積不善] 집안은 반드시 남은 재앙이 있으니, 신하가 군주를 시해하며 자식이 부모를 시해하는 것은 하루아침과 하루저녁의 변고가 아니다. 그 유래가 점차적으로 이

264 「繫辭下」"善不積 不足以成名 惡不積 不足以滅身. 小人以小善爲无益而弗爲也. 以小惡爲无傷而不去也. 故惡積而不可掩. 罪大以不可解. 易曰 何校滅耳 凶."

루어진 것이니, 〈군주와 부모가〉 분변하여 밝히기를 일찍 분변하지 않은 데에서 말미암은 것이다. 역(곤괘 초육효)에 이르기를 '서리를 밟으면 단단한 얼음이 이른다.' 하였으니, (이는 물이 처음 응결한 것으로) 순차적으로 단단한 얼음이 이루어짐을 말한 것이다."[265]

불선한 행위가 제때 반성과 교정을 거치지 않을 경우, 그것은 점차 축적되어 마침내 회복하기 어려운 재앙으로 귀결될 수 있다. 『역전』에서 말하는 신하가 군주를 시해하고 자식이 부모를 해치는 극단적 사태는 우연한 일탈이 아니라, 오랜 시간에 걸쳐 작은 불선이 누적된 결과이다. 이는 악이 미세한 어긋남이 반복·방치되면서 점진적으로 심화된다는 인식에 기초한다. 이러한 이해는 도덕적 실천이 결과보다 과정, 특히 초기 국면에서의 자기 점검에 달려 있음을 분명히 한다. 이 점에서 『역전』의 윤리 의식은 기미(幾微)의 단계에서 스스로를 살피는 자성의 중요성과 깊이 맞닿아 있다. 잘못은 그 자체의 경중보다도, 그것을 자각하지 못하거나 자각하고도 교정하지 않는 태도에서 더욱 중대해진다. 따라서 자성은 이미 드러난 잘못을 평가하는 사후적 반성에 머무르지 않고, 잘못이 싹트는 조짐[介]과 그 전개 방향을 세밀하게 살피는 것으로 확장된다. 이는 사태가 악화되기 이전에 자신을 경계하고 삶의 방향을 수정하는 태도를 의미한다.

265 「文言傳」 "積善之家 必有餘慶. 積不善之家 必有餘殃 臣弑其君 子弑其父 非一朝一夕之故. 其所由來者漸矣 由辯之不早辯也. 易曰 履霜堅冰至 蓋言順也."

"역은 성인이 깊음을 다하고 기미[幾]를 살피는 것이다."[266]

"기미[幾]를 앎이 그 신묘할 것이다. 군자는 위로 사귀되 아첨하지 않고 아래로 사귀되 모독하지 않으니, 기미를 아는 것이다. 기는 동함의 은미함으로 길흉이 먼저 나타난 것이다. 군자는 기미를 보고 곧바로 결단을 내리고 실천하기에 하루가 걸리지 않는다. 역에 이르기를 '결단력이 바위처럼 굳은지라. 하루가 걸리지 않으니, 정하고 길하다' 하였으니, 결단력이 바위와도 같으니 어찌 하루가 걸리겠는가. 군자가 결단하는 모습은 누구든지 알 수 있다. 군자는 은미함을 아는 동시에 드러남을 알며, 부드러움을 아는 동시에 강함을 아니 만인이 우러른다."[267]

공영달은 기(幾)를 미세함[微]으로 해석하면서, 사물이나 마음이 막 움직이려는 찰나에 포착되는 극히 은미한 징후를 가리킨다고 설명한다. 기는 이미 움직임이 시작된 상태이되, 그 변화가 아직 외적으로 분명하게 드러나지 않은 단계에 해당한다. 기는 이치가 아직 완전히 드러나지 않아 일반적으로는 식별하기 어렵고, 오직 감응이 예민한 자만이 인식할 수 있는 순간이다. 따라서 변화가 이미 외형적으로 드러난 이후의 상태는 더 이상 기가 아니다. 그 단계에서는 마음과 사태가 명백한 사실이나 결과로 전환되었기 때문에, 미세한 징조라는 의미의 기로 규정될 수 없다. 반대로, 아

---

266 「繫辭上」"夫易 聖人之所以極深而研幾也."

267 「繫辭下」"知幾其神乎. 君子上交不諂 下交不瀆 其知幾乎. 幾者 動之微 吉之先見者也. 君子見幾而作 不俟終日. 易日 '介於石 不終日 貞吉.' 介如石焉 寧用終日. 斷可識矣. 君子知微知彰 知柔知剛 萬夫之望."

직 아무런 동함도 없는 전적인 정적 상태의 무(無) 또한 기가 아니다. 기는 무의 완전한 정지에서 유(有)의 현실적 발현으로 이행하는 바로 그 경계에 위치한 것이기 때문이다. 이러한 점에서 기는 유와 무 사이에서 선과 불선의 윤리적 전환점으로 기능할 수 있다. 기는 길흉보다 선행하여 모습을 드러내는 징후로서, 이후의 결과를 예고하는 단서가 된다.[268] 이러한 해석은 기미의 단계에서 자기 성찰과 경계가 중요함을 시사한다.

군자는 이러한 기미를 보자마자 곧 결단하고 실천에 옮기므로, 하루를 마칠 틈도 필요치 않다. 이는 군자가 기미에 민감하게 반응하여 신속하게 결단하는 태도를 강조한 것이다. 군자의 결단은 미묘한 갈림길[介]의 조짐을 간파하는 능력에서 비롯된다. 인간은 선과 악의 경계가 거의 분간되지 않는 순간에도, 그 미세한 차이를 직감적으로 식별할 수 있는 존재이다. 자성은 이처럼 은미한 기미 속에서도 옳고 그름을 판별하고, 도리에 부합하는 결단을 내릴 수 있는 능력을 길러내는 과정이다. 자성을 통해 기미를 알아 차려 결단력 있게 행하는 모습은 바로 안회가 과오를 대하는 모습에서도 확인할 수 있다.

---

268 『周易正義』“[疏] 正義曰 此釋幾之義也, 幾, 微也. 是已動之微,動謂心動 事動. 初動之時,其理未著, 唯纖微而已, 若其已著之後, 則心事顯露, 不得爲幾. 若未動之前, 又寂然頓无, 兼亦不得稱幾也. 幾是離无入有, 在有无之際, 故云 “動之微”也. 若事著之後, 乃成爲吉, 此幾在吉之先, 豫前已見, 故云吉之先見者也.”

"안회는 거의 도에 가까울 것이다. 불선이 있으면 일찍이 모른 적이 없고, 알면 다시 행하지 않았다. 역에 이르기를 '멀리 가지 않고 회복하여 뉘우침에 이르지 않으니[无祇悔], 크게 길하다.'라고 하였다."[269]

자성을 통해 기미를 포착하고 즉각적으로 행하는 태도는 안회(顏回)의 과오 인식에서 분명히 드러난다. 안회는 불선이 있으면 곧바로 알아차렸고, 한 번 인식한 잘못은 다시 반복하지 않았다. 이는 잘못이 커지기 이전의 단계에서 스스로를 되돌리고, 후회에 이르지 않도록 결단하는 태도를 보여준다.[270] "멀리 가지 않고 회복함[不遠復]"과 "후회가 없음[无祇悔]"은 바로 이러한 도덕적 민감성과 신속한 교정을 가리킨다. 이처럼 유교의 자성은 잘못이 굳어지기 이전에 판단하고 행하는 선제적이고 결단적인 도덕 실천이다.

---

269 「繫辭下」 "顏氏之子其殆庶幾乎. 有不善 未嘗不知 知之 未嘗復行也. 易曰 不遠復 无祇悔 元吉."

270 『周易正義』 "[疏] 正義曰 以去幾既近, 尋能改悔."

2부
유교의 자성 교육론

오늘날과 같이 과오에 대한 사회적 용인도가 낮고, 도덕적 회복의 기회를 쉽게 제공하지 않는 풍조 속에서는, 누구나 실수할 수 있는 인간 존재의 한계를 교육적으로 수용하고, 이를 자율적인 성찰과 실천을 통해 극복할 수 있다는 가능성을 제시하는 것이 중요하다. 도덕교육은 이러한 점을 바탕으로, 과오를 반성하고 책임지며 다시 일어설 수 있다는 가능성을 제시하고, 도덕적 실패가 새로운 성장의 기회와 회복의 길로 나아갈 수 있도록 돕는 문화와 풍토를 조성하는 데 기여해야 한다. 이는 인간에 대한 존중과 신뢰에 기반한 교육의 방향이자, 자성을 통한 도덕적 성장의 토대가 된다.

또한, 인공지능 기술의 급진적 발전, 감염병 유행의 반복 가능성, 기후 및 생태환경 위기의 심화, 그리고 고령화와 저출산에 따른 인구 구조의 변화는 현대 사회를 지속적인 불확실성과 예측 불가능성 속에 놓이게 하고 있다. 이러한 전환기적 국면에서 요구되는 것은 기술적 대응이 아니라, 인간 내면의 성찰과 도덕적 자기 확립이다. 이 점에서 도덕교육에서 자성의 중요성은 더욱 강화될 필요가 있다. 자성은 외부 환경이 급변하는 상황에서도 인간 주체가 방향을 잃지 않고, 책임 있게 판단하고 행동할 수 있도록 하는 도덕적 나침반의 역할을 한다. 특히, 인공지능과 디지털 기술이 인간의 판단을 대체하거나 조작할 수 있는 시대일수록, 인간 자신의 내면에 대한 깊은 성찰 없이는 진정한 자유와 주체성을 지키기 어렵다.

뿐만 아니라 현대 사회에서 많은 청소년들이 일상적으로 불안, 우울, 자기 비하, 정체성 혼란 등을 호소하고 있다. 학업 경쟁, SNS를 통한 비교와 평가, 미래에 대한 두려움, 그리고 가족 · 또래 관계의 갈등은 이들로 하여금 지속적인 심리적 스트레스와 정서적 동요를 경험하게 만든다. 이는 내면의 성찰을 통한 정서적 자각과 심리적 회복에 대한 교육이 필요함을 시사한다. 도덕교육은 이들이 스스로 불안의 원인을 파악하고 내면의 평온을 회복할 수 있는 윤리적 자원을 제공해야 한다.

도덕과는 학습자가 도덕성을 함양함으로써 보다 나은 삶과 사회를 지향하는 데 도움을 주기 위한 교과이다. 도덕성의 함양을 위해서는 도덕 현상에 관한 탐구와 내면의 도덕성에 관한 성찰, 일상의 실천 과정이 유기적으로 이루어져야 한다. 자성은 학습자가 도덕적 주체성을 확립하고, 도덕성을 함양하여 바람직한 사회 구성원으로 성장하는 데 필수적인 과정이기에 도덕과에서 자성 교육은 더욱 강조되어야 한다. 인간은 자성을 통해 자신의 미숙함을 극복하고, 도덕적 회복과 성장의 길로 나아갈 수 있기 때문이다. 따라서 유교의 자성론은 도덕과에서 필요한 자성 교육의 중요한 이론적 자산이 될 수 있다.

2부에서는 유교의 자성론을 현대 도덕교육에 적용할 수 있는 가능성을 탐색하여 교육적 의의를 밝히고, 이를 토대로 이론 체계와 지도 방안을 제시한다. 우선, 도덕과 교육과정의 목표 및 내용 체계와의 연계성을 분석함으로써 유교 자성론의 도덕교육적 적용 가능성과 그 의의를 규명한다. 전통 사상이 오늘날의 교육적 맥락 속에서 유기적으로 작동하기 위해서는 도덕교육의 접점을 바탕으로 그 도덕교육적 함의를 도출해야 한다. 다음으로 유교 자성론의 성격, 목표와 성취기준, 내용 요소를 정립한다. 본고에서는 '유교 자성론에 기반한 도덕교육'을 편의상 '유교의 자성 교육'으로 명명한다. 유교의 자성 교육이 단편적이고 표면적인 학습에 머무르지 않고, 도덕과 수업에서 한 학기 이상 지속적으로 활용되기 위해서는 충분한 내용적 깊이와 이론적 기반을 갖춰야 한다. 따라서 각 문헌별 자성적 사유를 교육 내용에 심도 있게 반영하기 위해 각 문헌별로 나누어 그 교육 내용 요소를 도출하고, 이를 바탕으로 실제 중학교 도덕 수업에서 효과적으로 구현될 수 있는 구체적인 교수·학습 방안을 제시한다.

유교의 자성 교육은 학생의 발달 특성과 수업 적용 가능성을 고려하여, 중학교 도덕과 수업을 대상으로 하였다. 이 시기 학생은 도덕적 갈등 상황을 다각도로 분석하여 자기 입장에서 판단하고 행동의 정당성을 논리적으로 설명할 수 있는 역량을 가진다.[271] 이

---

271 초등 고학년과 중학생 시기는 인지 및 도덕성의 발달이 본격화되는 시기로, 이 시기의 변화는 도덕교육의 목표와 방법에 있어 질적인 전환을 가능하게 한다. Piaget에 따르면, 이 시기의 아동은 인지 발달 단계상 구체적 조작기에서 형식적 조작기로 이행한다. 이 전환은 아동이 눈에 보이는 구체적 상황에 기반한 사고에서 벗어나, 가설적이고 추상적인 개념, 논리적 조합, 미래적 결과에 대한 예측 등을 다룰 수 있는 고차원적 사고 능력을 갖추어 간다는 것

러한 발달 특성은 자성론의 핵심 요소와 교육적 적합성이 높다. 유교 자성론은 도덕적 과오에 대한 자각, 반복적 성찰과 점검, 도덕 감정의 균형, 실천적 교정 등을 통해 도덕적 성숙을 이루는 점진적 수양의 과정을 강조하는데, 이는 중학교 도덕과 교육과정의 목표 및 내용 체계와 상당 부분 부합한다. 특히 '도덕적 초월 가능성'에 관한 성찰과 같이 내면적 자각과 자기 초월을 요구하는 교육 내용은 추상적 사유와 자기 성찰 능력이 본격적으로 발달하는 중학교 시기부터 그 교육적 효과가 크다.

다만 교사는 학습자의 발달 수준과 수업 맥락을 고려하여 내용의 깊이와 활동의 난이도를 조절함으로써, 수업 내용을 초등학교 고학년이나 고등학교 수업에도 탄력적으로 적용할 수 있다. 초등 고학년의 경우, 도덕적 과오의 인식과 정서적 반응의 이해를 중심으로 보다 구체적이고 생활 밀착적인 수준에서 다루는 것이 적절하며, 고등학교의 경우에는 행위의 도덕적 정당성, 책임의 범위, 도덕적 초월 등 내용을 보다 심화시킨 활동으로 확장할 수 있다.

을 의미한다. 이러한 인지 능력의 발달은 도덕적 판단의 복잡성 또한 증가시킨다. Kohlberg의 도덕성 발달 이론에서도 이 시기의 청소년은 도덕 판단의 기준이 외적 권위나 타인의 인정(3단계)에서 벗어나, 점차 사회 질서 유지(4단계)나 보편적 정의 원칙(5단계)에 기초한 판단으로 확장되는 경향을 보인다. 즉, 행위의 도덕성을 판단할 때 규칙 준수나 타인의 반응보다, 그 행위가 지닌 도덕적 정당성, 공공성, 보편성에 대한 고려가 증가하게 된다. 추병완(2007), 『도덕 발달과 도덕교육』, 도서출판 하우, 88-90; 100-108.

1장. 유교 자성론의 도덕교육적 함의

1) 도덕과 목표와의 연관성

본 절에서는 2022 개정 도덕과 교육과정의 목표를 중심으로 유교 자성론과 이론적으로 연계될 수 있는 핵심 요소들을 도출함으로써 자성론의 도덕교육적 적용 가능성과 그 함의를 분석한다. 우선, 2022 개정 교육과정이 추구하는 미래 교육에 대한 비전은 "포용성과 창의성을 갖춘 주도적인 사람"을 길러내는 데 있다.[272] 우리나라의 교육은 홍익인간의 이념 아래 모든 국민으로 하여금 인격을 도야하고, 자주적 생활 능력과 민주시민으로서 필요한 자질을 갖추어 인간다운 삶을 영위하고, 민주 국가의 발전과 인류 공영의 이상을 실현할 수 있도록 함을 목적으로 한다.

포용성과 창의성을 갖춘 주도적인 사람은 자신의 삶을 스스로 설계하고 윤리적으로 성찰하여, 책임감 있는 행동을 할 수 있다. 또한, 세계를 바람직한 방향으로 변화시킬 능력과 의지를 가지고 이에 필요한 역량과 자질을 끊임없이 배우고 익히며 성장하는 존재이다. 이는 교육과정에서 추구하는 이상적 인간이 스스로 자신의 도덕적 경험과 가치 체계를 끊임없이 성찰하며, 그 결과를 바탕

272 교육부(2022), 『2022 개정 교육과정 총론 해설(중학교)』 제2022-33호, 25.

으로 스스로 행동의 방향을 설정하고 책임지는 윤리적 성찰의 주체라는 점을 의미한다.

유교 자성론은 자신의 과오를 능동적으로 인식하고 이를 실질적으로 개선하는 자기 책임의 윤리를 핵심으로 삼고 있다는 점에서, 학습자가 윤리적 성찰의 주체로 성장하도록 돕는 데 중요한 이론적 자원이 될 수 있다. 학습자는 자성에 대한 방향과 방법을 배움으로써 성인이 되어서도 윤리적 판단과 행위의 일관성을 유지하며 자기 주도적으로 살아가는 실천력을 기를 수 있다. 따라서 유교 자성론은 학습자가 자신의 도덕적 자만을 경계하고, 겸허의 덕목을 내면화하며, 실패와 결함을 도덕적 성장의 계기로 전환할 수 있도록 한다는 점에서 교육적 함의를 갖는다.

또한, "민주시민으로서 더불어 사는 사람"의 이상은 유교 자성론이 강조하는 공동체적 책임 의식과 직접 연결된다. 유교는 개인의 내면적 성찰이 가정과 사회, 국가의 윤리적 질서를 바로 세우는 사회적 실천으로 확장되어야 한다고 강조한다. 수신 · 제가 · 치국 · 평천하(修身 · 齊家 · 治國 · 平天下)로 이어지는 유교 자성론의 확장 구조는 자성이 민주시민으로서의 책임 있는 행동과 공동체적 삶의 실천으로 이어져야 함을 분명히 한다. 이는 학습자가 스스로의 내면을 성찰하고, 이를 사회로 확장하여 공감과 배려를 실천하는 민주시민으로 성장하는 데 기여할 수 있다. 따라서 유교 자성론은 자기주도적이고 창의적이며 교양 있는 민주시민으로서의 삶을 지향하는 대한민국의 교육적 목표를 실현하는 데 중요한 이론적 토대를 제공할 수 있다.

도덕 교과는 학습자가 도덕성을 함양함으로써 보다 나은 삶과 사회를 지향하는 데 도움을 주기 위한 교과이다. 도덕성 함양을 위해서는 도덕 현상에 관한 탐구와 내면의 도덕성에 관한 성찰, 일상의 실천 과정이 유기적으로 이루어져야 한다. "도덕적 지식과 실천의 연계"는 도덕과에서 중시하는 목표로서 이는 "도(道)와 그 도에 이르고자 하는 실천 역량으로서 덕(德)을 기반으로 삼아, 도덕적 탐구와 윤리적 성찰, 일상의 실천이 몸과 마음에 새겨져 도덕적 행동으로 연결될 수 있는 가능성을 높이고자 하는 과정"을 지칭하는 개념이다.[273]

도덕성 함양의 핵심은 사회적 도덕 규범과 개인의 내적 도덕성이 조화를 이루는 과정에 있다. 유교의 자성론은 도덕 주체로서의 개인이 자기 자신을 관찰하고 점검하여, 자신의 도덕성을 사회적 규범과 유기적으로 결합시키는 실천적 구조를 갖는다. 이는 도덕적 지식을 이론적으로 이해하는 데 그치지 않고, 이를 내면화하고 일상적 실천과 통합하여 도덕적 행동으로 이어지게 한다는 점에서 도덕 교과의 목표와 긴밀히 연결된다. 특히 유교 자성론은 인간이 추구해야 할 도를 자각하고 그것을 구체적 행동 양식으로 실현하

---

273 교육부(2022), 『도덕과 교육과정』 제2022-33호[별책6], 5.

는 덕의 함양에 중요한 철학적 기반을 제공한다는 점에서 시사하는 바가 크다.

더 나아가, 도덕과는 "인간의 삶에 내재해 있는 도덕적 차원에 관한 인식을 출발점으로 삼아 타자와의 관계를 통해서 가능한 삶의 속성을 이해하고, 타자를 대하는 도덕적 태도를 함양"하는 것을 목표로 삼는다.[274] 유교 자성론은 인간 내면의 도덕적 수양을 중심으로 하며, 궁극적으로 도덕적 자기 성찰을 바탕으로 타자와의 조화로운 관계를 형성하고, 공동체적 삶 속에서 실천적 윤리를 구현하는 데 있다. 이는 도덕과가 지향하는 인격적 성숙과 실천적 역량 배양의 목적과 깊은 관련이 있다. 특히 유교 자성론은 도덕과 중학교 '자신과의 관계'와 '타인과의 관계' 영역에서의 목표와 매우 밀접한 관련성을 지니기 때문에, 본 절에서는 두 영역을 중심으로 해당 목표와 연계될 수 있는 유교 자성론의 대응 개념 및 관련 요소를 분석한다.

우선, '자신과의 관계' 영역에서 도덕과의 목표는 "스스로에 대한 정당한 인식과 도덕적 초월 가능성에 관한 성찰을 바탕으로, 자율적인 도덕 판단 능력과 균형 잡힌 도덕적 정서, 일상의 실천 역량을 함양"하는 것이다.[275] 다음 표에서는 이를 '1. 스스로에 대한 정당한 인식', '2. 도덕적 초월 가능성에 관한 성찰', '3. 자율적인

274 교육부(2022), 위의 책, 6.

275 교육부(2022), 위의 책, 6.

도덕 판단 능력', '4. 균형 잡힌 도덕적 정서', '5. 일상의 실천 역량'의 다섯 항목으로 나누어 이와 관련된 자성론의 핵심 개념을 제시한다.

표 1. 도덕과 중학교 '자신과의 관계' 목표와 유교 자성론 관련 요소

<table>
<tr><th colspan="2">도덕과의 목표</th><th>유교 자성론 관련 요소</th></tr>
<tr><td rowspan="5">자신과의 관계</td><td>1. 스스로에 대한 정당한 인식</td><td>• 자신의 도덕적 과오[過]에 대한 인정과 개선[改]
• 내자송(內自訟)과 자기 책임[責]
• 과오에 대한 군자(君子)와 소인(小人)의 태도</td></tr>
<tr><td>2. 도덕적 초월 가능성에 관한 성찰</td><td>• 신독(愼獨): 타인의 시선이 없어도 자기 내면을 능동적으로 응시
• 천도(天道)와 인도(人道)가 상호 소통할 수 있는 근거로서 誠
• 성지(誠之): 자성을 통한 보편질서로서의 천도 내면화</td></tr>
<tr><td>3. 자율적인 도덕 판단 능력</td><td>• 도덕 판단의 정합성을 자율적으로 점검하는 숙찰(熟察)
• 자신의 판단과 감정이 자율적인 것인지 살피는 성의(誠意)
• 변화의 미세한 기미를 감지하고[幾] 판단하는 능력</td></tr>
<tr><td>4. 균형 잡힌 도덕적 정서</td><td>• 자성을 통해 근심과 두려움의 해소[內省不疚 夫何憂何懼]
• 자성의 계기가 되는 부끄러움[恥, 愧, 怍]과 도덕적 후회[悔]의 정서
• 감정과 행위가 적절하게 조화를 이루도록 하는 실천 원리로서의 중화(中和)</td></tr>
<tr><td>5. 일상의 실천 역량</td><td>• 같은 잘못을 반복하지 않으며 개선과 성장으로 연결[不貳過, 改過]
• 반복적이고 지속적인 성찰[反鈆察之] 과정의 중시</td></tr>
</table>

우선, 도덕과는 학습자가 자기 자신에 대해 정당하고 비판적인 인식을 형성하도록 이끄는 것을 목표로 삼는다. 이는 유교 자성론의 핵심 사유와 밀접하게 연관된다. 공자는 인간의 도덕적 과오[過]를 회피하지 않고 직시하며, 그것을 개선하려는 태도를 군자의 핵심 자질로 간주하였다. 군자는 도덕적 실패의 원인을 무작정 다른 사람의 탓으로 돌리지 않으며, 자기 자신에게서 찾는다[求諸己]. 이는 군자의 도덕적 위상이 자신의 결점을 인식하고 그것을 적극적으로 수정해 나가는 실천적 태도에 달려 있음을 보여준다. 나아가 내자송(內自訟)의 개념은 자신의 과오에 대해 내면 깊이 책임을 묻는 윤리적 태도를 의미한다. 이렇듯 유교 자성론은 도덕과가 지향하는 윤리적 자기 점검과 인식을 가능하게 하는 데 필요한 이론적 내용 요소를 풍부하게 갖추고 있다. 따라서 '1. 스스로에 대한 정당한 인식'이라는 도덕과의 목표를 달성하기 위한 교육적 자원으로 활용될 수 있다.

이러한 윤리적 자기 인식의 태도는 '2. 도덕적 초월 가능성에 관한 성찰'로 나아간다. 유교의 자성론은 자기 내면을 능동적으로 응시하며 도덕적 초월의 가능성을 스스로 탐구하고 실현하는 과정을 중시한다. 이는 개인이 스스로의 정체성을 형성하기 위해 내면을 존재론적 관점에서 자각하고 자기중심적 삶의 한계를 초월하려는 윤리적 성찰을 의미한다. 윤리적 성찰은 자신의 내면을 주시하면서 존재론적 성찰을 통해 자신의 존재를 자각하는 것이며, 자기중심적 삶의 한계를 초월하고자 하는 것이다.[276] 이는 자아 개념의 변화와 성장, 그리고 궁극적으로는 도덕적 완성을 향한 방향성을 포함한다. 유교 자성론은 인간이 자신의 한계를 인식하고 도덕적으로 초월할 수 있는 가능성을 사유하도록 이끈다.

타인의 시선이 없는 상황에서도 올바른 행위를 지속할 수 있는 내면의 도덕적 긴장과 정직함을 의미하는 신독(愼獨)의 태도는 도덕적 초월 가능성을 가능하게 하는 기반이 된다. 또한, 보편적 도덕 질서를 체득하여, 그것을 자신의 내면에 적용하고 삶에 실현하려는 성지(誠之)의 자세는 도덕적 초월 가능성을 실현하기 위한 하나의 방법으로 제시될 수 있다. 성지는 자신의 존재 전체를 진실되게 하며, 자신의 내면을 보편적 원리와 일치시키려는 진실무망의 극치를 의미한다. 이는 인간이 자신의 한계를 초월하여 도덕적으로 더 깊은 경지로 나아가려는 지속적인 과정이다. 이러한 측면에서 유교 자성론은 학습자가 도덕적 초월 가능성을 함양하는 데 기여할 수 있다.

다음으로 도덕과는 '3. 자율적인 도덕 판단 능력의 함양'을 강조한다. 이는 외부의 규범이나 타인의 시선에 의존하지 않고 스스로 도덕적 기준을 세우고 행동할 수 있는 능력이다. 유교 자성론은 이러한 자율적 윤리 주체의 능동적 과정을 중시한다. 반복된 사유

276 정창우(2022b), 『변혁적 도덕 역량 증진을 위한 도덕교육론』, 교육과학사, 150-151.

훈련을 통한 숙찰(熟察)은 내면에 형성된 도덕 기준을 더욱 세밀하고 일관되게 형성하도록 이끈다. 순자는 이성과 학습에 기반한 치밀한 사유 활동으로서 자성의 완성된 형태를 숙찰의 개념으로 제시하였다. 학습을 통해 축적된 지식과 사려는, 자신의 행위와 도덕규범 간의 정합성을 면밀히 따져보는 이성적인 숙고 활동을 가능하게 한다. 숙찰은 학습을 통해 내면화된 예의 원칙을 바탕으로 자기 자신을 평가하고 제어하는 윤리적 성찰의 기제로 작동하며, 이를 통해 자율적인 도덕 판단 능력의 함양이 가능하다.

또한 유교의 자성론에서 도덕적 사태가 변화하는 초기의 미세한 조짐[幾]을 감지하고, 도리에 맞는 결단을 내리는 군자의 직관과 판단 능력을 강조하는 것은 매우 중요하다. 기(幾)는 사태가 뚜렷이 드러나기 전에 이미 그 윤리적 방향을 판단할 수 있는 도덕적 직관과 신중함을 뜻한다. 성의(誠意)는 악을 미워하고 선을 좋아하는 감정의 근원을 탐구하여, 보다 독립적이고 자율적인 도덕 주체로 성장할 수 있도록 이끈다. 이러한 유교의 자성의 측면은 자율적인 도덕 판단 능력의 함양이라는 도덕과의 목표에 부합한다.

다음으로 '4. 균형 잡힌 도덕적 정서의 함양' 역시 도덕과가 중요하게 제시하는 목표이다. 균형 잡힌 도덕적 정서란 특정 감정에 치우치지 않고, 도덕 판단 및 실천에 필요한 감정을 인식 · 수용하는 능력이 조화롭게 발달한 상태를 의미한다. 유교 자성론에서 감정은 도덕성을 발휘하는 주요 근거로 인식된다. 공자는 내성(內省)

을 통한 근심과 두려움이라는 부정적 감정의 해소를 강조하여, 내면의 안정과 정서적 평정을 강조한다. 맹자는 도덕적 감정인 부끄러움[恥, 愧, 怍]의 정서를 중시하고, 성찰의 결과로서 도덕적 즐거움이라는 감정을 강조하였다. 유교의 자성에서 부끄러움은 도덕적 결핍을 자각하게 하는 계기이자, 성찰을 유도하는 내면의 동기로 작동하며, 도덕적 삶이 가져다주는 참된 즐거움은 이러한 부끄러움의 정서를 극복함으로써 가능하다. 군자는 자성을 통해 스스로의 부끄러움을 인식하고 이를 개선함으로써 내면의 평정과 도덕적 기쁨에 이른다.

또한, 회(悔)는 과오에 대한 직관적인 후회와 뉘우침의 감정으로, 자기기만을 극복하고 자신을 도덕적으로 갱신하게 하는 동력이 된다. 이는 도덕교육이 추구하는 도덕적 직관 능력과 감정의 함양과도 연계된다.[277] 자성을 통해 부정적 정서를 해소하고 이를 바탕으로 도덕적 안정감과 자기 확신을 형성하는 교육의 방향을 통해 학습자는 도덕적 실천에서 오는 즐거움[樂]과 정서적 회복으로

277 일상적 맥락에서의 도덕 판단은 감정과 직관에 크게 좌우된다. Haidt의 사회적 직관주의 이론에 따르면, 대부분의 도덕 판단은 숙고보다는 순간적이고 자동적인 도덕 직관의 결과로 이루어지며 이는 감정과 정서에 관한 것이다. 이성적 추론은 판단이 내려진 뒤에 따라붙는 사후 설명인 경우가 많다. 이는 도덕교육에서 학습자가 일상생활에서 맞닥뜨리는 크고 작은 상황에 대해 느끼는 직관적인 감정에 의한 판단을 표현하고 다뤄보는 기회가 중요함을 시사한다. Haidt J.(2001), "The Emotional dog and its Rational tail: a Social Intuitionist Approach to Moral Judgment", *Psychological review*, 108(4), 814–834.

인한 기쁨[喜], 내면의 평안[安]에 도달할 수 있으며, 이는 도덕성과 정서 안정이 통합된 인격적 완성을 가능하게 한다.

또한, 유교의 자성에서 강조하는 중화(中和)는 끊임없이 변화하는 현실 속에서도 정신의 균형과 통일성을 지키며, 감정과 행위가 적절하게 조화를 이루도록 하는 실천 원리이다. 즉, 자성은 일상에서의 자기 점검을 통해 정신의 균형을 유지하면서도 구체적이고 복합적인 상황에서 중용을 실천하는 유연하고 통합적인 지혜를 요구한다. 이처럼 유교의 자성은 지나치거나 못 미치는 정서를 바로잡아 중화에 이르게 한다는 점에서 '균형 잡힌 도덕적 정서의 함양'이라는 목표를 실현하는 데 기여할 수 있다.[278]

다음으로 '5. 일상의 실천 역량 함양'이라는 목표는 도덕과가 도덕적 이상을 학습자의 실제 삶 속에서 구체적으로 실현되도록 하는 데 초점을 둔다는 것을 의미한다. 도덕교육의 가치는 생활 속에서 실천을 통해 내면화되는 데 있다.[279] 이는 도덕교육이 구체적 삶

278 정서에 기반한 자성 개념은 현대 도덕심리학 이론들에서도 그 근거를 찾아볼 수 있다. Hoffman은 인간의 도덕적 발달이 공감(empathy)에 기초한 정서에서 비롯된다고 보았다. 공감이란 타인의 고통에 대해 '자신보다 더 적절하게 반응하는' 정의적 반응이며, 공감적 걱정이나 죄의식은 도덕적 행동을 이끄는 강력한 동기이다. Zajonc 역시 정서적 반응이 인지적 판단보다 선행할 수 있음을 주장하며, 인간의 도덕 판단이 정서에 의해 먼저 활성화된다는 사실을 강조하였다. Greene과 Haidt 또한 도덕 판단이 인지적 추론 이전에 정서적 직관에 의해 유도되는 경우가 많다는 점에서, 도덕성과 정서의 통합을 지지하였다. 정창우(2022b), 『변혁적 도덕 역량 증진을 위한 도덕교육론』, 교육과학사, 111-133.

279 도덕교육에서 '도덕의 일상성'이란 도덕적 판단과 행동, 정서가 거창한 도덕적

의 맥락 속에서 실천을 통해 내면화되어야 함을 전제로 한다.

유교의 자성은 자신의 언행, 감정, 태도가 도리에 부합하는지를 일상 속에서 점검하는 실천 윤리라는 점에서 일상성과 밀접히 연관된다. 자성은 일상으로부터 분리되지 않는 구체적 실천의 맥락에서 도덕적 결함의 가능성을 점검하는 행위이다. 유교는 일상 행위 속에서 자신의 도덕적 결함의 가능성을 돌아보고 이를 신속하게 교정하도록 가르친다. 일용공부(日用工夫)와 하학상달(下學上達)의 공부 방식은 이와 같은 지속적 성찰과 실천을 통해 성인(聖人)의 경지에 도달해 나가는 점진적 수양의 과정을 보여준다. '과오를 고치는 것을 꺼리지 않음[過則勿憚改]', '같은 잘못을 반복하지 않음[不貳過]'은 실천적 도덕 역량을 강조한 어구이다. 따라서 유교의 자성은 '일상의 실천 역량 함양'이라는 도덕과의 목표를 달성하는 데 기여한다는 점에서 의의가 있다.

다음으로 도덕과는 학습자가 '타인과의 관계'에서 "사회 규범으로 존재하는 도덕을 탐구하고, 그 도덕과 내면의 도덕성 사이의 관계를 성찰하며, 일상의 실천으로 연결할 수 있도록 하는 것"을 목표로 설정하고 있다.[280] 해당 목표를 세 항목으로 세분하여 유교 자

딜레마나 특별한 상황뿐만 아니라 일상의 사소한 경험과 사회적 상호작용 속에서도 지속적으로 나타난다는 점을 강조한다. Hofmann, W., Wisneski, D. C., Brandt, M. J., & Skitka, L. J.(2014), "Morality in everyday life", *Science*, New York, 345(6202), 1340-1343.

280 교육부(2022), 『도덕과 교육과정』 제2022-33호[별책6], 6.

성론과의 연계성을 분석하고, 이를 바탕으로 유교 자성론의 도덕 교육적 함의를 밝힌다.

표 2. 도덕과 중학교 '타인과의 관계' 목표와 유교 자성론 관련 요소

도덕과의 목표		유교 자성론 관련 요소
타인과의 관계	1. 사회 규범으로 존재하는 도덕을 탐구	• 자성은 도덕적 기준으로서의 예를 중시[隆禮, 禮義之中] • 자성의 기준으로서 스승과 법도의 중요성 • 자성의 조건으로서 학습[學]의 필요성
	2. 도덕과 내면의 도덕성 사이의 관계를 성찰	• 현명한 자를 보면 그와 같아지기를 생각하고[思], 현명하지 못한 자를 보면 안으로 자신을 성찰함[內自省] • 학습과 사려의 누적에 기반한 숙찰(熟察)
	3. 일상의 실천으로 연결	• 자기 자신에게 책임을 돌리는 것을 후하게 하고 남에게 책임을 전가하는 것을 적게 하는[責人] 태도 • 인간 관계에 충서(忠恕)와 혈구지도(絜矩之道)의 일상적 실천

먼저, '1. 사회 규범으로 존재하는 도덕을 탐구'하는 것은 학습자가 타인과의 관계에 적용될 수 있는 공적 질서와 사회 규범에 내재하는 도덕을 이해하는 것이다. 이러한 목표는 유교 자성론에서 강조되는 예의 윤리와 상응 관계를 가진다. 유교의 자성의 대상은 자신과 타인과의 관계에서 나타나는 행동 방식과 다양한 갈등 상황까지 포함한다. 유교의 자성은 충(忠), 신(信), 인(仁), 의(義), 지(智) 등의 도덕적 덕목과 예(禮)와 같은 외적 규범이 밀접히 결합되고 통

합되어야 한다고 본다. 따라서 도덕적인 자기 성찰은 반드시 공동체 규범에 대한 숙고와 연결되어야 하며, 시서예악(詩書禮樂)에 담긴 도덕적 가치들을 자기 행위의 거울로 삼아 타인과의 관계를 성찰할 수 있어야 한다. 특히 예를 존중하고[隆禮], 예의법도에 합당한지[禮義之中] 점검하는 태도는 사회 규범의 정당성을 존중하면서도 그 기준에 자신을 철저히 비추어 보려는 것이다. 이는 예에 대한 학습과 반복적 점검을 통해 개인이 사회적 도덕규범을 내면화하도록 이끄는 방식이며, 도덕과가 지향하는 규범 탐구의 교육적 목표를 달성하는 데 도움이 된다는 점에서 의미가 크다.

다음으로 '2. 도덕과 내면의 도덕성 사이의 관계를 성찰'하는 것은 학습자가 타인과의 관계 속에서 자기 내면의 도덕성과 외적 규범을 조율하는 과정을 의미한다. 이는 유교 자성론에서 타인과의 관계 속에서 자성을 실현하는 맥락과 연계된다. 현명한 자를 보면 그와 같아지기를 생각하고[思], 현명하지 못한 자를 보면 안으로 자신을 성찰[內自省]하는 태도는 타인을 통해 자기를 돌아보는 태도를 의미한다. 이 과정에서 개인은 모범적인 타인의 도덕성과 자신의 도덕성 사이의 불일치를 인식하고 교정하여 선으로 나아갈 수 있다. 또한, 순자의 찰(察)은 자신의 행위와 외부 도덕 규범 간의 정합성을 면밀히 따져보는 숙고적 활동이다. 이는 타인과의 관계 내에서 자신의 감정과 생각, 의지의 흐름을 면밀히 살피고, 그것을 도덕적 기준에 따라 조정하는 적극적인 인식 행위로 기능한다. 개인은 적학(積學)과 적려(積慮)의 반복을 통해 외적 규범과 내면의 도덕성을 일치시키고, 내면화된 예의 원칙을 바탕으로 타인과의 관계 내에서 자신의 행동을 평가하고 결정할 수 있다.

마지막으로 '3. 일상의 실천으로 연결'은 학습자가 위의 목표들을 체화하여 타인과의 일상적 관계 속에서 실천하는 것을 의미한다. 유교에서는 자성을 통해 가족, 친구, 이웃과의 일상적 인간관계에서 도덕적 행위를 적용하는 것을 목적으로 한다. 이를 통해 갈등과 분쟁을 해결하고, 조화롭고 평화로운 관계를 회복할 수 있다. 유교 자성론은 이러한 실천 중심의 접근을 강조하며, 성찰이 구체적인 책임 의식과 반복적인 행위 교정으로 이어져야 한다고 본다. 책기(責己)는 일상에서 타인과 도덕적 갈등이 나타났을 때, 타인을 대하는 자신의 태도에서 그 원인을 찾아보려는 것이다. 인간관계에서 충서(忠恕)와 혈구지도(絜矩之道)를 근거로 자기 자신의 성찰함으로써 자신의 과오를 교정하고, 공동체 내의 조화를 실현할 수 있다. 이는 관계 속 실천 윤리와 긴밀하게 연결되며, 학습자가 일상생활 속에서 도덕적 행위를 반복하고 내면화할 수 있도록 돕는 사유 기반으로 활용될 수 있다는 점에서 의의를 갖는다.

도덕과 목표와의 연관성을 중심으로 유교 자성론의 도덕교육적 적용 가능성을 분석한 결과, 유교 자성론의 관련 요소와 특색이 도덕과의 목표의 핵심 지향점과 상통하고 있다는 것을 파악하였다. 특히 유교 자성론은 도덕과가 지향하는 도덕적 주체의 형성, 즉 도덕적 판단 능력과 정서적 성숙, 책임 있는 실천 역량을 통합적으로 기르는 데 필요한 이론적 토대를 제공한다는 점에서 도덕교육적 함의를 갖는다.

2) 도덕과 내용 체계와의 연관성

본 절에서는 중학교 도덕과 내용 체계 중 '자신과의 관계', '타인과의 관계' 영역을 중심으로 지식 · 이해, 과정 · 기능, 가치 · 태도의 세 측면에서 자성과 관련된 항목을 도출하고, 이와 관련된 유교 자성론의 사유를 바탕으로 각 내용 체계를 새롭게 재구성하는 것을 목적으로 한다. 지식 · 이해, 과정 · 기능, 가치 · 태도로 설정된 내용 체계는 도덕적 사고와 실천, 내면화된 인격적 태도를 종합적으로 제시한다. 도덕과 내용 체계에 맞게 유교 자성론의 관련 요소를 분석하여 재구성함으로써 유교 자성론이 도덕교육에 적용될 수 있는 가능성과 그 의의를 밝힐 수 있다. 유교 자성론이 도덕과 내용 체계의 각 요소와 어떻게 상응하며 상호 보완적으로 작동할 수 있는지 분석하는 것은 유교의 자성 교육의 목표와 성취기준을 설정하고, 구체적인 교수 · 학습 방안을 제시하기 위해 필수적이다.

다음 표는 '자신과의 관계' 영역의 자성 관련 항목을 유교 자성론의 관련 요소와 연계하여 지식 · 이해, 과정 · 기능, 가치 · 태도로 재구성한 것이다. 중학교 '자신과의 관계' 내용 체계가 두 영역으로 구분되어 있기에 본문 역시 두 측면으로 나누어 제시한다.[281]

281 교육부(2022), 『도덕과 교육과정』 제2022-33호[별책6], 7.

표 3. 도덕과 중학교 '자신과의 관계' 내용 체계와 유교 자성론 관련 요소 1

	내용 체계	유교 자성론 관련 요소
지식 · 이해	• 나는 어떤 사람이고, 어떻게 살아야 할까? • 어떤 사람이 도덕적인 사람일까?	• 나는 도덕적으로 잘못할 가능성이 없는 존재인가? • 나의 잘못을 어떻게 인식하고, 그것을 도덕적으로 고쳐나갈 수 있을까? • 타인의 시선이 닿지 않는 순간에도 왜 도덕적으로 살아야 할까?
과정 · 기능	• 자아를 탐색하고 도덕적 앎을 자아와 통합하기 • 도덕적 인격이 갖추어야 할 특성 파악하기	• 숙찰을 바탕으로 자성의 판단 과정을 논리적으로 구성하기 • 과오 개선[改過]과 자기 책임[自責]을 바탕으로 자신의 도덕적 결함을 인정하고, 이를 빠르게 수정하기
가치 · 태도	• 내면에 주의를 기울이는 태도 • 도덕적 인격의 특성을 내면화하는 자세	• 성지(誠之)를 바탕으로 자기 삶의 진정성과 도덕적 일관성을 유지하려는 태도 • 자신의 뜻을 참되게 하고[誠意], 스스로를 속이지 않으며[毋自欺], 내면의 생각과 감정에 지속적으로 주의를 기울이려는 태도 • 외부 통제 없이도 도덕적 기준을 지키려는 신독의 자세

유교 자성론은 '자신과의 관계' 영역의 내용 체계와 밀접하게 연관된다. '지식 · 이해'는 도덕적 개념과 삶의 의미에 대한 이론적 인식을 바탕으로 자기를 올바르게 이해하는 교육적 과정을 의미한다. "나는 어떤 사람이고, 어떻게 살아야 할까?", "어떤 사람이 도

덕적인 사람일까?”와 같은 질문은 유교의 자성론에서 자신의 도덕적 실패와 과오를 인정하고 내면을 성찰하여 도덕적 앎과 합일을 이루는 과정과 직결된다. 도덕적 실패는 품성, 동기, 판단, 행동 영역에서의 규범 이탈 또는 비도덕적 행동이다. 학습자는 자신의 도덕적 과오나 잘못을 인식함으로써 도덕규범과 실제 행동 간의 차이를 알 수 있다. 즉, 잘못을 스스로 깨닫는 경험은 도덕적 학습에 가치가 있다. 이는 실패를 경험한 사람은 이에 좌절하지 않고 건설적인 반응을 보이며 더욱 성장할 수 있다는 ‘건설적 실패’ 이론과도 관련이 있다.[282]

유교 자성론에서는 인간이 자신의 비도덕적 언행과 마음가짐을 스스로 점검하고 개선하려는 태도를 강조한다. 잘못을 교정하고 개선하는 태도는 자신의 삶을 성찰하여 올바른 자아 인식을 형성하는 데 중요하다. 매일 자기 자신을 성찰하는 태도를 통해 학습자는 더욱 건설적인 삶의 기준을 확립할 수 있다. 이는 도덕적 판단과 행동을 일치시키고 지속적으로 내면의 도덕적 성장을 이루도록 이끈다. 이를 바탕으로 유교 자성론은 “나는 도덕적으로 잘못할 가능성이 없는 존재인가?”, “나의 잘못을 어떻게 인식하고, 그것을

282 Cashman, M., & Cushman, F. (2020), “Learning from Moral Failure”, In E. Lambert & J. Schwenkler (Eds.), *Becoming someone new: Essays on transformative experience, choice, and change*, Oxford University Press, 182–195; Clifford, M. M. (1984), “Thoughts on a Theory of Constructive Failure”, *Educational Psychologist*, 19(2), 108–120.

도덕적으로 고쳐나갈 수 있을까?", "타인의 시선이 닿지 않는 순간에도 왜 도덕적으로 살아야 할까?"의 질문에 따른 내용 체계를 구성할 수 있다.

유교 자성론은 인간이 도덕적으로 오류를 범할 수 있는 존재임을 전제로 하여, 스스로의 잘못을 어떻게 인식하고 성찰할 것인가, 그리고 그러한 잘못을 어떠한 방식으로 도덕적으로 교정해 나갈 수 있는가라는 근본적인 물음에 대한 해답을 제시한다. 더 나아가 타인의 시선이 미치지 않는 상황에서도 왜 도덕적으로 살아야 하는지에 대한 이유를 내면의 윤리적 기준과 자율적 성찰의 관점에서 설명함으로써, 도덕성을 자기 내면에서 요청되는 실천 원리로 이해하게 한다. 이러한 점에서 유교 자성론은 도덕적 물음을 반복적인 성찰과 실천을 통해 삶 속에서 체화된 지식으로 전환할 수 있도록 하는 사유 체계를 제공한다.

둘째, '과정 · 기능'은 도덕 문제를 인식하고 분석하며, 실천 가능한 판단을 구성하는 기능적 역량을 함양하는 데 목적이 있다. 이는 도덕 지식의 습득을 넘어, 그러한 앎을 실제 행동으로 전환할 수 있는 능동적 사고와 실천적 판단 능력을 포함한다. 유교 자성론은 인간이 욕망에 흔들릴 수 있는 존재임을 인정하고, 이를 제어하고 도리에 맞게 조정하기 위해 반복적이고 집중적인 성찰 과정을 강조한다. 특히 순자의 숙찰 개념은 자신의 내면 상태와 행위의 동기를 면밀히 살펴 상황에 맞게 판단을 조정하는 능동적 인식 활동으로, 도덕적 자기 조절 능력을 의미한다. 이는 "자아를 탐색하고 도덕적 앎을 자아와 통합"하는 과정으로 이해될 수 있다. 또한, "도덕적 인격이 갖추어야 할 특성 파악하기" 위해서는 잘못을 인식한 뒤 즉시 고치려는[改過] 실천적 의지와 도덕적 실패의 원인을 외부가 아닌 자신에게서 찾는[自責] 태도가 필요하다. 이러한 유교 자성론의 내용은 학습자가 자기 성찰을 통해 도덕적 앎을 내면화하고 인격을 형성하는 실천적 기반이 된다.

셋째, '가치 · 태도'는 도덕적 판단과 실천이 도덕적 성향으로 확립되고, 인격의 일부로 자리 잡는 과정을 의미한다. 이렇게 형성된 도덕적 정체성은 도덕적 동기를 유발하는 데 도움이 된다. 도덕적 가치와 자아관이 결부되어 도덕적 정체성이 형성되는 경우, 자아 일치(self-consistency)의 욕구와 책임 의식이 발달하기 때문이다.[283] 유교 자성론에서 검토한 성지(誠之) 개념은 도덕적 자기 일관성을 유지하려는 의지이자 스스로에게 진실한 삶을 살아가는 자세라고 할 수 있다. 이는 스스로를 속이지 않고[毋自欺] 자신의 내면을 거짓 없이 바라보려는 성의(誠意)의 실천적 태도와도 연결된다. 신독 역시 홀로 있을 때에도 스스로 삼가 도덕성을 유지하려는 태도이며, 이는 개인의 도덕성이 정체성의 일부로 안정적으로 자리 잡는 데 기여한다.

---

283 Blasi, A., "Moral cognition and moral action: A theoretical perspective", *Developmental Review,* 3, 1983, 178–210; "Moral identity: Its role in moral functioning", In Kurtines, W. M., & Gewirtz, J. L.(Eds.), *Morality, moral behavior, and moral development*, New York: Wiley, 1984, 128–139.

이러한 유교 자성론의 핵심 요소들은 학습자가 "내면에 주의를 기울이는 태도"와 "도덕적 인격의 특성을 내면화하는 자세"를 기르는 데 필요한 이론적 기반과 실천 방법을 제공할 수 있다.

다음 표는 도덕과 중학교 '자신과의 관계' 내용 체계 중 두 번째 영역에서 유교 자성론과 연계될 수 있는 항목을 도출하고, 이를 자성론의 관련 요소와 연계하여 지식 · 이해, 과정 · 기능, 가치 · 태도로 재구성한 것이다.

표 4. 도덕과 중학교 '자신과의 관계' 내용 체계와 유교 자성론 관련 요소 2

	내용 체계	유교 자성론 관련 요소
지식 · 이해	• 옳고 그름을 어떻게 분별할 수 있을까? • 마음의 평화를 어떻게 이룰 수 있을까?	• 일상의 변화 속에서 불선의 조짐[幾]을 어떻게 감지하고 판단할 수 있을까? • 내면을 성찰하여 잘못됨이 없다고 느낄 때, 근심과 두려움의 감정은 어떻게 변화하는가?
과정 · 기능	• 윤리 이론을 도덕 문제에 적용하여 도덕 판단 도출하기 • 고통의 원인을 성찰하고, 마음의 평화를 얻는 방법 모색하기	• 자성을 통해 도덕적 문제 상황의 원인을 분석하고, 도덕 판단의 과정과 기준을 정합적으로 구성하기 • 고통과 불안의 원인을 자기 내면에서 찾고 이를 극복하는 방법 모색하기
가치 · 태도	• 도덕 판단과 행동을 일치시키는 태도 • 건강한 마음을 가꾸는 자세	• 외부 시선 없이도 자기 자신을 단속하며 도덕 판단과 행동의 일치를 유지하려는 태도 • 자성을 통해 심리적 안정과 도덕적 즐거움[樂]을 얻으려는 자세

첫 번째 '지식 · 이해' 영역에서 "옳고 그름을 어떻게 분별할 수 있을까?" 항목은 옳고 그름에 대한 도덕적 판단이 어떻게 가능한가에 대한 것이다. 이는 개인이 스스로 도덕적 정당성을 어떻게 인식하고 형성할 수 있는지를 묻는 것이다. 유교 자성론에 따르면 이러한 판단 기준을 내면의 도덕 감각이나 도덕 규범인 예를 통해 확보할 수 있다고 본다. 또한 선과 불선의 미세한 조짐[幾]을 감지하는 능력을 통해 도덕적 오류의 가능성을 사전에 식별하고 예방할 수 있기에 옳고 그름을 더욱 민감하게 분별할 수 있다.

다음으로 "마음의 평화를 어떻게 이룰 수 있을까?" 항목은 유교 자성론과 관련하여 "내면을 성찰하여 잘못됨이 없다고 느낄 때, 근심과 두려움의 감정은 어떻게 변화하는가?"의 질문으로 재구성될 수 있다. 유교 자성론은 진정한 평화와 안정이 자성을 통해 얻게 되는 심리적 안정 상태임을 강조한다. 이는 내면에 대한 성찰을 통해 심리적 고통과 불안, 우울감 등의 원인을 찾고, 마음의 평온을 얻을 수 있는 방안들을 다각적으로 모색하는 것과도 긴밀하게 연계된다.

두 번째 '과정 · 기능' 영역은 도덕 판단의 적용 능력과 문제 해결력을 강조한다. "윤리 이론을 도덕 문제에 적용하여 도덕 판단 도출하기" 항목은 유교 자성론과 관련하여 "자성을 통해 도덕적 문제 상황의 원인을 분석하고, 도덕 판단의 과정과 기준을 정합적으로 구성하기"로 재구성될 수 있다. 이는 복합적인 상황 속에서 도덕적 추론을 가능케 하며, 도덕적 상상력과 추론 능력의 기반이 된다. 또한, "고통의 원인을 성찰하고, 마음의 평화를 얻는 방법 모색하기"는 유교 자성론과 관련하여 "고통과 불안의 원인을 자기 내면에서 찾고 이를 극복하는 방법 모색하기"로 설정될 수 있다. 이는 심리적 불안이나 고통에 대한 성찰적 탐색과 실천적 대응을 통해 마음의 평온을 회복하게 한다.

마지막으로 '가치 · 태도' 영역에서 "도덕 판단과 행동을 일치시키는 태도" 항목이 중요하다. 교과서 "도덕 판단과 행동을 일치시키는 방법은 무엇일까?" 단원에서 도덕적 판단과 행동의 일치를 위한 방법으로 '도덕적 성찰'을 제시한다. 이 단원에서 학습자는 자신이 겪은 도덕적 문제 상황을 반추하고, 자신의 행동과 그 결과, 그리고 대안적 방법에 대해 숙고하는 활동을 수행한다. 이때 도덕적 성찰을 위해 필요한 기준으로는 보편적인 도덕 원리와 도덕적 인물의 삶의 태도 등이 제시되며, 구체적인 성찰 방법으로는 점검표를 통한 자기 확인과 감정 성찰 일기 쓰기가 소개된다.[284] 이는 유교 자성론과 관련하여 "외부 시선 없이도 자기 자신을 단속하며 도덕 판단과 행동의 일치를 유지하려는 태도"로 재구성될 수 있다. 신독은 타인의 시선이 없는 상황에서도 스스로를 단속하고 내면을 지키는 실천 윤리로, 판단과 행동의 일치를 자기 주도적으로 유지

284 '도덕적 성찰'은 '자신의 도덕적 경험을 되돌아보며 스스로 물음을 던지고 답하는 과정'이다. 조주현 외, 『중학교 도덕 2』, 30-33.

하는 기반이 된다. 또한, 유교의 자성은 고통이나 어려움의 원인을 스스로 성찰하고 이를 통해 내면의 평화와 도덕적인 즐거움의 상태에 도달하는 것을 중시한다. 맹자는 자성이 가져다주는 긍정적 결과로 심리적 안정과 도덕적 즐거움[樂]을 제시했다. 따라서 "건강한 마음을 가꾸는 자세" 항목은 "자성을 통해 심리적 안정과 도덕적 즐거움을 얻으려는 자세"로 재구성될 수 있다.

다음 표는 중학교 도덕과 내용 체계 중 '타인과의 관계' 영역의 세 요소 중 자성과 관련된 항목을 도출하고, 이를 유교 자성론의 관련 요소와 연계하여 지식 · 이해, 과정 · 기능, 가치 · 태도로 재구성한 것이다.[285] '타인과의 관계' 영역은 인간이 타인과 맺는 상호작용 속에서 도덕성을 형성해 가는 과정을 중시한다. 유교 사상은 인간이 관계적 존재로서 갈등 상황을 피하기 어려움을 전제하고, 개인이 스스로의 내면을 깊이 반성함으로써 타인의 입장을 이해하고 갈등을 예방하거나 해결할 수 있는 역량을 기르는 데 초점을 맞춘다. 따라서 유교의 자성은 타인과의 관계 속에서 나타나는 문제들을 해결하며 공동체 내에서의 화합과 평화를 추구하는 도덕적 실천을 가능하게 하는 근본 원리라 할 수 있다.

---

285 교육부(2022), 『도덕과 교육과정』 제2022-33호[별책6], 7-10.

표 5. 도덕과 중학교 '타인과의 관계' 내용 체계와 유교 자성론 관련 요소

	내용 체계	유교 자성론 관련 요소
지식 · 이해	• 타인과의 관계는 왜 중요할까? • 관계 속에서 발생하는 갈등 · 폭력을 어떻게 해결할까?	• 충서의 윤리는 타인과의 관계에서 왜 중요할까? • 관계 속에서 갈등이 발생했을 경우, 반구저기(反求諸己)의 윤리는 어떤 의미를 지니는가?
과정 · 기능	• 관계적 존재의 의미를 고찰하고 타인과 공감하며 소통하기 • 갈등 · 폭력의 원인을 분석하여 평화적 해결 방안 도출하기	• 타인의 긍정적 · 부정적 행위를 거울삼아 자신의 덕행과 결점을 파악하기[見賢思齊焉, 見不賢而內自省也] • 자반(自反)과 숙찰을 통해 타인과의 갈등을 평화적으로 해결하기
가치 · 태도	• 타인의 마음에 주의를 기울이는 태도 • 열린 마음으로 갈등 · 폭력 해결에 참여하는 자세	• 충서와 혈구지도를 통해 타인의 감정과 처지를 고려하는 태도 • 갈등 상황에서 자신의 仁 · 智 · 敬을 되돌아봄으로써 문제를 해결하는 자세

첫 번째 '지식 · 이해' 영역에서 "타인과의 관계는 왜 중요할까?"라는 질문은 충서의 태도와 연결된다. 충서는 타인을 나처럼 대하려는 내면의 성찰 과정을 전제한다. "관계 속에서 발생하는 갈등 · 폭력을 어떻게 해결할까?" 질문과 관련하여 타인과의 갈등 상황에서 남을 탓하기보다 먼저 자신을 돌이켜 보는 반구저기의 태도는 자성을 바탕으로 도덕적 문제가 해결될 수 있다는 것을 의미한다.

유교 사상은 관계 속 갈등을 이해하고 풀어가는 데 있어 자성을 중시한다. 이는 인간을 관계적 존재로 해석할 수 있는 이유에 근거하여 타인과의 관계에서 필요한 가치 · 덕목을 탐구하고, 타인의 생각과 감정에 공감하는 태도와도 연결된다.

두 번째 '과정 · 기능' 영역은 관계적 존재로서의 인간이 타인과의 갈등을 자율적으로 인식하고 조정할 수 있는 실천 역량을 강조한다. "관계적 존재의 의미를 고찰하고 타인과 공감하며 소통하기"와 "갈등 · 폭력의 원인을 분석하여 평화적 해결 방안 도출하기"는 자성과 관련된다. 유교 사상은 인간을 타인과의 관계 속에서 완성되는 존재로 보되, 그 관계의 조화는 반성과 교정을 전제로 한다. 공자의 "현명한 자를 보면 그와 같아지기를 생각하고[思], 현명하지 못한 자를 보면 안으로 자신을 성찰해야[內自省] 함"은 타인의 긍정적 · 부정적 행위를 거울삼아 자신의 덕행과 결점을 성찰하도록 요청하며, 이러한 내적 성찰이 곧 타인을 이해하고 조화로운 관계를 형성하는 데 출발점이 됨을 보여준다. 또한, 맹자의 윤리적 반(反) 개념은 갈등 상황 속에서도 자신이 인(仁) · 지(智) · 경(敬)의 측면에서 부족한 점이 없는지를 되돌아보게 함으로써, 갈등을 상대에 대한 공격이 아닌 자신에 대한 성찰의 계기로 삼게 한다. 또한, 순자의 자성적 찰 개념은 타인과의 갈등의 원인이 자기 감정의 편향이나 욕망의 과도함에 있을 수 있음을 인식하고, 이를 바로잡기 위한 내면 조정의 행위로 설명될 수 있다. 이는 오늘날 도덕교육에서 강조하는 평화적 갈등 해결의 핵심 역량과 연결된다. 이러한 유교의 자성의 요소들은 다양한 갈등 상황을 평화적으로 해결할 수 있는 방안을 모색하는 것에 도움을 준다는 점에서 의의가 있다.

다음으로 '가치 · 태도' 영역에서 제시된 "타인의 마음에 주의를 기울이는 태도"와 "열린 마음으로 갈등 · 폭력 해결에 참여하는 자세"는 타자와의 관계 속에서 내면의 도덕적 태도를 지속적으로 함양하고자 하는 성찰적 기반 위에 놓여 있다. 유교 사상은 타인의 마음에 주의를 기울이는 행위를 스스로를 되돌아보며 타자에게 적절히 반응할 수 있는 내적 준비 과정으로 이해한다. 충서와 혈구지도는 타인의 감정을 자신처럼 여기는 데에서 출발하며, 자기를 엄격히 돌아보고 타자와의 관계에서 신중하게 말하고 행동하려는 내면적 수양으로 확장된다. 이는 타인의 감정과 반응을 섣불리 해석하거나 재단하기보다, 충분히 듣고 이해하려는 도덕적 감수성과 경청의 태도로 실현된다.

아울러, "열린 마음으로 갈등과 폭력 문제에 접근하는 자세"는 자신의 판단과 태도를 먼저 반성하고 조율하려는 윤리적 자세에서 비롯된다. 이는 갈등 상황에서 타인의 잘못을 지적하기에 앞서, 나 자신이 충분히 인(仁)을 지니고 있었는가, 사려 깊은 판단을 했는가, 상대를 존중하는 마음을 가졌는가를 먼저 되물어야 한다는 자성의 태도를 요구한다. 이러한 자성은 감정적 대립을 해소하고 상호 이해를 증진시키는 윤리적 기초가 된다. 따라서 도덕교육에서 강조하는 가치 · 태도 함양은 유교 자성론이 강조하는 내면의 성찰, 타자에 대한 존중, 그리고 갈등을 자기 성찰의 기회로 삼으려는 실천 윤리와 유기적으로 연결된다. 이는 타인의 감정과 생각을 존중하고, 갈등의 원인을 타자에게만 전가하지 않으며, 공동체적 화해와 조화를 실현하고자 하는 도덕적 태도를 지속적으로 형성하는 데 기여한다.

2장. 유교의 자성 교육 이론

1) 성격

유교의 자성은 개인이 자신의 도덕적 결함이나 과오를 스스로 인식하고, 내면적 성찰을 통해 자기 기만 없이 교정하는 지속적이고 실천적인 과정으로 정의된다. 유교의 자성은 인간 존재의 불완전성을 전제하면서도, 자기 책임의 태도를 가지고 도덕적 덕목과 외적 규범을 내면화하여 구체적 삶의 맥락에서 실천하는 자기 반성과 성찰의 행위를 의미한다. 이는 자기 내면에서부터 사회적 차원으로 확장되며, 궁극적으로는 우주적 질서와의 조응을 지향하여 도덕적 완성과 심리적 안정에 이르는 전인적 과정이다.

유교의 자성은 다음과 같은 성격을 갖는다. 첫째, 유교의 자성은 도덕적 결함의 자각과 자기 책임을 중시한다. 유교의 자성은 인간이 본래 완전하지 않다는 인식에서 출발하며, 개인이 자신의 도덕적 과오를 스스로 인식하고 책임을 회피하지 않고 자기 자신에게 귀속시키는 도덕적 태도를 강조한다. 이는 과오 자체보다는 그것을 교정하지 않는 태도를 중시하는 공자의 자성론과 잘못의 누적을 경계하고 이를 빠르게 교정해야 한다는『역전』의 사유 등에서 명료히 드러난다. 이는 군자의 도덕적 위상이 본래적 완전성에 있는 것이 아니라, 자신의 결점을 인식하고 그것을 적극적으로 수정해 나가는 실천적 태도에 달려 있음을 보여준다.

둘째, 유교의 자성은 자기 내면의 도덕성의 구현과 외적 규범의 통합을 지향한다. 유교의 자성은 충서(忠恕), 신(信), 인(仁), 의(義), 지(智) 등의 도덕적 덕목을 기준으로 삼아 성찰하되, 그 덕목들이 예(禮)와 같은 규범과 밀접히 결합되고 통합되어야 한다고 본다. 특히 충서는 내면을 성찰하는 척도이자, 그 성찰을 타자와의 관계에서 실현하는 핵심 축으로 작용한다. 그러나 아무리 긍정적인 덕목이라 할지라도, 그것이 예에 의해 조율되지 않으면 자성의 방향성을 상실하거나 유해한 결과로 이어질 수 있다. 이에 따라 학습[學]은 자성을 가능하게 하는 필수적 전제 조건으로 기능한다. 특히 순자는 자성이 반드시 객관적 도덕 규범과 올바른 스승의 지도, 적절한 교육 환경에서 이루어져야 함을 강조한다.

셋째, 유교의 자성은 일상적 실천과 상황적 균형 감각을 중시한다. 유교의 자성은 추상적 · 이론적 질문보다는 구체적인 일상 속에서 자신의 언행과 감정을 세심하게 점검하고 즉각적으로 교정하는 성찰을 강조한다. 공자는 일상으로부터 분리되지 않는 구체적 실천의 맥락에서 도덕적 결함의 가능성을 점검하는 자성의 형태를 제시하였다. 맹자는 이를 일상적 인간관계 전반에 적용되는 윤리 원리로 더욱 확장하였다. 자성은 부모와 자식과의 관계, 친구와의 관계, 사회 내에서의 수직적 관계 등 다양한 인간관계 속에서 발생하는 도덕적 갈등과 문제를 해결하기 위한 핵심 기제로 기능할 수 있다. 『중용』에서는 일상의 복합적인 상황에서도 자성을 통해 감정과 행위의 적절한 균형과 조화를 유지할 수 있어야 함을 강조한다. 『역전』에서도 일상에서 변화의 미세한 기미[幾]를 빠르게 포착하여 도리를 실천하는 능동적인 성찰을 강조한다. 유교의 자성은 실제적 삶의 맥락과 유리되지 않고 항상 현실적이며 역동적인 실천을 지향한다.

넷째, 유교의 자성은 존재론적 차원의 자기 완성을 추구하는 동시에 자연 세계에서의 보편 질서와의 합일을 추구하는 성격도 동시에 갖는다. 『역전』과 『중용』에서는 개인의 도덕적 결함을 교정하는 차원을 넘어 인간과 천지의 합일을 추구하는 자성의 차원이 제시된다. 이는 자성을 내면의 심리적 차원과 존재의 근원적 영역까지 확장한 것이다. 따라서 『중용』의 성(誠) 개념은 내면의 깊은 층위까지 도달하는 성찰로서, 군자의 윤리적 주체성을 형성하는 핵심 원리로 작동한다. 성은 인간이 도덕적 주체로서 자연 세계의 보편 질서에 능동적으로 응답할 수 있도록 하는 존재론적 토대이자 자성의 준거가 된다. 군자의 신독과 성지(誠之), 자강불식(自强不息)의 태도는 천도의 역동적 원리를 지속적으로 내면화하는 과정이며, 이는 자성을 통해 인간 내면에 천도의 질서를 구현하고, 나아가 인간과 우주를 통합하는 보편적 도덕성의 완성을 목표로 삼는 것이다. 따라서 유교의 자성은 궁극적으로 자기 초월과 보편적 질서와의 조화를 추구하는 심층적인 자기 수양 과정으로 자리 잡는다.

다섯째, 유교의 자성은 부끄러움, 뉘우침과 같은 도덕적 감정을 중요한 윤리적 자원으로 간주하고 자성의 결과로서 정서적인 측면을 중시한다. 맹자는 자성의 촉발 기제로서 도덕적 감정인 부끄러움[愧, 怍, 恥]의 정서를 중시하고, 부끄러움은 자신의 도덕적 결핍을 자각하게 하는 계기이자, 반성을 유도하는 내면의 동기로 작용한다. 『주역』에서 강조하는 도덕적 후회와 뉘우침[悔]은 자신의 과오를 교정할 수 있게 하는 윤리적 감정으로, 이는 자기 기만 없이 자발적 정화의 계기를 마련한다. 자성을 촉발하는 내면적 정서가 도덕적 결함을 자각하고 교정하려는 내적 동기를 제공하며, 이를 통해 즐거움[樂]과 기쁨의 행복 상태에 도달할 수 있다. 공자는 내면의 성찰을 통해 부끄러움이 없는 삶을 추구할 때 비로소 불안과 두려움으로부터 벗어날 수 있음을 강조하였다. 이는 자성이 행복의 조건이 될 수 있음을 시사한다. 유교의 자성은 자신을 속이지 않는 진실하고 일관된 마음 상태를 유지하여 내면의 두려움과 부끄러움이 해소될 때, 심리적 즐거움과 기쁨을 누릴 수 있다고 본다. 행복한 감정은 외부의 환경이나 조건에 의존하는 것이 아니라, 자성을 통해 도덕적 삶을 실천할 때 비로소 가능하다.

여섯째, 유교의 자성은 개인의 도덕적 내면을 수양하는 과정이 반드시 가정과 국가, 그리고 천하를 포괄하는 공공적 맥락과 유기적으로 결합되어야 함을 강조한다. 군자의 자성은 개인적 만족에 그치는 것이 아니라 공동체 전반에 긍정적인 영향을 확산시키는 원천이 된다. 맹자는 인정(仁政)과 왕도정치의 실현 가능성을 통치자의 심성에 의존된 것으로 보았으며, 이는 통치자의 자성적 능력과 직결된다고 보았다. 『대학』은 자성을 개인적 수양으로 한정하지 않고, 수신에서 제가 · 치국 · 평천하로 이어지는 사회적이고 정치적인 실천의 근거로 제시한다. 따라서 유교의 자성은 개인의 도덕적 완성만을 목적으로 삼는 것이 아니라, 개인적 내면 성찰을 통해 형성된 도덕적 정체성이 사회적 · 정치적 책임을 수행하고 공동체의 윤리적 질서를 확립하는 데 적극적으로 기여해야 한다는 공공적 성격을 지닌다.

2) 목표

유교의 자성 교육은 앞 절에서 검토한 도덕과 교육과정과 연계되는 유교 자성론의 핵심 요소를 바탕으로 구성한 교육 이론 체계이다. 이는 개인이 자성을 통해 자신의 도덕적 과오를 인식하고, 이를 외면하거나 합리화하지 않으며, 책임 의식에 기초하여 지속적으로 교정해 나가도록 이끄는 실천적 교육 과정을 의미한다. 이러한 자성 교육은 도덕적 판단의 인지적 차원에 머무르지 않고, 내면의 성찰과 실제 삶의 실천이 결합되는 전인적 도덕을 지향한다. 이는 자기 내면에서부터 사회적 차원으로 확장되며, 궁극적으로는 보편적 질서와의 조응을 지향하여 도덕적 성숙과 심리적 안정에 이르는 통합적 도덕교육이다.

유교의 자성 교육 목표는 '1. 과오를 반성하고 교정하는 태도', '2. 균형 잡힌 도덕적 정서', '3. 타인과 공동체에 대한 윤리적 책임감', '4. 내면의 진정성과 도덕적 초월 인식'을 함양하는 것이다.

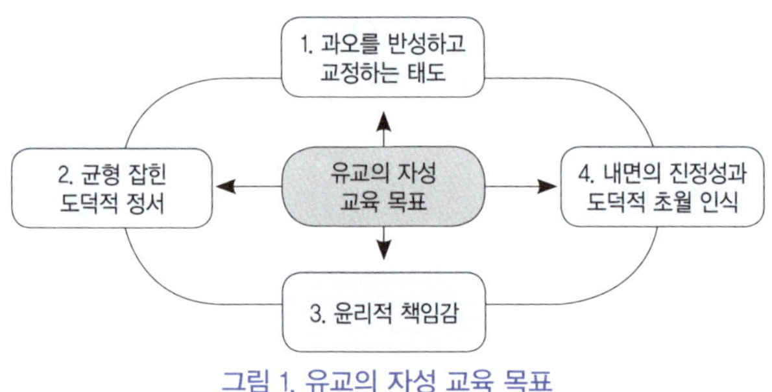

그림 1. 유교의 자성 교육 목표

첫째, 유교의 자성 교육은 자신의 도덕적 과오를 스스로 인식하고 이를 은폐하거나 합리화하지 않으며, 책임 있게 반성하고 교정하는 태도를 기르는 것을 목표로 삼는다. 유교에서 자성은 잘못을 인지하는 데서 그치지 않고, 과오의 원인을 내면에서 성찰하고 동일한 오류가 반복되지 않도록 삶의 태도를 조정하는 실천적 성찰을 의미한다. 이러한 자성의 태도는 자기기만을 경계하고, 도덕적 판단과 행위에 대한 자기 책임을 내면화함으로써, 도덕적 주체로서의 자율성과 신뢰성을 형성하는 토대가 된다. 이를 통해 도덕적 지식의 이해와 더불어 자신의 삶을 스스로 점검하고 수정해 나갈 수 있는 성찰 역량을 기를 수 있다.

둘째, 유교의 자성 교육은 도덕적 감정의 성찰과 조절을 통해 균형 잡힌 도덕적 정서를 함양하는 것을 목표로 한다. 부끄러움, 뉘우침과 같은 도덕적 정서는 자성의 출발점으로 작용하며, 자신의 행위가 지닌 윤리적 의미를 정서적으로 자각하게 하는 기능을 수행한다. 따라서 자성 교육은 내성(內省)의 부재, 자포(自暴)와 자기(自棄)의 태도, 중화(中和)의 상태에서 벗어남에 따른 근심, 불안, 고통을 성찰적으로 조절하여 내면의 평정을 회복하고, 그 위에서 기쁨과 즐거움이라는 긍정적 정서를 경험할 수 있도록 돕는 것을 지향한다. 이는 정서적 회복력과 자존감을 바탕으로 안정된 도덕적 판단과 실천이 가능하도록 하는 중요한 교육적 목표이다.

셋째, 유교의 자성 교육은 자성의 과정을 타인과 사회, 공동체에 대한 윤리적 책임감으로 확장하는 것을 목표로 삼는다. 유교 자성론에서 자기 성찰은 개인의 내면에 머무르지 않고, 관계 속에서 드러나는 행위의 적절성과 책임성을 점검하는 방식으로 심화된다. 타인과의 관계에서 발생하는 갈등이나 도덕적 문제를 성찰적으로 이해하고, 관계 회복과 갈등 해결을 모색하는 과정은 자성이 공동체적 실천으로 전환되는 데 필수적이다. 사회와 공동체의 구성원으로서 자신의 역할과 책임을 자각하고, 일상 속 도덕적 실천을 통해 공동체적 삶을 주체적으로 형성하려는 태도는 도덕적으로 성숙한 인간으로 성장하기 위해 필수적으로 요구된다.

넷째, 유교의 자성 교육은 내면의 진정성과 도덕적 초월 인식을 함양하는 것을 목표로 한다. 내면의 진정성은 개인이 상황과 이해관계를 넘어 도덕적 기준에 스스로 응답할 수 있는 일관되고 진실된 태도를 의미하며, 자신의 내면이 도덕적 가치와 일치하는 상태를 지향한다. 이는 도덕적 삶의 궁극적 의미를 성찰하게 하며, 자신을 보다 높은 차원의 윤리적 질서 속에 위치시키는 도덕적 초월 인식을 가능하게 한다. 도덕적 초월 인식은 인간의 한계를 자각하면서도, 고도의 도덕적 지평을 향해 자신을 성찰하고 성장시키려는 태도로 나타난다. 이는 도덕적 성숙의 심화된 단계로서, 유교 자성론이 추구하는 도덕적 완성과 지속적인 자기 수양의 방향을 드러내는 핵심 목표라 할 수 있다.

2022 개정 도덕과 교육과정은 기존의 '자연 · 초월과의 관계' 영

역을 ‘자연과의 관계’로 재구성하고, ‘초월’ 영역에서 다루던 내용을 ‘자기 자신과의 관계’ 속에 포함시키는 방향으로 체계를 개편하였다. 이는 초월에 관한 문제가 개인이 삶의 의미와 가치를 성찰하는 과정 속에서 자기 자신과의 관계를 통해 실존적으로 경험되고 해석되는 성격을 지닌다는 판단에 근거한 것이다. 즉, 개정 교육과정은 초월 문제를 학생들의 구체적인 삶과 분리된 관념적 논의가 아니라, 자기 성찰과 정체성 형성의 맥락 속에서 이해하도록 함으로써 도덕교육의 현실 적합성과 교육적 효과를 제고하고자 하였다.[286]

이를 바탕으로 볼 때, 도덕과 목표에서 제시된 ‘도덕적 초월 가능성’의 의미는 삶의 의미를 구성하는 자기 자신의 실존적 자각 능력과 관련한 것이다. 따라서 본 글에서 ‘도덕적 초월 가능성’이라는 용어는 ‘자신이 스스로 삶의 의미와 방향에 대해 숙고하고, 실존적인 자각 능력을 토대로 도덕적 삶을 구성할 수 있는 가능성’이라는 의미로 사용하였다.

이와 같이 유교의 자성 교육의 목표는 과오의 반성과 교정, 균형 잡힌 도덕적 정서, 윤리적 책임감, 내면의 진정성과 도덕적 초월 인식을 중심 축으로 삼아, 도덕적 지식과 정서, 실천이 통합된 도덕적으로 성숙한 인간의 성장을 지향한다. 이는 개인의 도덕적 삶의 깊이를 심화시키는 동시에 공동체의 도덕적 토대를 공고히 하는 데 기여할 수 있다.

---

286 교육부(2022), 『도덕과 교육과정』 제2022-33호[별책6], 3.

3) 성취기준

유교의 자성 교육 목표를 토대로 성취기준을 네 영역으로 구분하고, 각 영역별 하위 항목을 체계적으로 구성하였다. 본 성취기준은 학습자가 자신의 도덕적 과오를 자각하고 이를 성찰의 대상으로 삼아 정서적 반응을 조율하며, 나아가 책임 있는 도덕적 실천으로 이행할 수 있는 구체적 능력과 태도를 함양하도록 하는 데 초점을 둔다. 아울러 학습자의 발달 수준과 실제 교육 장면에서의 달성 가능성을 함께 고려함으로써, 교육적으로 실현 가능한 수준을 제시한다. 이는 유교의 자성 교육의 핵심 목표를 교수 · 학습 과정 속에서 단계적으로 구현하고, 목표와 실천을 유기적으로 연결하기 위해 위함이다.

표 6. 유교의 자성 교육의 성취기준

<table>
<tr><td rowspan="4">유교의
자성 교육의
성취기준</td><td>1. 유교의 자성 교육을 통하여 과오를 인식하고 교정하는 태도를 함양한다.
(1) 자신의 도덕적 과오를 스스로 인식하고, 책임을 회피하지 않는 태도를 함양한다.
(2) 과오의 누적을 경계하고, 자신의 결점을 신속하고 적극적으로 수정하려는 자세를 기른다.</td></tr>
<tr><td>2. 유교의 자성 교육을 통하여 도덕적 즐거움의 긍정적 정서를 함양한다.
(1) 부끄러움과 뉘우침 같은 도덕적 감정을 자성의 계기로 삼아, 내성(內省)의 부재에서 비롯된 근심, 불안 등의 정서를 조절할 수 있는 정서적 역량을 기른다.
(2) 자성을 통해 내면의 평정을 회복하고 기쁨과 즐거움의 정서를 경험한다.</td></tr>
<tr><td>3. 유교의 자성 교육을 통하여 타인 · 사회 · 공동체에 대한 윤리적 책임감을 함양한다.
(1) 타인과의 관계에서 발생하는 갈등과 도덕적 문제를 이해하고, 갈등 해결 능력을 기른다.
(2) 사회 · 공동체 구성원으로서 책임 있는 태도를 기르며, 공동체적 삶을 주체적으로 살아가려는 자세를 함양한다.</td></tr>
<tr><td>4. 유교의 자성 교육을 통하여 내면의 진정성과 도덕적 초월 인식을 함양한다.
(1) 자기 내면의 진실성과 일관성을 확립하고, 도덕 판단과 행위에 있어 스스로를 속이지 않는 태도를 기른다.
(2) 삶의 의미와 목표를 점검함으로써 도덕적 초월 인식을 확립한다.</td></tr>
</table>

위 성취기준은 유교 자성론의 분석 내용을 토대로 삼아 정립한

것이다. 각 문헌에 나타난 자성의 의미와 사유 방식을 종합적으로 반영하되, 중학교 도덕과 교육과정의 성격과 학습자의 발달 수준을 고려하여 고전의 용어와 개념을 교육적으로 재구성하고 해석함으로써 실제 수업 맥락에 적용 가능하도록 구성하였다.

첫 번째 성취기준은 "유교의 자성 교육을 통하여 과오를 인식하고 교정하는 태도를 함양"하는 것이다. 이를 위해서는 자신의 도덕적 허물을 인식하고 직면하는 용기와 반복되는 과오를 경계하며 회피하지 않는 자기 책임적 윤리의식이 요구된다. 이는 도덕적 오류를 대함에 있어 그 원인을 타인에게 전가하는 대신 자신을 먼저 돌아보는 윤리적 겸허함이라고 할 수 있다. 유교는 군자와 소인이 잘못을 대처하는 태도를 비교하며 자성과 관련해서 군자의 도덕성을 규명하는 특징을 갖는다. 도덕적 실패나 잘못이 발생했을 때, 그 원인을 외부에 돌리거나 합리화하려는 태도를 경계하는 사유는 유교 자성론의 핵심이다.

이는 과오의 누적을 경계하고, 자신의 결점을 신속하고 적극적으로 수정하려는 자세와도 관련 있다. 공자는 잘못을 저지르고도 고치지 않는 태도 자체가 진정한 과오임을 규정하며, 자신의 실수나 결점을 방치하는 태도를 경고한다. 이는 도덕적 결함에 대한 신속하고 주저 없는 대처와 교정을 강조한 것이다. 또한, 공자는 같은 잘못을 반복하지 않아야 한다는 점을 강조하는데, 이는 자성이 일회적인 행위에 머무르지 않고 지속적인 자기 점검과 교정의 실천으로 이어져야 함을 시사한다. 특히 『역전』에서는 군자의 실천적 민감성과 행동의 신속성을 강조하며, 결점의 누적이 결국 도덕적 붕괴로 이어질 수 있음을 경고한다. 이는 학습자가 잘못을 인식한 이후 이를 반복하지 않기 위한 적극적 노력을 신속하게 기울여야 함을 시사한다.

다만 "과오를 인식하고 교정하는 태도"가 자기 자신을 부정하는 소극적 자세로 향하는 것이어서는 안 된다. 자신의 과오에 대한 인정과 반성은 도덕적 주체로서 도덕적 정체성을 형성하는 과정으로 이해되어야 한다. 도덕적 정체성이 강한 사람일수록 자신의 일상생활을 도덕적 관점에서 바라보고, 도덕적 이상과 목표에 부합하는 삶을 추구하며, 옳다고 판단한 것을 행동으로 옮기는 데에 강한 책임감을 보인다. 예컨대 학생의 자기정체성에 정직이나 배려와 같은 덕목이 핵심 부분으로 자리 잡으면, 남들이 보지 않아도 스스로 올바르게 행동하려는 실천 동기가 더 강해진다. 이러한 통찰은 학생 개개인의 도덕성을 자기정체성과 연결짓는 교육이 중요함을 시사한다.[287]

두 번째 성취기준은 "유교의 자성 교육을 통하여 도덕적 즐거움의 긍정적 정서를 함양"하는 것이다. 유교의 자성 교육을 통해 학습자는 균형 잡힌 도덕적 정서를 함양하여 내면의 안정과 도덕

---

287 이인재(2007), 「도덕적 자아 형성을 위한 도덕교육의 과제」, 한국초등도덕교육학회, 초등도덕교육23, 95-118.

적 정서의 성숙이라는 성취기준에 도달해야 한다. 이 과정에서 인간이 느끼는 부끄러움[愧 · 怍 · 恥]과 뉘우침[悔]의 정서는 자성의 출발점으로 작용한다. '유가적 부끄러움'이란 자신이 외물에 이끌려 도덕적 기준에 미치지 못했음을 자각할 때 일어나는 불편한 도덕 감정이며, 도덕적 품성을 기르는 긍정적 동인으로 작용한다.[288] 이와 같은 부끄러움의 정서는 자성을 유도하여, 깨달음과 실천으로 나아가는 계기를 마련한다. 또한, 후회와 뉘우침의 감정[悔] 또한 과오를 자각하고 이를 교정하는 계기를 마련하는 중요한 동력이다. 과오의 개선을 통해 불편한 감정을 해소하는 과정에서 인간은 인격적으로 성숙하게 되며, 도덕적 삶이 가져다주는 내면의 평정과 도덕적 기쁨 및 즐거움을 누릴 수 있다. 이러한 맥락에서 자성 교육은 도덕적 감정의 정화와 자각을 통해 긍정적 정서를 함양하고, 도덕성과 정서의 통합을 통해 행복하고 안정된 인격 형성을 도모할 수 있다. 공자는 "내면을 성찰하여 거리낌이 없으면, 무엇을 근심하고 두려워하겠는가[內省不疚 夫何憂何懼]"라고 하였다. 이는 스스로 내면을 반성하여 잘못한 점이 없으면 근심하고 두려워할 것이 없게 되므로 불안으로부터 자유로운 상태에 이를 수 있음을 뜻하는 것이다. 결국 진정한 평안은 도덕적 삶을 실천하는 자

288 Seok, B.(2015), "Moral Psychology of Shame in Early Confucian Philosophy", *Frontiers of Philosophy in China*, 10(1), 21−57; Jeeloo Liu(2023), "The Moral Efficacy of the Confucian Sense of Shame", Alessandra Fussi, Raffaele Rodogno, *The Moral Psychology of Shame*, Rowman & Littlefield, 25−52.

신에 대한 신뢰에서 비롯된다.

세 번째 성취기준은 "유교의 자성 교육을 통하여 타인 · 사회 · 공동체에 대한 윤리적 책임감을 함양"하는 것이다. 유교 사상은 도덕적 성숙이 개인 내면에 국한되지 않고, 타자와의 관계와 공동체적 삶 속에서 구체화되어야 함을 강조한다. 따라서 자성 교육은 현실과 동떨어진 질문보다는 구체적인 인간관계 속에서 자신의 언행과 감정을 세심하게 점검하고 즉각적으로 교정하는 교육이 되어야 한다. 유교의 자성 교육은 타인과의 관계에서 갈등이나 문제가 발생했을 시, 외부에만 책임을 전가하기보다 자신의 덕성과 태도에 그 원인이 있는지 찾아보도록 요구한다. 남을 사랑해도 친해지지 않으면 인(仁)을 돌이켜 보고, 다스려도 따르지 않으면 智를 돌이켜 보며, 예(禮)를 베풀어도 응답이 없으면 경(敬)을 돌이켜 보는 자반(自反)의 태도는 타인과의 관계 속에서 자신의 도덕성이 충분하게 발현되었는지를 겸허하게 점검하는 것이다. 학습자는 이를 통해 타인을 이해하고 포용하는 윤리적 감수성을 증진할 수 있다.

따라서 학습자가 자성을 통해 "갈등 해결 능력을 함양"하는 것은 중요한 성취기준이 된다. 타인과의 갈등 상황에서 자신의 언행이나 태도를 살펴보는 활동을 통해 학습자는 도덕적 공감 능력과 회복적 의사소통 역량을 증진할 수 있다. 이처럼 유교의 자성 교육은 학습자가 타인과의 갈등을 해결해 나가는 과정을 통해 자신의 인격을 더욱 성숙하게 단련하고, 공동체적 삶의 윤리적 기초를 내면화하도록 유도한다.

이를 통해 학습자는 "사회 공동체에 대한 책임 있는 태도"라는 성취기준에 도달할 수 있어야 한다. 학습자는 자신의 언행이 공동체 전체에 미치는 영향을 자각하고 책임지는 태도를 가져야 한다. 유교 사상은 개인의 수양이 곧 공동체의 화평으로 나아가는 방향성을 갖는다. 군자의 자성은 개인적 만족에 그치지 않으며, 공동체 전반에 긍정적인 영향을 확산시키는 원천이 된다.

맹자는 군자의 실책이 드러나는 상황에서조차 이를 솔직하게 인정하고 개선하는 태도가 리더십의 정당성을 확보하는 조건임을 보여준다. 특히 타인의 과오는 엄격하게 지적하면서 자신의 과오를 가볍게 취급하는 것이 사회적인 책임감과 공동체의 윤리의식을 해치는 주요 원인임을 비판하고, 성숙한 사회 구성원은 스스로의 역할과 책임을 자각해야 한다고 주장한다. 따라서 학습자는 자성 교육을 통해 사회와 공동체의 구성원으로서 도덕적 책임감을 자각하고, 올바른 시민적 태도를 형성할 수 있어야 한다. 자성 교육은 교실 안에만 머물지 않고, 학교와 지역사회, 국가의 범위로 확장될 수 있어야 한다.

네 번째 성취기준은 "유교의 자성 교육을 통하여 내면의 진정성과 도덕적 초월 인식을 함양"하는 것이다. 이는 자신을 속이지 않는 태도[毋自欺]를 갖고, 자기기만을 경계하여 도덕적으로 자명한 상태를 유지하는 것이다. 학습자는 자성 교육을 통하여 "자기 내면의 진실성과 일관성을 확립하여 자기 자신을 속이지 않는 태도"를 기를 수 있어야 하며, "삶의 의미와 목표를 점검함으로써 도덕적 초월 인식을 확립"해야 한다. 이를 통해 학습자는 인간 존재의 심연에 대한 탐구가 가능하며, 사회의 규범적 질서를 넘어서는 근원적인 도덕 가치에 대한 관점과 이상을 확보할 수 있다. 자성 교육을 통해 학습자는 일상을 넘어 삶의 궁극적 의미와 목적을 탐구하고, 도덕적 행위의 근거를 존재론적 차원에서 성찰할 수 있어야 한다.

4) 평가

4.1) 평가 방향 및 방법

유교의 자성 교육을 학교 현장에서 평가하는 것은 몇 가지 난제를 안고 있다. 그것은 "학생의 내면에서 이루어지는 자기 성찰, 즉 자성의 문제를 어떻게 평가할 것인가?"에 관한 물음이다. '자성'은 본질적으로 개인의 내면 깊은 곳에서 일어나는 지극히 사적이고 은밀한 과정이다. 혹자는 눈에 보이지 않는 양심의 작용과 도덕적 감정의 변화를 '평가'라는 외적 잣대로 측정할 수 있는지 의문을 표할 것이다. 나아가 '자성'을 '평가'한다는 일 자체가 유가적 수양론의 본질을 훼손하는 것이라는 비판을 제기할 수도 있다. 그러나 교육 현장에서의 평가는 단순히 학생들이 수업 목표에 도달했는지, 누군가가 어느 정도의 성취를 이루었는지를 판단하는 데 그치지 않는다. 수업 설계 내에 놓인 평가의 과정은 학습자의 성장을 돕고 적절한 교육적 개입을 위한 피드백 과정에 필수적인 수단이다. 따라서 본 교육론은 학생들이 진정한 '자성'의 개념을 내면화하도록 돕고, 교육과정과 수업 장면, 평가가 하나의 교육적 흐름으로 이어지도록 설계되었다. 학습자는 평가 과정을 통해 '자성'이라는 궁극적인 교육 목표에 도달할 수 있다. 나아가 이는 곧 2022 개정 교육과정의 평가 목적이 지향하는 바, 학생의 도덕적 성장을 지원하는 과정으로서의 평가를 실시하려는 시도와 맞닿아 있다.

학교 현장의 교사들은 대부분 평가의 공정성과 객관성에 대한 근거를 확보하는 일에 부담을 느낀다. 또한 학부모의 민원 및 성적 이의 제기 등이 발생할 경우를 대비하고자, 명확한 정답이 존재하는 선다형이나 서술·논술형의 지필 평가를 선호하는 경향이 있다. 본 교육론은 이러한 교사들의 부담을 최대한 경감하면서도 유교 자성론의 본질을 훼손하지 않는 평가 방향을 선정하기 위해 노력하였다. 또한, 평가가 도덕적 우열을 가리거나 서열화하는 도구가 아닌, 자기 성장을 확인하고 격려하는 자성적 수양의 연장선임을 명확히 하여 학생들의 심적 부담 또한 완화하고자 하였다. 유교의 자성 교육이 지향하는 구체적인 평가의 방향은 다음과 같다.

① 성장 지향 평가: '과정중심평가'를 통한 자성의 구현

본 교육론의 평가는 타인과 우열을 가리는 상대 평가를 지양한다. 대신 학습자 개인의 도덕적 성숙과 변화에 초점을 맞추는 성장 지향 평가를 추구한다. 자성은 본질적으로 어제보다 나은 오늘의 나를 지향한다. 이는 곧 유교의 '위기지학(爲己之學)'과 맥을 같이한다. 위기지학이 끊임없는 자기 성찰을 전제로 하듯, 유교의 수양이 교육 현장에 효과적으로 적용되기 위해서는 학생 개인의 자기 주도적 학습 능력 정착이 필수적이다. 따라서 '자성'의 진정한 의미를 실현하기 위한 수업 설계는 교사에 의한 평가뿐만 아니라 학생의 '자기평가'를 적극 도입해야 한다.

학습자 개인의 성장과 변화에 초점을 맞추는 해당 평가 방향은 현행 교육과정에서 강조하는 '과정중심평가'의 개념을 통해 구체화된다. '과정중심평가'는 수행의 '과정'을 평가하고 피드백을 제공함으로써 학생의 실제 수행 능력을 향상시키는 것을 평가의 본질로 삼는다. 이는 또한 '교육과정-수업-평가'를 유기적으로 통합한다. '과정중심평가'는 답이 무엇인지 질문하는 대신 왜 그렇게 생각하는지를 물음으로써, 학습자가 자기 주도적인 학습 과정을 익히도록 돕는다.[289] '과정중심평가'는 자신의 학습 수준을 스스로 진단하며 학습의 향상을 도모한다는 점에서 본 교육론에 적합한 평가 방향이라 할 수 있다.

② 학습자 맞춤 평가: '생태학적 접근 평가'를 통한 유교적 자성의 구현

자성은 학생 개인이 1) 도덕적 과오를 '인지'하고, 2) 뉘우침과 후회의 '감정'을 겪으며, 3) 이를 '교정'하려는 지속적인 시도와 노력의 종합으로 이해할 수 있다. 흔히 사용되는 평가 방식은 학생이 1) 도덕적 과오를 얼마나 자각했는지, 2) 그때 느낀 감정적 동요는 어떠했는지, 3) 이를 교정하기 위한 개인의 각오와 행동은 어떠할 것인지에 대한 개별적 접근이다. 대체로 지필형 활동지를 통해 교사의 사후적 평가 및 관리 과정을 거치게 된다. 그러나 이러한 평

289 김정민(2018), 「과정중심평가의 개념과 교육적 의의 탐색」, 학습자중심교과교육, 학습자중심교과교육연구, 839-859.

가 방식은 본 교육론의 철학적 전제와 근본적으로 부적합한 측면이 있다. 그것은 유교의 심성론이 인식과 감정, 행위 영역을 나누어 이해하지 않는다는 것이다. 가까운 예로, 맹자의 사단을 들 수 있다. 도덕적 과오에 대한 '앎'은 '수오지심'과 같은 부끄러움과 미워함이라는 정서적 반응으로 드러난다. '측은지심' 또한 마찬가지이다. 우물에 빠지려는 아이를 '발견'한 즉시 행해지는 본능적 움직임은 앎과 행위, 측은함이라는 감정적 동요를 분리해서 설명하지 않는다.

이를 위해 본 교육론은 비교적 최근에 활발하게 논의되기 시작한 학습에 대한 '생태학적 접근 방식'을 따른다.[290] 자성의 통합적 특징을 평가에 반영하기 위해서는, 학습자를 둘러싼 맥락과 상호작용을 중시하는 관점이 필요하다. 생태학적 접근에서 학습이란 일상적인 삶의 과정 그 자체이다. 즉, 인간의 발달과 학습은 고립된 인지 작용이 아니며, 개인이 처한 환경과의 유기적인 상호작용이다. '생태학적 접근'은 대상을 더 이상 쪼갤 수 없는 요소로 분해하여 이해하려는 기계론적 환원주의에 대한 반발이자, 부분들의 관계와 전체를 조망한다는 점에서 유가 자성론에 잘 조응하는 평가 방식이다.

해당 접근 방식을 활용한 평가는 개개인이 다층적인 생태학적

290 백순근(2002), 「학습에 대한 생태학적 접근이 교육평가에 주는 시사」, 서울대학교 교육연구소, 아시아교육연구, V3(1), 27-42.

환경에 놓여 있다고 가정한다. 그러므로 교사는 학생이 처한 환경을 제대로 파악하고 그것을 적절히 조정 · 보완하는 데 초점을 맞추어야 한다. 학생을 서열화 · 점수화하여 선발하는 방식 대신 자신이 처한 환경에 잘 적응하여 삶을 올바르게 꾸려가는 개인이 되도록 돕는 것이다.

예를 들어, 교사는 다음과 같은 요소들을 평가에 반영할 수 있다. 다문화 가정의 학생의 경우이다. 이 학생들에게는 유교 문화권 특유의 부끄러움이나 체면에 대한 정서적 문법이 익숙하지 않을 수 있다. 따라서 교사는 해당 학생의 문화적 배경 안에서 도덕적 부끄러움이 어떻게 표현되는지 이해하려는 개별적 평가 기준을 마련하는 것이 좋다. 가정의 사회 · 경제적 환경과 양육 태도 또한 중요한 고려 대상이다. 학교 현장에는 생계 유지가 시급하여 부모의 세심한 양육이 상대적으로 어려운 환경에 처한 학생들이 있다. 이 학생들은 차분히 앉아 내면을 성찰하는 물리적 · 심리적 경험과 여유가 부족하다. 반대로 지나치게 억압적인 가정환경에 놓인 학생들은 처벌에 대한 두려움으로 인한 방어기제가 높다. 이들이 진실하고 용기 있는 '자성'으로 나아가는 일은 다른 학생들에 비해 많은 시간과 노력이 요구된다. 교사는 이러한 학생들의 상황을 세심하게 파악해야 한다. 비록 이들의 변화가 다른 학생들에 비해 더딜지라도 미세한 기미를 놓치지 않고 긍정적으로 강화하는 개별적 평가 기준이 필요하다. 이는 곧 본 교육론의 평가가 학생의 도덕적 효능감을 회복시키는 기제로 작용할 수 있음을 시사한다.

③ 비공개와 비밀보장 원칙: 학습자의 심리적 부담 완화를 통한 자성의 진실성[誠] 확보

학생들은 평가가 공개적으로 이루어지거나 타인과 비교되는 환경일수록 부정적 평가에 대한 두려움을 느낀다. 이 두려움의 감정은 타인이 자신을 어떻게 평가할지에 대한 불안한 기분의 문제로 환원할 수 없다. 그것은 학습과 성장을 가로막는 부정적 태도를 유발하며 평가 결과에 대한 변명을 위해 노력을 중단하는 등의 '자기손상화' 전략을 사용하게 만든다.[291] 자성 교육의 맥락에서 보면, 이러한 평가 환경은 학생들에게 솔직한 자기 고백 대신 거짓 반성이나 자성 자체를 거부하는 태도를 유발할 위험이 있다.

평가 환경에 대한 연구 결과에 따르면 학생들은 사적인 평가 환경이 조성될 때 타인의 시선에서 자유로워지며 자신의 무능을 감출 필요를 느끼지 않게 된다.[292] 자성은 자신의 허물을 직면하는 과정으로 진실성을 확보하는 일이 중요하다. 따라서 본 교육론의 평가 비공개 원칙은 학생의 사생활을 보호하는 동시에 심리적 방어벽을 허물고 자신의 내면을 있는 그대로 드러내게 만드는 장치이다.

291 최자현(2015), 「목표유형과 공적 자의식이 행동적 자기손상화, 부정적 평가에 대한 두려움, 학업수행에 미치는 영향」, 서울대학교 대학원 석사학위논문.

292 상동, 6-7.

그런데 아무리 비공개를 원칙으로 한다 해도, 교사가 평가 주체로 존재하는 한 학생들은 제3자의 시선과 판단에서 완전히 자유로울 수 없다. 이에 본 교육론은 학생이 자신의 성향과 자성의 내용에 따라 평가 공개의 범위를 스스로 결정할 수 있도록 다음과 같은 선택지를 제공한다.

표 7. 자성 평가 결과의 공개 범위(학습자 선택)

평가 공개 범위	내용
완전 비공개	학생이 자신의 내밀한 성찰의 기록을 아무에게도 공개하지 않는 방식이다. 이는 '신독'의 실천을 평가 과정을 통해 완성하는 일이기도 하다. 교사는 학생이 작성한 자성의 구체적 내용을 확인하지 않는다. 대신 학생이 제출한 '신독 수행 확인서'와 같은 간접적인 방식을 통해 자성의 이행 여부만을 확인한다.
교사 공개	학생이 신뢰할 수 있는 교사에게 자신의 성찰 기록을 공개하며, 교사는 필요시 상담을 통한 도덕적 조언과 격려를 제공할 수 있다. 교사는 비밀 보장의 의무를 유지한다.
또래 공개	소집단 모둠 활동을 통해 신뢰하는 친구들과 자성의 내용을 공유한다. 유가적 가치 중 하나인 붕우유신(朋友有信)을 전제로, 학생들은 자신의 모둠에서 서로의 허물을 비춰주고 격려하는 상호 피드백 과정을 거친다.
	학생이 신뢰할 수 있는 친구 1인에게만 성찰의 내용을 공개한다. 선택받은 학생은 친구의 성찰문에 대한 비밀유지 서약서를 작성하거나 비밀유지와 관련한 의무를 공언함으로써 자신의 성찰문을 공개해 준 친구에 대한 예의와 신의를 지키도록 안내한다. 후에 친구의 성찰문을 진지하게 읽도록 지도하고, 공감과 격려의 코멘트를 작성한다.

혹자는 내용을 확인하지 않는 완전 비공개 방식이 어떻게 평가의 기능을 할 수 있느냐고 반문할 수 있다. 그러나 본 교육 평가의 본질적 목적이 학생의 자성 정도를 서열화시키고, 상대적 위치를 파악하고자 함이 아니라는 사실을 염두에 두어야 한다. 자성을 위해 설계된 본 교육론은 자신의 내면을 정직하게 바라보고 인정하는 진실성을 통해 그 성공 여부가 좌우된다고 해도 과언이 아니다. 좋은 성적을 받기 위해 거짓으로 꾸며낸 성찰문은 평가를 위한 평가일 뿐 학생의 도덕적 성숙과 인격 성장에 도움이 되지 않는다. 비록 교사는 직접 확인하지 못할지라도 학생이 경험한 진실된 성찰은 본 교육론이 지향하는 궁극적 목표와 잘 조응한다. 즉, 학생들에게 평가의 공개 범위를 선택하도록 재량권을 주는 방식은 가장 진실한 성찰을 위한 심리적 환경을 제공하는 교육적 조치이다.

④ 체험형 평가: 체험을 통한 '수업–평가'의 유기적 통합

체험형 평가는 말 그대로 학생들에게 자성을 직접 경험할 수 있는 환경을 제공함으로써 '교육과정–수업–평가'를 유기적으로 통합하려는 시도이다. 학생들은 이를 통해 학습의 종료 후에 오는 측정을 평가로 인식하는 대신, 평가의 순간 자체가 곧 자성의 훈련이라는 생각의 전환을 경험할 것이다. 이는 최근 강조되는 '학습으로서의 평가'를 구현하는 시도이기도 하다.

'학습으로서의 평가'는 기존의 평가가 학습의 종료이자 측정의 의미를 지녔던 데서 벗어나 그 자체를 또 하나의 학습 과정으로 바라보는 패러다임의 전환을 가리킨다.[293] 자성 교육의 맥락에서 보면, 교실에서 이루어지는 평가 장면이 또 다른 자성을 경험하는 교육적 환경을 제공하도록 구성되어야 함을 의미한다.

이와 같은 평가의 구성은 특히 '신독'을 체득하는 데 도움을 줄 수 있다. 예를 들어, 교사는 학생들에게 '무감독 시험' 혹은 '자율 과제 수행'과 같은 평가 경험을 제공한다. 교사가 지켜보지 않는 시험 상황 혹은 마감 기한이 정해져 있지 않고, 학생부에 반영되지 않는 자율 과제는 마치 타인이 지켜보지 않고 홀로 존재할 때 스스로를 삼가야 하는 '신독'의 상황과 유사하다. 무감독 시험이나 자율 과제 수행의 제시는 학생들이 그 과정에서 자신의 내면과 싸우고, 도덕적 원칙을 되새기며, 스스로 옳은 길을 선택할 줄 아는 '신독'의 능력을 기르기 위함이다. 이때, 교사는 시험의 결과 혹은 과제 제출 여부를 평가 대상으로 삼지 않는다. 평가는 학습자가 겪은 '경험의 질'에 초점을 맞추어 사후 성찰문과 같은 방식을 활용한다.

4.2) 평가 내용

다음은 2022 개정 도덕과 교육과정의 구성 체계를 기본 틀로 하여 '지식 · 이해', '과정 · 기능', '가치 · 태도'의 각 영역에서 유교 자

293 손호연(2025), 「'학습으로서의 평가' 관점에 의한 문법 평가 문항 해결 경험 연구」, 서울대학교 대학원 석사학위논문.

성 교육론의 평가 내용을 추출한 것이다. 다만, 내용의 중복을 막고 간결한 평가 내용 체계를 제공하기 위해 '가치 관계 확장' 영역 구분과 각 유교 문헌별 내용 요소 분류는 생략하였다.

본 교육론을 지도하는 교사는 아래의 표를 참고하여 평가 계획을 구성할 수 있다. 제시된 평가 요소는 평가의 대상임과 동시에 수업을 통해 학생들에게 전달해야 하는 핵심 내용이기도 하다. 교사는 아래 제시된 평가 내용의 성취 여부를 모두 측정할 필요는 없다. 그러나 수업 장면을 구성하는 데 참고한다면 수업과 평가를 하나의 흐름으로 설계할 수 있어, 양자의 이질성을 극복하는 데 도움을 얻을 수 있을 것이다.

표 8. 유교 자성 교육론의 평가 내용 요소

영역	평가 요소	내용
지식·이해	자성의 의미와 필요성	유가에서 말하는 자성이 도덕적 자아를 회복하는 수양 과정임을 이해하기
	자성의 핵심 개념 이해	책기(責己), 내자송[內自訟], 반구저기(反求諸己), 숙찰(孰察), 신독(愼獨), 성의(誠意), 무구(无咎)와 회(悔), 기미[幾] 등 자성 관련 주요 개념의 의미 파악하기
	부정적 정서의 원인	자신의 마음이 흔들리는 원인이 내성(內省)의 부재, 자포(自暴)와 자기(自棄)의 태도, 중화(中和)의 상태에서 벗어남에 있음을 알기
	도덕적 감정의 기능	부끄러움과 뉘우침이 자성의 동력이자 긍정적 변화의 신호임을 이해하기

과정·기능	기미[幾] 포착하기	일상생활에서 선과 악이 갈라지는 미세한 마음의 움직임을 민감하게 감지하기
	자기 객관화 및 성찰	자신의 언행과 마음가짐을 충서의 원칙에 비추어 객관적으로 점검하기, 언행의 일치를 살피기[言顧行, 行顧言]
	신독의 실천	남이 보지 않는 곳에서도 스스로 세운 도덕 원칙을 지키고 삼가 실천하기
	과오 개선[改過]의 실천	자신의 과오를 인정한 후, 이를 바로잡기 위한 구체적인 계획을 수립하고 지속적으로 실천하기
가치·태도	진실함·정성됨[誠]과 무자기(毋自欺)	자신의 감정과 허물을 속이지 않고 있는 그대로 직면하는 태도 기르기
	도덕적 민감성	불의나 도덕적 과오에 대해 부끄러워하고 미워할 줄 아는 자세 기르기
	과오 개선의 용기	잘못을 덮으려 하기보다 솔직하게 인정하고, 자신의 과오를 고치는 데 주저하지 않는 태도 갖기
	내면의 평정	도덕적 삶을 실천하는 과정에서 내면의 평화와 만족을 누리는 즐거움[樂]의 정서를 형성하기

제시된 '평가 내용 체계'는 2022 개정 도덕과 교육과정의 범주(지식 · 이해, 과정 · 기능, 가치 · 태도)를 따름으로써, 학교 현장의 교사들이 수업을 설계하고 교육과정을 재구성하는 데 편의를 돕고자 작성된 것이다. 그러나 필자는 이러한 영역 구분이 자칫 유가 사상의 총체적 관점을 훼손할 수 있음을 경계한다. 앞서 논의한 바와 같이 유가 사상에서 도덕적 지식과 감정, 실천적 행위는 분리되지 않는다. 본 교육론에서 학습자의 앎은 감정과 행위를 대표하며, 심정적 변화 또한 앎과 행위의 또 다른 표현으로 사용된다. 마찬가지로 행위의 변화가 나타난다면 그 안에는 학습자의 지와 정에 대한 변화도 함께 이루어진 것으로 이해한다.

그러므로 교사는 표 8을 참고하여 통합적 평가 형태를 구성해야 한다. 실제 평가에서는 교사의 자율적인 판단과 재량을 바탕으로 교실의 특수한 맥락을 반영하는 과정이 필요하다. 예를 들어, 과정 · 기능 범주의 '과오 개선[改過]의 실천'은 지식 · 이해의 '도덕적 감정의 기능' 및 가치 · 태도의 '과오 개선의 용기'를 총체적으로 체득한 학습자만이 보여줄 수 있는 수업 장면이 된다. 과오 개선[改過]의 대상이 되는 도덕적 과오가 무엇인지 이해하고, 이에 대한 감정적 변화를 경험하는 일은 개과를 수행하기 위한 기제가 되기 때문이다. 마찬가지로, 가치 · 태도의 '내면의 평정'은 지식 · 이해의 '부정적 정서의 원인'과 과정 · 기능의 '기미[幾] 포착하기'의 유기적 결합을 통해 나타나는 학습자의 마음 상태이다. 욕망이 일어나는 미세한 기미를 포착하여 제어하는 실천적 과정 없이는 내면의 평정을 유지할 수 없다.

그러므로 교사는 각 범주의 평가 요소들을 개별적으로 측정하기보다, 학생들의 구체적인 삶의 맥락과 수업 장면을 통해 자성의 측면들을 통합적으로 살펴야 한다. 유교적 자성 교육이 지향하는 바, 성숙한 도덕적 인격으로 나아가는 일은 유교의 통합적 인간상을 전제로 삼기 때문이다. 만약 평가에서 이와 같은 통합적 전제가 훼손된다면, 앞서 제시한 '평가 내용 체계'는 형식적인 점검표 이상의 의미를 갖지 못한다. 이러한 통합적 평가의 몇 가지 구체적 적용 사례는 '3장. 3) 수업의 실제'에 함께 제시되어 있으므로 관련 내용을 참고하여 재구성할 수 있을 것이다.

5) 교육 내용 요소

유교의 자성 교육 내용 요소는 자성 교육을 성립시키는 핵심적인 이론적 토대를 이루며, 이러한 내용 요소를 체계적으로 정립함으로써 유교 자성론의 사유 구조를 교육적으로 재구성하고 실제 수업 장면에 적용 가능한 교수 · 학습 내용으로 전환할 수 있다. 본 절에서는 유교 자성론이 지닌 철학적 특성과 교육적 함의를 명확히 드러내기 위해 그 특징적 사유를 문헌별로 구분하여 제시하고, 내용 요소가 중복되는 경우에는 그 의미와 맥락이 보다 분명하게 나타난 문헌에 포함한다. 각 문헌의 자성론을 바탕으로 그 핵심 내용을 교육적 관점에서 재구성하고, 이를 바탕으로 유교의 자성 교육의 내용 요소와 그 구체적 교육 내용을 도출한다.

① 공자 자성론의 교육 내용 요소

공자의 자성론은 유교의 자성 개념의 기초적 틀을 마련한다. 공자의 자성론은 도덕교육이 지향하는 자율적인 도덕 주체 육성의 과정에서 핵심적 역할을 수행한다. 자신의 과오를 즉시 교정하고 반복하지 않도록 노력하는 태도, 자기 잘못을 외면하지 않으려는 용기 등은 학습자가 스스로를 주체적으로 돌보며 성장하는 기제로 작동한다. 이를 근거로 한 유교의 자성 교육의 내용 요소는 '1. 자성의 기준으로 충서를 적용하기', '2. 언행의 일관성 점검하기', '3.

타인을 거울삼아 성찰하기'가 있다. 다음 표는 각 내용 요소를 바탕으로 그 구체적 교육 내용을 제시한 것이다.

표 9. 『논어』에 근거한 유교의 자성 교육 내용 요소

내용 요소	구체적 교육 내용
1. 자성의 기준으로 충서 적용하기	(1) 남을 위한 일을 할 때 진심에서 우러나오는 태도로 임했는지를 되돌아보고, 상대의 입장을 고려하지 않은 일방적 배려로 인해 불충한 태도가 나타나지 않았는지를 점검하기 (2) 가족이나 친구, 선후배 등 다양한 인간관계에서 자신이 원하지 않는 방식이나 태도를 타인에게 취하지 않았는지를 되돌아보기 (3) 타인의 처지를 헤아리는 마음으로 나의 언행을 조율하기
2. 언행의 일관성 점검하기	(1) 스스로 충분히 내면화되지 않은 내용을 다른 사람에게 가르치거나 말한 적은 없었는지 점검하기 (2) 자신의 평소 말투가 과장되거나 허위로 흐르지 않는지 돌이켜 보기 (3) 자신의 행동이 말한 바와 일치하였는지 돌아보며, 언행의 균형이 무너진 사례가 있었는지를 성찰하기 (4) 자신이 타인에게 제시한 기준이나 도덕적 요구를 스스로 실천하였는지를 되돌아보며, 도덕적 권위의 근거를 자신의 삶 속에서 확보하려는 자세를 갖추기
3. 타인을 거울삼아 성찰하기	(1) 타인의 덕스러운 행동을 보았을 때, 자신도 그와 같이 되기를 바라는 마음으로 행동 방향을 설정하기 (2) 타인의 도덕적 결함을 보았을 때, 그 모습이 자신 안에도 잠재되어 있지는 않은지 되돌아보기 (3) 일상의 다양한 상황 속에서 타인의 언행을 도덕적 거울로 삼아 자신의 행동과 감정을 점검하기 (4) 외부에서 관찰되는 갈등, 불선, 부도덕의 장면을 통해 스스로의 태도와 습관을 재검토하고 필요한 교정을 실천하기

'1. 자성의 기준으로 충서 적용하기'는 충서를 성찰의 준거로 삼아, 자신의 행위와 판단이 타인에 대한 진실성 및 상호 배려의 요구에 부합하는지를 점검하는 것이다. 구체적 교육 내용은 다음과 같다. 첫째, 교사는 충서의 윤리를 설명하고, 자신의 행동이 진심으로부터 우러나오는지, 상대의 입장을 충분히 헤아렸는지를 성찰하게 함으로써, 무의식적이거나 일방적인 배려가 不忠의 모습으로 나타나지 않도록 유도한다. 둘째, 가족이나 친구, 선후배와의 관계 속에서 자신이 싫었던 부정적 행동을 오히려 자신이 그대로 반복하지는 않았는지 점검하며, 도덕적 상호성을 기반으로 자신의 행동을 교정하는 습관을 기르게 한다. 셋째, 다른 사람의 처지와 입장을 능동적으로 고려하여 언행을 조율하는 태도를 강조한다. 이는 도덕적 판단과 행위를 자신의 진심과 타자에 대한 배려를 기준으로 다시 점검함으로써, 자성의 과정을 일상적 관계 속에서 지속적으로 실천하도록 이끈다.

'2. 언행의 일관성 점검하기'는 자신의 말과 행동 간의 일치를 지속적이고 체계적으로 점검하는 구체적 성찰 행위를 의미한다. 공자는 언어가 반드시 행위와 부합해야 하며, 이 두 가지의 조화가 도덕적 신뢰성을 확보하는 핵심 요건이라고 강조한다. 이를 구체적 교육 내용으로 제시하면 다음과 같다. 첫째, 교사는 학습자로 하여금 스스로 충분히 내면화되지 않은 가치나 규범을 타인에게 가르치거나 권유한 경험이 있었는지를 돌아보게 유도한다. 둘째, 평소 자신의 언어 습관이 과장되거나 허위의 형태로 나타나지 않았는지, 습관적인 변명이나 자기 합리화에 머무르지 않는지 철저하게 점검하는 기회를 제공한다. 학습자는 자신의 말투나 단어 선택에 대해서 비판적으로 점검해야 한다. 셋째, 자신의 행동이 스스로 언급한 가치와 기준에 실제로 부합하였는지를 되돌아보는 기회를 제공하고, 그 과정에서 언행의 균형이 무너진 구체적 사례를 인식하고 그것을 교정의 계기로 삼게 한다. 넷째, 타인에게 제시한 도덕적 기준이나 요구가 자신의 삶 속에서는 얼마만큼 실천되고 있는지를 성찰하게 하여 도덕적 권위가 자기 삶의 일관된 실천에서 비롯된다는 점을 자각하게 한다. '언행의 일관성 성찰하기'는 도덕적 위선을 경계하고, 말과 행동이 상호 정합적으로 결합된 인격적 신뢰를 형성함으로써 유교의 자성이 지향하는 진정성 있는 도덕 주체의 형성을 가능하게 한다.

'3. 타인을 거울삼아 성찰하기'는 타인의 언행을 반면교사 삼아 자신의 도덕적 상태를 비추어보는 것이다. 이는 타인의 행동이 곧 자성의 거울이 될 수 있다는 것을 의미한다. 이와 관련한 구체적 교육 내용은 다음과 같다. 첫째, 교사는 학습자로 하여금 타인의 덕스러운 행동을 접했을 때 그 행위를 모범으로 삼아 자신의 행동 방향을 설정하고, 나아가 그러한 덕성을 자신의 삶 속에서 구현하고자 하는 의지를 형성하게 한다. 둘째, 타인의 도덕적 결함이나 부적절한 행위를 마주할 때에는 그것을 비판의 근거로 삼는 데 그치지 않고, 유사한 경향이 자신의 내면에 잠재되어 있지는 않은지를 되돌아보며 자기 점검의 계기로 삼는 태도를 교육한다. 셋째, 일상 속 다양한 인간관계와 매체에서 접하는 타인의 언행을 도덕적 거울로 삼아, 자신의 감정과 행동을 지속적으로 점검하고 조율하게 유도한다. 넷째, 외부에서 관찰되는 갈등, 불선, 부도덕의 장면들을 바탕으로 자신의 태도와 습관을 재검토하고 필요한 교정을 실천하도록 이끈다. '타인을 거울삼아 성찰하기'는 외부의 도덕적 장면을 내면 성찰로 전환함으로써, 자성의 범위를 일상의 관계와 경험 전반으로 확장시키는 내용 요소이다.

② 맹자 자성론의 교육 내용 요소

맹자는 공자의 자성 개념을 계승하면서도, 보다 내면적이고 회복 지향적인 성격을 강조한다. 이러한 사유는 자성의 방향을 인간 내부의 심성적 차원으로 전환시켰고, 자성의 근거를 자기 자신의 마음속에서 찾고자 하였다. 맹자의 자성론은 내면적 성찰을 통한 도덕적 삶의 실천이라는 도덕과의 목표에도 부합한다. 맹자는 인간이 타고난 선한 본성을 스스로 잃어버릴 수 있다는 점에 주목하고, 그에 대한 성찰과 회복 과정을 자성의 중심으로 삼았다. 맹자는 잘못을 저질렀을 때 원인을 외부에서 찾기보다, 내면적 고민이 먼저 이뤄져야 함을 강조한다. 학습자도 이 관점을 받아들이면, 매사에 내가 본래 선한 가능성을 지닌 존재임을 잊었기 때문이 아닌지 스스로 성찰하고, 본래의 양심을 되살려 보려는 의지를 갖게 된다. 이를 통해 학습자는 자책감이나 죄의식에 빠지지 않고, 자기 내부의 선함을 회복하는 데 집중할 수 있다.

또한, 맹자는 반신(反身)과 자반(自反) 개념을 통해, 자기 자신을 반성하는 태도를 강조한다. 맹자는 자사 계열 문헌에서 나타나는 반기(反己) 사상을 수용하여, 이를 반신과 반구저기(反求諸己)의 사유로 강화하였다. 특히 자반이라는 용어를 사용함으로써, 반성의 주체가 도덕적 주체로서의 자기 자신임을 명확히 하였다. 이는 타인과의 충돌이 발생했을 때 흔히 친구나 주변 상황 탓을 하려는 경향을 지양하고, 자신이 지켜야 했던 도덕적 덕목을 놓치지는 않았는지 점검하게 만든다. 타인에 대한 책임 전가 대신 자신의 언행이 먼저 도리에 합당했는지를 성찰함으로써, 학습자는 타인을 진정성 있게 대하는 태도를 배우게 된다.

또한, 맹자는 자성이 가져다주는 긍정적 결과로 심리적 안정과 도덕적 즐거움[樂]을 제시했다. 이는 도덕 교과가 추구하는 행복과 마음의 평온이라는 주제와 자연스럽게 연결된다. 학습자는 자신이 참으로 떳떳하고 부끄러움이 없는 상태에 이르면, 순간적인 걱정이나 스트레스에 흔들리지 않는 내적 평화가 가능하다는 맹자의 논리를 학습으로 구체화할 수 있다. 자성을 통해 실제로 언행을 개선하고 나면, 마음이 얼마나 가벼워지고 편해지는지 직접 느껴 볼 수 있다. 맹자의 자성론을 매개로 잘못을 해소한 뒤 오는 안도감과 기쁨을 자발적으로 발견하게 하는 것은 학습자의 자기 통제력과 긍정적 자아관 형성에도 도움이 된다.

『맹자』를 근거로 한 유교의 자성 교육의 내용 요소는 '1. 도덕적 갈등 상황에서 자반과 반구저기 이해 및 적용하기'와 '2. 부끄러움에 기반한 자성을 통해 도덕적 즐거움에 도달하기'가 있다. 각 내용 요소와 그 구체적 교육 내용을 표로 나타내면 다음과 같다.

표 10. 『맹자』에 근거한 유교의 자성 교육 내용 요소

내용 요소	구체적 교육 내용
1. 도덕적 갈등 상황에서 자반과 반구저기 이해 및 적용하기	(1) 남을 배려하고 존중했으나 그와 친해지지 못했다면, 자신의 仁을 되돌아보기 (2) 남을 이끌고 싶었으나 뜻대로 되지 않았다면, 자신의 지혜[智]를 되돌아보기 (3) 예(禮)를 다했음에도 상대가 감응하지 않았다면, 자신의 공경함[敬]을 되돌아보기 (4) 상대방이 속상하거나 화가 난 모습을 보일 때, 자신의 의도와 감정이 전달되는 과정에서 왜곡이 있었는지 점검하기
2. 부끄러움에 기반한 자성을 통해 도덕적 즐거움에 도달하기	(1) 부끄러움의 감정을 회피하지 않고, 도덕적 자각과 성찰의 계기로 삼기 (2) 부끄러움을 느낀 경험이 도리어 자신의 도덕적 본성이 살아 있음을 확인하게 한다는 점을 인식하기 (3) 잘못된 행동을 스스로 교정하는 과정이 도덕적 즐거움이라는 긍정적 정서로 이어짐을 체험하기 (4) 자성은 죄책감과 자기 비하로 귀결되지 않으며, 자기 존중과 내면의 평화를 얻기 위한 과정임을 이해하기

'1. 도덕적 갈등 상황에서 자반과 반구저기 이해 및 적용하기'는 인간 관계에서 나타나는 불화와 긴장의 원인을 외부 조건이나 타인의 태도로만 돌리지 않고, 자신의 태도를 우선적으로 점검하는 것이다. 구체적 교육 내용은 다음과 같다. 첫째, 타인을 배려하고 존중했으나 관계가 원만하게 형성되지 않았을 때 그 책임을 상대에게 전가하기보다, 자신의 인(仁)이 충분히 구현되었는지를 되돌아볼 수 있어야 함을 이해시킨다. 둘째, 타인을 선한 방향으로 이끌고자 했으나 뜻대로 이루어지지 않았을 경우, 자신의 지혜가 상황과 인물에 합당하게 발휘되었는지를 점검해 보게끔 유도한다. 셋째, 예를 다하였다고 여겼음에도 상대가 감응하지 않았을 때, 형식적 행위에 그친 것은 아니었는지, 혹은 공경함의 진정성이 결여되지는 않았는지 성찰하는 방법을 제시한다.

넷째, 상대가 서운함이나 분노와 같은 부정적 감정을 드러낼 때, 자신의 의도가 전달되는 과정에서 왜곡이 있었는지를 점검하는 태도를 학습하게 한다. 이러한 교육 내용은 도덕적 갈등을 자기 성숙의 계기로 전환시키며, 도덕적 판단과 감정, 실천을 자기 내부에서 통합적으로 재구성하게 하는 유교 자성론의 교육적 의의를 잘 드러낸다.

'2. 부끄러움에 기반한 자성을 통해 도덕적 즐거움에 도달하기'의 구체적 교육 내용은 다음과 같다. 첫째, 학습자가 부끄러움을 느끼는 경험을 감정의 불편함으로 인식하지 않고, 자신의 윤리적 기준이 작동하고 있다는 증거로 해석할 수 있도록 안내해야 한다. 이는 학습자가 경험한 부끄러움의 원인을 성찰하고 그것이 어떤 도덕 규범과 충돌했는지를 분석하게 함으로써 가능하다.

둘째, 부끄러움을 느낀 경험이 곧 자기 내면에 도덕적 본성이 살아 있음을 드러내는 징표임을 인식하도록 유도해야 한다. 이는 감정의 긍정적 전환을 가능하게 하며, 학습자가 자신의 감정을 도덕적 자산으로 수용할 수 있도록 한다. 이를 통해 학습자는 도덕적 감수성을 자기 성찰의 자극으로 전환하는 방법을 학습하게 된다.

셋째, 학습자가 도덕적 실수를 스스로 인식하고 교정해 나가는 과정 속에서, 내면의 성숙과 윤리적 기쁨을 경험할 수 있게 해야 한다. 예를 들어 학습자는 자성을 통해 실제로 언행을 개선하고 나면, 마음이 얼마나 가벼워지고 편해지는지 직접 느껴 볼 수 있다. 이를 통해 학습자는 올바른 선택과 책임 있는 실천이 가져오는 윤리적 안정감과 즐거움을 느낄 수 있으며, 이러한 긍정적 정서는 도덕적 행위를 지속 가능하게 만드는 내적 동기로 작용한다.

넷째, 자성은 죄책감이나 자기 비하로 흐르지 않고, 자기 자신을 이해하고 존중하며 내면의 평화를 회복하기 위한 적극적 과정임을 이해하도록 한다. 자성은 자신의 과오를 직면하는 데서 출발하지만, 그것이 자기 비난이나 실망감, 무기력과 우울로 고착될 때 도덕적 성장은 오히려 저해될 수 있다. 따라서 교사는 자성을 통한 과오의 인식이 책임을 수용하고 삶의 방향을 재정립함으로써 진정한 자기 존중을 가능하게 하는 과정임을 명확하게 설명해야 한다.

③ 순자 자성론의 교육 내용 요소

순자의 자성론은 체계적 학습과 외적 규범의 내면화를 통해 유교 자성론의 구조와 기제를 정교화하였다. 순자는 공자의 자성 개념을 바탕으로, 자성의 기준과 조건을 외적 규범과 학습을 통해 체계화하였다. 순자에게 있어서 자성은 지식의 축적과 규범의 체득을 전제로 한 이성적이고 의식적인 검토의 과정이다. 이 과정에서 예는 내면 성찰의 판단 기준으로 핵심적인 위치를 차지한다. 외부 준거 없이 이루어지는 자성은 도덕적 효력을 갖지 못하며, 성찰은 반드시 스승과 예의법도와 같은 외적 도덕 장치를 통해 가능하다고 보았다. 순자는 자성을 자기 단속이라는 수양 행위의 차원에서 이해하였다. 자성은 도덕 규범에 근거하여 자신의 언행을 철저히 점검하고 단속하는 규율의 실천이다.

순자의 자성론은 자성의 기준으로서 도덕규범과 스승의 역할, 공동체의 학습 환경을 강조함으로써 도덕교육에 명확한 실천적 준거를 제공한다. 순자는 인간이 본성적으로 욕망에 쉽게 흔들리므로, 자의적이고 주관적인 반성만으로는 자성이 제대로 이루어지기 어렵다고 본다. 따라서 도덕 규범과 스승의 지도를 통해 자기 행동을 지속적으로 점검하고 교정하는 것이 필수적이다. 이는 학습자가 객관적이고 사회적으로 공인된 도덕적 기준을 내면화하고 그에 따라 행동할 수 있도록 돕는 교육적 접근과 긴밀히 연계된다. 특히 교사의 적극적인 지도 아래, 학습자는 규범적 기준을 명확히 인지하고, 그 기준을 자기 삶의 맥락에 비추어 객관적이고 엄밀하게 반성함으로써 보다 구체적이고 실천 가능한 성찰 능력을 기를 수 있게 된다.

순자는 자성을 학습을 통해 축적된 지식과 이성을 기반으로 면밀하게 자신을 점검하는 숙찰의 개념으로 발전시켰다. 이는 도덕 수업에서 학습자가 자신을 깊이 있게 성찰하고 점검할 수 있도록 보다 세밀하고 지성적인 반성 방법을 제시해 준다. 숙찰은 자신의 행동과 도덕규범 간의 정합성을 철저히 검토하는 이성적이고 의식적인 과정이다. 이를 도덕교육에 적용하면, 학습자는 자신의 언행이 도덕적 규범에서 얼마나 벗어나 있는지를 지적이고 치밀하게 점검하게 되며, 이러한 체계적 성찰을 통해 도덕적 판단력과 행동 교정 능력을 효과적으로 배양할 수 있다. 『순자』를 근거로 한 유교의 자성 교육의 내용 요소는 '1. 자성의 기준과 조건 이해하기', '2. 행위와 도덕 규범의 정합성에 대해 숙찰하기', '3. 자성의 절차와 그 타당성을 검토하기'가 있다. 각 내용 요소와 그 구체적 교육 내용을 표로 나타내면 다음과 같다.

표 11. 『순자』에 근거한 유교의 자성 교육 내용 요소

내용 요소	구체적 교육 내용
1. 자성의 기준과 조건 이해하기	(1) 자성이 개인의 기호나 욕망에 의해 자의적으로 흐르게 될 때의 위험성 인식하기 (2) 객관화된 도덕 기준에 비추어 자성하는 것의 중요성 이해하기 (3) 자성이 효과적으로 작동하기 위한 조건으로 지속적인 도덕 학습과 훈련의 당위성 파악하기
2. 행위와 도덕 규범의 정합성에 대해 숙찰하기	(1) 자신의 언행을 돌이켜 보고, 그것에 적용 가능한 도덕 규범이 무엇인지 탐색하기 (2) 자신의 행위와 도덕 규범 사이의 부조화를 분별하는 능력을 함양하기 (3) 자신의 언행과 규범이 일치될 수 있도록 지속적으로 성찰하고 조율하기
3. 자성의 절차와 그 타당성을 검토하기	(1) 자성 과정에서 오류와 왜곡이 있었는지 확인하기 (2) 자성이 규범적 기준에 비추어 자신의 행위의 정합성을 판단하고 조정하는 과정이었는지 검토하기 (2) 자성의 과정이 실제 결과로 이어졌는지 점검하기

'1. 자성의 기준과 조건 이해하기'는 자성이 자칫 자의적이고 주관적으로 흐르지 않기 위해 중요하다. 순자는 자성의 기준으로서 도덕규범과 스승의 역할, 공동체의 학습 환경을 강조함으로써 명확한 실천적 준거와 조건을 제공한다. 순자는 인간이 본성적으로 욕망에 쉽게 흔들리기에 예의 기준이 없다면 성찰이 제대로 이루어지기 어렵다고 본다. 따라서 도덕 규범과 스승의 지도를 통해 자

기 행동을 지속적으로 점검하고 교정하는 것이 필수적이다. 이는 학습자가 객관적이고 사회적으로 공인된 도덕적 기준을 내면화하고 그에 따라 행동할 수 있도록 돕는다. 특히 교사의 적극적인 지도 아래, 학습자는 규범적 기준을 명확히 인지하고, 그 기준을 자기 삶의 맥락에 비추어 봄으로써 보다 구체적이고 실천 가능한 성찰 능력을 기를 수 있게 된다.

이를 학습 상황에 적용하여 구체화한 교육 내용은 다음과 같다. 첫째, 교사는 자성이 개인의 기호나 욕망에 의해 자의적으로 흐르게 될 때의 위험성을 제시해야 한다. 자성에 대한 기준이 명확하지 않을 경우, 자성은 자기 합리화나 책임 회피로 전락할 위험성이 있음을 설명한다. 이를 통해 학습자는 자성이 주관적 감정의 확인이나 심리적 위안에 머무를 때 도덕적 교정 기능을 상실할 수 있음을 인식하고, 자성이 반드시 규범적 기준과 결합되어야 함을 이해하게 된다.

둘째, 교사는 학습자로 하여금 자성이 도덕 규칙과 법도, 도덕적 모범과 같은 객관적인 도덕 기준에 근거하여 설정되야 함을 인지시켜야 한다. 도덕적 자기 점검은 사회적으로 인정된 기준에 기반할 때 비로소 정합성을 지니며, 그것을 기반으로 삼아야 객관적 도덕 판단이 가능하다는 점을 강조해야 한다. 이는 자성 교육이 사회적 책임과 규범 의식을 포함해야 함을 시사한다.

셋째, 교사는 자성이 효과적으로 작동하기 위해서는 지속적인 도덕 학습과 훈련이 반드시 필요함을 설명해야 한다. 이 과정에서 교사의 가르침과 조언, 그리고 학습적인 성장에 도움이 되는 배움의 환경을 조성하는 것이 중요함을 인식하게 한다.

'2. 행위와 도덕 규범의 정합성에 대해 숙찰하기'를 위한 구체적 교육 내용은 다음과 같다. 첫째, 자신의 언행이 도덕 기준과 규범에 부합하는지를 반복적으로 점검하게 함으로써, 도덕적 판단이 자의적인 감정이나 충동에 따라 이루어질 경우 발생할 수 있는 오류와 위험성을 인식하게 한다. 이를 통해 규범적 판단의 기준 없이 이루어진 언행이 타인에게 끼치는 영향과 그 사회적 파장을 성찰할 수 있게 된다. 둘째, 자신의 행동이 규범과 어긋날 경우 이를 민감하게 감지하고 그 간극을 조율하고 수정하려는 실천적 결단력을 기르게 한다. 이는 행동의 전환과 수정을 동반하는 도덕적 실행력으로 이어져야 한다. 셋째, 일상생활 속에서 예의 범절을 실천적 기준으로 삼아 자신의 판단과 실행 사이의 정합성을 지속적으로 성찰하고 조정하는 태도를 강화시킨다. 이는 자성의 과정이 도덕 규범과 실제 행위 간의 일치 여부를 확인하고 조정하려는 능동적 실천으로 나아가야 함을 보여준다.

'3. 자성의 절차와 그 타당성 검토하기'는 자성이 이루어진 절차와 과정을 단계별로 점검하며, 그것이 규범적 기준에 부합하는지, 도덕적 책임의 수용과 실천적 교정으로 정당하게 이어졌는지를 확인함으로써 자성의 타당성을 파악하는 것이다. 이를 구체적인 교육 내용으로 나타내면 다음과 같다. 첫째, 학습자가 자기 성찰 과정에서 오류가 있었는지 점검하게 한다. 성찰 과정에서 판단의 착오가 있었다면, 이를 도덕적 기준에 따라 수정하게 유도한다. 둘째, 자성이 도덕 규범과 괴리되거나 자기중심적으로 왜곡되지 않았는지를 성찰하게 한다. 이러한 교육 내용은 자성을 규범적 판단과 책임 있는 실천을 포함하는 합리적이고 정당한 도덕적 절차로 이해하도록 이끈다. 셋째, 자성이 자신의 행위에 대한 윤리적 책임을 수용하고 이후의 행동을 교정하려는 의지와 실천으로 연결되었는지를 점검하게 한다. 이를 통해 학습자는 자성이 반드시 도덕적 행위 변화로 이어져야 함을 이해하게 된다.

④ 『중용』 자성론의 교육 내용 요소

『중용』의 자성론은 도덕과에서 강조하는 자기 성찰과 도덕적 초월 가능성의 함양이라는 목표를 실현하는 데 유의미한 철학적 토대가 된다. 신독은 타인의 시선에서 벗어나 홀로 있는 상태에서 존재론적 차원의 자기 완성이라는 근본적 물음을 던지고, 스스로 이에 대한 답을 찾도록 하는 전제가 된다. 또한, 성(誠)은 인간 내면의 도덕성이 우주의 질서와 긴밀히 호응하며 합일되는 원리로 작동한다. 이는 내면의 깊은 층위까지 도달하는 성찰로 이어진다. 성지(誠之)의 태도는 天道의 역동적 원리를 지속적으로 내면화하는 과정이며, 이는 자성을 통해 인간 내면에 천도의 질서를 구현하고,

나아가 인간과 우주를 통합하는 보편적 도덕성의 완성을 목표로 삼는 것이다.[294]

따라서 유교의 자성은 궁극적으로 자기 초월과 보편적 질서와의 조화를 추구하는 심층적이고 형이상학적인 자기 수양 과정으로 자리 잡는다. 이는 자성을 내면의 심리적 차원과 존재의 근원적 영역까지 확장한 것이다. 『중용』을 근거로 한 유교의 자성 교육의 내용 요소는 '1. 삶의 목적과 본질에 대한 초월적 관점 검토하기'와 '2. 신독의 상태에서 내면 성찰하기'가 있다. 각 내용 요소와 그 구체적 교육 내용을 표로 나타내면 다음과 같다.

294 중국 철학에서 天은 여러 사상에서 덕목과 가치의 근원으로 기능해 왔다. 중국 사상 전통에서 세계를 이해하는 기본 틀은 천을 매개로 형성되며, 이는 존재 질서와 가치 질서를 동시에 포괄하는 사유 구조를 이룬다. 천은 문자 그대로 하늘이라는 자연적 의미에서 출발하지만, 점차 자연의 질서, 세계의 총체, 나아가 우주의 근본 원리까지 아우르는 개념으로 확장된다.

표 12. 『중용』에 근거한 유교의 자성 교육 내용 요소

내용 요소	구체적 교육 내용
1. 삶의 목적과 본질에 대한 초월적 관점 검토하기	(1) 자신의 삶을 돌이켜 보며 인생의 목적과 의미, 본질적 가치에 대해 탐구하기 (2) 자신이 중요하게 여기는 삶의 가치를 선택하고, 그러한 선택의 근거를 탐구하기 (3) 인간 내면의 도덕성이 보편적 질서와 긴밀히 호응하며 합일되는 근본 원리임을 이해하기
2. 신독의 상태에서 내면 성찰하기	(1) 타인의 시선과 평가가 있을 때와 없을 때, 자신의 행동이 어떻게 다른지 돌이켜 보기 (2) 타인의 시선이 닿지 않는 홀로 있음의 순간에도 스스로의 도덕성에 부끄러움이 없는지 살피기 (3) 신독이 현대 사회의 디지털 환경에서도 요청되는 윤리적 원리임을 인식하기

'1. 삶의 목적과 본질에 대한 초월적 관점 검토하기'는 『중용』의 자성론의 특성을 바탕으로 추출한 내용 요소이다. 이에 관한 구체적 교육 내용은 다음과 같다. 첫째, 교사는 학습자가 자신의 삶을 성찰적으로 되돌아보며 삶의 목적과 의미, 본질적 가치와 존재 이유에 대해 차분히 사유할 수 있도록 안내한다. 이를 통해 삶을 도덕적 가치가 구현되고 윤리적 선택이 축적되는 실천의 장으로 인식하게 한다. 이러한 성찰은 '나는 왜 살아가는가', '무엇이 내 삶을 의미 있게 만드는가'와 같은 근원적 질문을 매개로 자아에 대한 존재론적 탐구를 촉발한다. 이러한 질문을 매개로 한 성찰은 학습자

로 하여금 자신의 삶을 외부에서 주어진 역할이나 성취 기준에 의해 규정된 것으로 이해하는 데서 벗어나, 스스로 의미를 구성하고 책임지는 주체로서의 자아를 인식하게 한다. 나아가 이는 삶의 목적이 어떠한 가치와 태도를 선택하고 실천하며 살아갈 것인가라는 윤리적 문제와 긴밀히 연결되어 있음을 자각하게 한다. 결국 이러한 존재론적 탐구는 자아를 성찰과 선택, 실천을 통해 형성되어 가는 도덕적 주체로 이해하게 함으로써, 유교의 자성 교육이 지향하는 내면의 진정성과 도덕적 초월 인식의 토대를 마련한다.

둘째, 학습자는 자신이 중요하게 여기는 가치가 무엇인지 선택하고, 어떠한 도덕적 근거와 사유 과정을 통해 그러한 가치를 선택했는지를 점검할 수 있어야 한다. 이 과정에서 학습자는 자신의 가치 판단이 감정적 호오나 사회적 기대에 의해 형성된 것은 아닌지, 혹은 스스로 숙고한 도덕적 기준에 의해 정립된 것인지를 구분해 보게 된다. 나아가 그러한 가치가 실제 삶의 장면에서 어떻게 실천되고 있는지를 되돌아보며, 일상의 선택과 행동으로 구현되기 위해 요구되는 태도와 노력이 무엇인지를 점검하게 한다. 이러한 성찰은 학습자로 하여금 자신의 삶을 관통하는 핵심 가치를 자각하게 하고, 그 가치를 지속적으로 지켜 나가기 위한 자기 점검과 실천의 과제를 스스로 설정하도록 이끈다는 점에서 중요하다.

셋째, 교사는 인간의 내면적 준칙이 보편적인 도덕 원리와 깊이 연관되어 있다는 점을 인식하도록 안내해야 한다. 이를 통해 학습자는 도덕 규범을 외부에서 강제된 규칙으로 받아들이는 데 그치지 않고, 인간 존재와 세계의 구조 속에서 요청되는 보편적 가치로 이해하게 된다. 이는 인간이 어떠한 존재로 살아가야 하는가라는 근원적 질문과 연결되며, 도덕성을 삶 전체를 관통하는 원리로 성찰하도록 이끈다. 이와 같은 교육은 학습자에게 삶의 방향과 의미를 보다 깊이 있게 모색하도록 하고, 자성 행위의 근본적 동기와 목적을 자각하게 한다.

다음으로 '2. 신독의 상태에서 내면 성찰하기'는 도덕적 진정성과 자기 감찰 능력을 함양하는 내용 요소이다. 신독은 타인의 시선이 미치지 않는 고독한 상황에서조차 도덕적 긴장감을 유지하고, 내면의 일관성과 정직성을 지켜내려는 태도를 의미한다. 이에 관한 구체적 교육 내용은 다음과 같다.

첫째, 교사는 학습자가 타인의 감시나 평가가 작동하는 상황과 그렇지 않은 상황에서 자신의 행동과 마음가짐이 어떻게 달라지는지를 성찰하도록 유도한다. 이러한 차이가 확인될 경우, 그 원인을 면밀히 분석하게 함으로써 도덕적 행위가 외적 통제나 타인의 시선에 의해 좌우될 때 발생하는 한계를 인식하도록 한다. 이를 통해 학습자는 도덕성의 기준이 자기 내면의 판단과 책임 의식에 근거해야 함을 자각하게 되며, 자율적 자성의 필요성을 이해하게 된다.

둘째, 교사는 학습자가 타인의 시선이 닿지 않는 홀로 있음의 순간에도 자신의 도덕성에 대해 부끄러움이 없는지를 점검하도록 지도한다. 이는 학습자가 수행할 수 있는 과제를 통해 이루어질 수 있으며, 일기 쓰기, 비공개 자기 피드백, 내면 독백 기록과 같은 내러티브 방식으로 구체화할 수 있다.[295] 이러한 활동은 학습자로 하여금 '나는 남몰래 어떻게 행동하는가', '타인의 감시가 없을 때에도 반드시 지켜야 할 도덕적 원칙은 무엇인가'와 같은 질문을 스스로 제기하게 하여, 외적 통제가 부재한 상황에서도 자율적으로 자신을 성찰하고 조절하는 능력을 기르는 데 목적이 있다. 이를 통해 학습자는 자성이 일상의 은밀한 국면까지 확장되어 작동해야 함을 이해하게 된다.

셋째, 교사는 신독의 태도가 왜 요구되는지와 그 윤리적 타당성을 설명하고, 학습자가 이를 사회적 맥락 속에서 이해하도록 안내한다. 홀로 있음의 순간에도 자신의 행위와 내면을 엄격히 경계하고 조심하는[戒愼恐懼] 신독의 태도가 개인의 인격 수양 차원에 머무르지 않고 사회 전체의 신뢰와 질서를 유지하는 데 필수적인 근

---

295 학생 각자의 삶의 이야기를 도덕교육의 자원으로 삼는 보다 체계적인 접근으로 '실천적 내러티브 교육과정'이 중요하다. 이는 교사가 학생들이 자기 삶의 의미와 목적을 이야기로 구성해 나가는 과정을 도와주고, 그 삶의 이야기 자체가 도덕적 자기형성의 과정이 되도록 돕는 교육적 설계이다. 예를 들어 교사는 학생들에게 일상에서 부딪치는 도덕적 고민이나 선택의 순간들을 글이나 구술로 표현하게 하고, 함께 그 경험의 의미를 해석하며 바람직한 방향을 모색하는 식이다. 실천적 내러티브 접근을 실행해 본 결과 학생들은 자신의 삶 속에서 스스로 도덕적 의미를 발견하고, 과거의 행동을 재구성하면서 점차 도덕적 존재로 성장해 가는 과정이 관찰되었다. 이처럼 일상의 서사에 근거한 수업은 학생들에게 도덕적 자성과 성장의 기회를 현실 맥락에서 제공한다. 조인실(2015), 「도덕교육을 위한 실천적 내러티브 운영 사례 연구」, 한국초등도덕교육학회, 초등도덕교육50, 269-303.

거가 있음을 탐색하게 한다. 교사는 익명성이 보장된 온라인 공간에서는 타인의 시선이 부재하기 때문에, 법에 어긋나지 않는 범위 내에서라면 도덕적으로 떳떳하지 못한 언행을 비교적 쉽게 하는 사례들을 제시할 수 있다. 이를 통해 학습자는 온라인상에서 활동하는 시간이 늘어나는 사회일수록 스스로의 행위와 마음가짐을 성찰하고 조절하는 신독의 태도가 더욱 중요하다는 점을 이해하고 신독이 현대 사회의 디지털 환경에서도 요청되는 윤리적 원리임을 인식할 수 있다.

⑤『대학』 자성론의 교육 내용 요소

『대학』의 성의(誠意) 개념은 자기 마음의 참됨을 왜곡 없이 인식하고 유지하려는 진실한 태도와 관련이 있다. 이는 인간이 자신의 도덕적 감응 능력을 외부 요인에 잠식당하지 않도록, 끊임없이 내면을 경계하고 진정한 자기 자신을 보존하는 과정이다. 성의는 자기 자신에게 거짓이 없는 상태를 실현함으로써, 도덕적 실천의 내적 기반을 확보하게 한다. 이는 학습자가 도덕적 규범을 인지하고 있음에도 불구하고 실천하지 못하는 문제를 자기 기만의 제거라는 측면에서 다룰 수 있게 한다. 즉, 옳고 그름의 이치를 아는 것에서 나아가, 내면에서 자신을 속이지 않는 진실성을 갖추도록 요구한다.

또한, 수신에서 평천하로 확장되는 실천적 구조는 자성의 사회적 · 공동체적 의의를 강조한다. 자성은 자칫 개인적 문제로만 한정되기 쉽다. 하지만 유교의 자성의 범위는 개인의 도덕적 실천이 가정, 학교, 더 나아가 사회 전체의 안정과 질서 유지에 근본적 역할을 한다는 인식을 구체적으로 제시해 준다. 『대학』을 근거로 한 유교의 자성 교육의 내용 요소는 '1. 誠意를 통해 자기 진실성 확보하기'와 '2. 자성을 통한 공동체적 책임 이해하기'가 있다. 다음 표는 각 내용 요소를 구체화하여 교육 내용으로 나타낸 것이다.

표 13. 『대학』에 근거한 유교의 자성 교육 내용 요소

내용 요소	구체적 교육 내용
1. 성의(誠意)를 통해 자기 진실성 확보하기	(1) 내면의 생각과 감정을 스스로 속이지 않기[毋自欺] 위해, 자신이 감각적 쾌락과 경제적 이익, 사회적 명성 등의 조건에 휘둘리고 있지 않은지 점검하기 (2) 악을 미워하고 선을 좋아하는 감정이 스스로의 자발적인 선택인지 살피기 (3) 자신의 과오를 인정하고 반성하는 태도가 자기 진정성 있는 태도에서 비롯된 것인지 점검하기
2. 자성을 통한 공동체적 책임 이해하기	(1) 자신의 과오로 인해 가정 내에서 발생했던 갈등과 정서적 거리감을 돌이켜 보며, 가정 내에서 자신의 책임을 이해하기 (2) 학급 내에서 자신의 잘못을 돌이켜 보고, 학교 공동체 안에서 자기 책임의 몫을 분석하기 (3) 사회와 국가의 구성원으로서 정당한 역할과 도리를 다하지 못한 것은 없는지 돌이켜 보며 사회적 책임감을 파악하기

'1. 성의를 통해 자기 진실성 확보하기'에서 이를 교육 내용으로 구체화하면 다음과 같다. 첫째, 교사는 자신의 생각과 감정을 스스로 속이지 않는 태도, 곧 무자기(毋自欺)의 개념을 설명하고 그 의미를 성찰하도록 한다. 이를 통해 학습자는 자신의 판단과 선택이 감각적 쾌락이나 물질적 부, 사회적 지위와 명성, 손익 계산과 같은 외적 조건에 의해 왜곡되고 있지는 않은지를 점검하게 된다. 이러한 성찰은 외부 기준에 흔들리지 않고 자신의 내면에 정직하게 마주하려는 자기 진실성의 토대를 형성하며, 도덕적 판단과 실천이 자발적이고 일관된 내적 기준에서 비롯되도록 하는 핵심적 학습 과정으로 기능한다.

둘째, 학습자는 선에 대한 호감과 악에 대한 혐오가 진정으로 자신의 내적 의지에서 비롯된 것인지, 아니면 외적 평가나 타인의 기대에 순응한 결과인지를 성찰할 수 있어야 한다. 이를 통해 학습자는 악을 미워하고 선을 좋아하는 감정이 스스로 숙고하고 선택한 도덕적 판단에서 형성될 수 있음을 인지할 수 있다. 또한 감정과 판단의 근원이 자신의 내면에 있는지 여부를 비판적으로 검토하는 태도를 기를 수 있다.

셋째, 교사는 자신의 과오를 인정하고 반성하는 태도가 자기 진정성에 근거한 것인지를 점검할 수 있는 기회를 제공해야 한다. 학습자는 도덕적 우월감이나 위선에 빠지지 않아야 하며, 자신의 양심에 위배되는 행위에 대해서 도덕적 불편감을 느끼고 더 나은 도덕적 인간으로 성장하고자 하는 의지를 가져야 한다.

'2. 자성을 통한 공동체적 책임 이해하기'는 『대학』의 수신 · 제가 · 치국 · 평천하에 이르는 실천 구조를 구현한 내용 요소이다. 유교 사상에서 자성은 개인의 개선 차원을 넘어, 가정과 학교, 사회를 포함한 공동체 전체의 윤리적 기반을 형성한다. 이에 관한 구체적 교육 내용은 다음과 같다. 이는 가치관계 확장법의 순서를 따른 것이다.

첫째, 교사는 학습자가 자신의 과오로 인해 보호자 및 형제자매와의 관계에서 갈등이 발생한 경험이 있었는지를 되돌아보도록 안내한다. 이때 학습자는 가정에서 자신이 했던 말과 행동, 감정 표현의 방식 가운데 무엇이 문제였는지를 중심으로 반성하고 성찰한다. 이러한 성찰 과정은 가정이라는 가장 일상적이고 친밀한 공동체 안에서 도덕적 책임이 어떻게 발생하며, 개인의 행위가 관계의 질에 어떠한 영향을 미치는지를 구체적으로 인식하게 하는 데 목적이 있다. 학습자는 자신의 과오를 인식하고 책임지려는 태도가 가족 공동체의 신뢰를 회복하고 관계를 재구성하는 윤리적 토대가 됨을 자각하게 된다.

둘째, 교사는 학급 내 규칙 위반, 친구 간 갈등 등의 사례를 중심으로 학습자가 학급 공동체 안에서 자신의 행위를 되돌아볼 수 있도록 지도한다. 학습자는 문제 상황이 발생했을 때 그 과정에서 자신이 담당했어야 할 책임의 몫이 무엇이었는지를 분석하게 된다. 특히 친구의 어려움에 대한 무관심, 갈등 상황에서의 방관, 자신의 역할을 회피하는 태도가 학급 공동체의 신뢰와 소통을 약화시킬 수 있음을 인식하도록 유도한다. 학습자는 이를 통해 학습자는 자성이 교우 관계와 선후배 관계를 회복하는 데 기여할 수 있음을 이해하고, 학급 공동체의 유지와 발전에 기여하는 자신의 책무를 인식한다. 이를 통해 자신의 언행이 타인과 집단 전체에 미치는 영향을 숙고함으로써 윤리적 책임감을 내면화할 수 있다.

셋째, 교사는 자성의 범위를 사회적 삶의 차원으로 확장하여, 학습자의 공적 윤리 감수성을 체계적으로 함양할 필요가 있다. 이를 위해 교사는 학습자가 사회와 국가의 구성원으로서 수행해야 할 역할과 책임을 성찰할 수 있는 교육적 장면을 설계한다. 특히 법과 제도, 공공 규칙, 사회적 약속과 관련된 사례를 통해 학습자가 자신이 맡은 역할을 충분히 수행하지 못한 경험이나 책임을 유보했던 태도를 돌아보게 함으로써, 자성이 사회적 구성원으로서의 책임감과 연결되는 과정을 이해하도록 이끈다.

⑥ 『역전』 자성론의 교육 내용 요소

『역전』의 자성론은 도덕적 일탈의 기미[幾]를 민감하게 포착하고, 그것이 더 큰 잘못으로 발전하기 이전에 신속히 결단하여 도리를 실천하는 군자의 태도를 핵심적으로 강조한다. 이는 현실과 미래의 잠재적 위험 요소를 조기에 감지하고 선제적으로 대응하기 위한 것이다. 『역전』을 근거로 한 유교의 자성 교육의 내용 요소는 '1. 도덕적 후회[悔]의 역할 이해하고 적용하기', '2. 과오의 누적이 초래할 도덕적 위험을 인식하고 예방하기', '3. 기미를 포착하고 대처하는 결단력 강화하기'가 있다. 다음 표는 각 내용 요소를 구체화하여 교육 내용으로 나타낸 것이다.

표 14. 『역전』에 근거한 유교의 자성 교육 내용 요소

내용 요소	구체적 교육 내용
1. 도덕적 후회[悔]의 역할을 이해하고 적용하기	(1) 도덕적 후회의 의미와 중요성을 이해하기 (2) 도덕적 후회가 일어난 과정을 분석하고, 후회의 원인과 작동 기제를 점검하기 (3) 자신의 후회 경험을 바탕으로 유사한 상황에서의 바람직한 도덕 판단의 기준을 설계하고, 행동의 변화 계획 수립하기
2. 과오의 누적이 초래할 도덕적 위험을 인식하고 예방하기	(1) 사소한 잘못이 반복될 경우 도덕적 민감성이 둔화되고, 큰 악으로 이어질 수 있음을 인식하기 (2) 잘못이 깊어지기 전에 과거의 유사한 잘못을 상기하여 반복되지 않도록 예방하기 (3) 도덕적 긴장 상태가 자성에 미치는 영향의 중요성을 이해하고, 도덕적 무감각과 자기합리화를 경계하기
3. 기미[幾]를 포착하고 대처하는 결단력 강화하기	(1) 도덕적 상황에서 발생하는 감정, 유혹, 판단의 초기 징후[幾]를 감지하는 민감성 기르기 (2) 성실함과 불성실함이 갈리는 미세한 경계와 그 기미를 세밀하게 점검하고 조심스럽게 살피는 태도[審幾] 함양하기 (3) 문제의 기미를 감지했을 경우, 그것을 신속하게 결단해야 하는 중요성을 인식하기

'1. 도덕적 후회[悔]의 역할 이해하고 적용하기' 내용 요소에서 도덕적 후회[悔]는 자신의 도덕적 결함에 대한 내적 각성과 책임 자각의 표현이며, 도덕적 자성을 촉진하는 주요 계기이다. 이에 관한 구체적 교육 내용은 다음과 같다. 첫째, 교사는 도덕적 후회가 일회적인 아쉬움에 그치는 것이 아니며, 후회의 경험이 인격적 성장을 가능하게 하는 인지 · 정서적 계기가 될 수 있음을 설명한다. 학습자는 도덕적 후회가 그 행위가 왜 잘못되었는지, 자신의 판단과 동기에서 어떠한 결함이 작동했는지를 되돌아보게 하는 윤리적 감정이라는 점을 명확히 이해해야 한다. 학습자가 이러한 인식을 가질 때, 후회는 자기 혐오로 고착되지 않고, 더 나은 도덕적 선택을 가능하게 하는 학습의 출발점으로 기능한다.

둘째, 교사는 학습자에게 후회가 일어난 과정을 분석하게 함으로써, 후회의 원인과 작동 기제를 점검하게 한다. 이를 위해 자신이 후회했던 경험이 결과적인 손실에 대한 안타까움이었는지, 아니면 도덕적으로 옳지 못한 행동에 대한 양심의 각성이었는지를 구분하는 기회를 제공한다. 학습자는 후회를 불러온 상황을 분석하며, 그 안에 내재한 자기중심적 태도나 감정적 왜곡, 규범 인식의 결함을 자각하게 된다. 이는 곧 자신의 내면에서 발생한 판단이 타당했는지를 반성적으로 성찰하는 과정이다.

셋째, 교사는 도덕적 후회를 통한 도덕 원칙 재설정 활동을 통해, 도덕적 후회가 가치 기준의 재정립을 위한 중요한 자산이 될 수 있다는 점을 설명한다. 학습자는 자신의 후회 경험을 바탕으로 유사한 상황에서의 바람직한 판단 기준을 설계하고, 이를 명료하게 제시할 수 있어야 한다. 이는 앞으로는 같은 후회가 반복되지 않도록 어떤 태도를 취해야 할지를 계획하는 활동을 포함한다.

다음으로 '2. 과오의 누적이 초래할 도덕적 위험을 인식하고 예방하기'는 사소한 과오를 반복하거나 방치함으로써 더 큰 악으로 전환되는 과정에 대한 자각을 통해, 미세한 도덕적 균열을 감지하고 같은 잘못이 반복되지 않도록 조기에 예방하는 것이다. 이에 관한 구체적 교육 내용은 다음과 같다.

첫째, 교사는 사소한 잘못이 반복되면서 나타나게 되는 문제의 위험성을 설명한다. 학습자는 작은 잘못일지라도 그것이 누적되어 인격의 일부로 내면화될 때, 도덕적 감수성이 무뎌지고 도덕적 판단력이 흐려진다는 점을 이해해야 한다. 학습자는 잘못된 행위가 습관화되어 인격의 한 부분으로 자리 잡아가는 과정을 탐구하는 활동을 통해 누적된 과오가 개인의 도덕성에 미치는 위험성을 인식할 수 있다. 또한, 일상의 작은 거짓말, 무관심, 책임 회피 등이 불러올 주변인들과의 관계 훼손과 사회적 부조리 현상 등을 미리 가늠해 봄으로써 그 위험성을 예측할 수 있다.

둘째, 교사는 학습자의 판단과 감정 및 행동 방식에 반복적인 경향성이 있다는 것을 자각하도록 유도해야 한다. 이를 통해 학습자는 잘못이 누적되기 이전에 과거의 유사한 상황에서의 잘못을 상기하여 그것이 반복되지 않도록 예방할 수 있다. 따라서 학습자는 일상에서 반복되는 자신의 반응과 행동 방식을 확인하고, 그 도덕적 방향을 점검함으로써 더 큰 악을 사전에 예방하는 능력을 함양할 수 있다.

셋째, 교사는 자성을 위해 일상에서의 도덕적 긴장감을 중시하는 태도가 왜 중요한지 설명한다. 이를 통해 학습자는 자신의 도덕적 과오에 대해 민감하게 반응하고 이를 즉시 반성할 수 있는 도덕적 경계 감각을 익힐 수 있다. 또한, 도덕적 무감각과 자기합리화를 경계하는 훈련을 통해 학습자는 스스로 일상 속의 작은 부주의나 판단의 오류 과정을 자각하고, 그것이 자신의 인격과 공동체적 신뢰에 미치는 영향을 숙고할 수 있게 된다. 이러한 교육 내용은 도덕적 예민성과 자기 조절 능력을 바탕으로 삶의 전 과정에서 실천적 긴장을 유지하고 책임을 인식하는 태도를 형성한다는 점에서 의의가 있다.

'3. 기미[幾]를 포착하고 대처하는 결단력 강화하기'의 구체적 교육 내용은 다음과 같다. 첫째, 교사는 학습자가 도덕적 상황에서 발생하는 감정과 판단의 초기 징후, 즉 기미를 인식하고 분별할 수 있는 민감성을 기를 수 있도록 지도한다. 이는 행위가 실제로 드러나기 이전에 마음속에서 먼저 일어나는 불편감, 망설임, 자기 합리화의 징후 등을 자각하도록 하는 데 초점을 둔다. 이를 통해 학습자는 도덕적 과오가 이미 발생한 이후에 반성하는 수준을 넘어, 과오로 이행될 가능성이 형성되는 초기 국면에서 스스로를 점검하고 조절하는 성찰 능력을 기르게 된다.

둘째, 학습자는 성실함과 불성실함이 갈리는 미세한 경계와 그 기미를 세밀하게 점검하고 조심스럽게 살피는 태도[審幾]를 함양할 수 있어야 한다. 이는 도덕적 추론과 숙고의 과정을 통해 성실과 불성실, 책임과 회피가 분기되는 지점을 인식하고, 그 판단의 근거와 정당성을 정교하게 분석하는 능력을 기르는 것을 의미한다. 이러한 성찰은 판단과 선택이 형성되는 초기 단계에서 자신을 점검하도록 이끈다. 그 결과 학습자는 도덕적 상황에서 순간적으로 나타나는 정서와 판단의 방향을 비판적으로 검토하고, 보다 책임 있는 선택으로 스스로를 조율할 수 있게 된다.

셋째, 교사는 학습자가 문제의 기미를 감지했을 경우 이를 지체 없이 신속하게 결단하여 대응해야 한다는 점의 중요성을 인식하도록 지도해야 한다. 이때 기미를 알아차리고도 머뭇거리거나 판단을 유보하는 태도는 도덕적 책임을 약화시키고, 자기 기만으로 전이될 수 있음을 분명히 한다. 도덕적 실천은 상황의 초기 국면에서 요구되는 용기와 단호함을 통해 가능해진다는 점을 강조함으로써, 학습자가 불리함이나 부담을 이유로 책임을 회피하지 않고, 옳다고 판단한 바를 실행에 옮길 수 있는 내적 결단력을 기르도록 한다. 이를 통해 학습자는 사소한 과오를 놓치지 않고 신속히 반성하며, 올바른 교정 과정을 거쳐 최종적으로는 허물없음[无咎]의 상태에 가까워지는 자기 변화를 경험하게 된다.

3장. 유교의 자성 교육 방법

1) 지도 시 유의점

수업 적용에 앞서 교사는 유교의 자성 교육이 요구하는 지도상의 유의점을 충분히 인식하고 숙지해야 한다. 유교의 자성 교육은 학습자의 허물, 부끄러움, 책임 의식과 같은 민감한 도덕 경험을 성찰의 대상으로 삼는 만큼, 수업 운영 방식에 따라 교육적 효과가 크게 달라질 수 있기 때문이다. 유교의 자성 교육이 왜곡 없이 실현될 수 있도록 교사가 유의해야 할 지도 원칙과 교육적 고려 사항은 다음과 같다.

첫째, 교사는 자성 교육의 수업 활동이 갖는 사적이고 은밀한 성격을 충분히 고려하여 수업을 운영해야 한다. 자성 활동은 학습자가 자신의 허물과 부끄러움, 내면의 갈등을 성찰하는 자기 고백적 성격을 지니는 경우가 많으므로, 이를 학급의 공개적인 자리에서 발표하거나 공유하도록 요구할 경우 학습자를 위축시키고 소극적으로 만들 위험이 있다. 그러나 이러한 우려 때문에 자성 활동을 전적으로 학생의 자율에 맡기거나 비공개적인 사적 영역에만 한정하는 것은 한계가 있다. 이에 교사는 학습자가 자신의 내면을 비교적 안전하게 성찰할 수 있는 학습 환경을 조성하고, 비공개 기록 작성, 개인 성찰 과제, 선택적 공유와 같은 다양한 방식으로 자기 고백적 활동을 단계적으로 이끌어야 한다. 예를 들어 교사는 개인 성찰 일지를 비공개로 작성하도록 하여 교사만 확인하고 서면으로 피드백을 제공하거나, 일정 기간 후 학습자가 스스로 내용을 되돌아보고 수정할 수 있도록 봉인 기록의 형태로 운영할 수 있다. 또한, 익명성이 보장되는 온라인 설문이나 개인 포트폴리오를 활용하여 학습자가 부담 없이 자신의 내면을 정리하도록 하고, 학급 공유가 필요한 경우에도 내용의 공개 여부와 범위를 학습자가 선택하도록 해야 한다.

둘째, 자성 교육 활동 중 학급 교우들과 성찰 내용을 공유하는 경우에도, 성찰의 내용이 누군가를 조롱하고 질책하는 형태로 이어지지 않아야 한다는 점을 분명히 한다. 이를 위해 교사는 자신의 허물을 성찰하고 드러내는 행위가 자기를 낮추거나 부정하는 것이 아니라, 도덕적 성숙과 자기 존중으로 나아가는 필수적 과정임을 분명히 설명함으로써, 학습자가 자성의 교육적 의미를 긍정적으로 이해하고 수용할 수 있도록 안내해야 한다. 또한, 자성 활동을 시작하기 전에 학급 전체와 자성 활동에 대한 규칙과 약속을 함께 정하고 게시하여 다른 친구의 성찰 내용을 함부로 평가하고 판단하지 않도록 주의시킨다. 성찰 과정을 나누는 활동이 타인의 삶을 평가하거나 판단하는 방향으로 나아가지 않도록, 성찰을 공유하는 목적이 이해와 공감, 그리고 자기 점검에 있음을 분명히 해야 한다.

이를 위해 교사는 다른 친구의 이야기를 들으며 자신은 무엇을 느꼈는지와 해당 상황을 자신의 삶에 비추어 생각할 점은 무엇인지와 같은 형식의 질문을 유도할 수 있다. 교사는 과오나 부족함을 조롱이나 낙인의 대상으로 만들지 않고, 도덕적 성장의 계기로 해석하는 수업 분위기를 형성함으로써, 학습자가 성찰을 공유하는 활동에서도 심리적 위축 없이 자발적으로 참여할 수 있도록 해야 한다. 교사는 이러한 활동이 형식적인 수준에 머무르지 않도록 지속적인 격려와 공감을 통해 학급 분위기를 진지하게 유지해 나가야 한다. 이러한 배려적이고 관용적인 학습 분위기 속에서 학습자는 더욱 진솔한 자성에 접근할 수 있다.

셋째, 유교의 자성 교육에서 자기 책임을 강조한다고 해서 모든 문제의 원인을 전적으로 내 탓으로 귀속시키는 수업 방식과 태도는 지양되어야 한다. 자성 교육은 모든 문제의 원인을 자기 자신에게 귀속시키거나, 관계적 · 구조적 요인을 배제한 채 스스로를 과도하게 책망하도록 유도하는 것을 의미하지 않는다. 자성은 상황의 맥락과 타인의 행위, 제도적 조건을 함께 고려하는 판단을 전제로 한다. 따라서 수업에서는 학습자가 도덕적 문제를 마주했을 때, 자신의 책임을 검토하되, 그 책임의 범위와 한계를 합리적으로 분별할 수 있도록 안내해야 한다. 특히 갈등이나 실패의 경험을 전적으로 자기 결함이나 무능의 결과로 내면화하게 될 경우, 자성은 도덕적 성장과는 거리가 먼 자기 비난과 심리적 위축으로 전락할 위험이 있다. 그러므로 교사는 자성이 자기 혐오나 과잉 책임 의식으로 흐르지 않도록, 개인의 책임과 관계적 · 사회적 요인을 구분하여 성찰하는 관점을 제시해야 한다.

마지막으로 유교 경전에 담긴 자성의 교훈들은 현대 학생들이 직접 수용하기에는 다소 낯설고 어색한 측면이 있다. 특히, 한자와 고전적 표현에 익숙하지 않은 오늘날의 학생들에게 고전의 문구는 직접적인 깨달음이나 감동으로 다가오기 어렵다. 유사한 맥락에서, 유교의 자성의 핵심 개념어들 또한 생소하고 어렵게 느껴질 수 있다. 이러한 특성은 서구 문화와의 접점이 상대적으로 더 많은 학생들에게 동양적 전통에 대한 편견이나 거리감을 강화할 소지가 있다. 또한, 수업을 진행하기 전부터 학생들의 동기를 저하시키고 참여를 제한하는 요인으로 작용할 부정적 가능성이 있다. 따라서 교사는 오늘날 학생들의 학습 현실과 발달 단계에 대한 이해를 바탕으로 수업을 운영해야 한다. 학생들의 일상적 경험과 직접 연결될 수 있는 생활 속 제재를 활용하고, 추상적이거나 생소한 한자 개념은 의미가 통하는 현대적 언어로 병행해서 설명해야 한다. 또한, 학생들의 도덕 발달 수준에 맞게 활동의 난이도와 수준을 조정할 수 있어야 한다.

다만 이 과정에서 지나치게 현대적인 담론으로 치우치는 위험에 빠지지 않도록 주의해야 한다. 유교 사상의 본래적 맥락과 그 시대의 토대를 지나치게 현대적인 관점으로 변형하게 되면, 원래의 의미나 의도된 목적이 왜곡될 수 있다. 유교의 자성론은 도덕적 자기 점검과 수양을 중심으로 한 고유한 철학적 전통을 형성하며, 그 속에는 당시 사회적, 문화적 배경과 인간 존재에 대한 깊은 통찰이 담겨 있다. 만약 이를 현대적 도덕교육의 틀로만 해석하게 되면, 원시적 가치와 실천적 의미가 소홀히 다뤄질 수 있으며, 본래의 깊이 있는 사상적 토대가 표면적으로만 남게 될 위험이 있다. 따라서 필자는 유교의 자성론을 현대에 적용하는 데 있어서도 그 전통적 가치와 맥락을 존중하며, 그 안에서 추구하는 도덕적 교훈을 현대 도덕교육에 맞게 적절히 재구성하였다.

2) 교육 방법

교육 방법은 그 성격과 접근 방식에 따라 크게 두 가지 층위로 나뉠 수 있다. 하나는 인물을 중심으로 한 실천적 접근이고, 다른 하나는 경전의 텍스트를 중심으로 한 원리 중심적 접근이다. 인물 중심의 자성 교육은 공자 · 맹자 · 순자의 철학을 바탕으로 한다. 이들 자성론의 핵심은 도덕적 행위의 주체인 '인물'에 있다. 유교 사상의 기원이자 뿌리가 되는 이 세 명의 선진 유학자들은 불완전한 인간이 치열한 자기 점검과 내면의 성찰을 통해 보다 나은 인격으로 성숙해 가는 장면을 포착한다. 이들의 사상은 자성을 도덕적 성숙에 이를 수 있는 중요한 개념으로 인식했다는 데 있어 일치한다. 따라서 본 교육론의 한 축인 공자 · 맹자 · 순자의 자성론적 접근은 도덕적 주체의 역동적 변화와 구체적인 실천 의지를 함양하는 데 초점을 맞춘다.

다음으로 경전의 문구를 바탕으로 한 원리 중심의 자성 교육은 『중용』 · 『대학』 · 『역전』을 근간으로 한다. 이는 개인의 차원을 넘어 자성이 작동하는 보편적 법칙과 체계에 대한 탐구이다. 해당 접근 방법의 초점은 학습자가 유교의 자성론이 따르는 원리 및 체계, 단계에 대한 이해를 심화하는 데 있다. 나아가 자성에 대한 구조적이며 이론적인 조망을 경험하는 데 중점을 둔다.

① 공자 · 맹자 · 순자 자성론의 교육 방법

공자 · 맹자 · 순자의 자성론을 바탕으로 한 자성 교육 방법은 도덕적 주체의 내면 변화, 실천 의지의 함양, 습관 교정과 같은 개인의 변화를 도모한다. 이와 같은 접근 방식에서 학습자는 자신의 도덕적 과오와 실패를 인식하며, 이에 대한 스스로의 책임을 통감하고, 자성과 관련한 도덕적 감정을 경험한다. 이는 자신의 내면을 끊임없이 점검하고 행위를 교정하는 실천적 과정으로 연결되며, 교사는 그 가운데 벌어지는 학습자의 과정적 변화에 주목해야 한다.

이 접근 방법에서 자성의 추상적 원리 및 형이상학적 사유의 측면은 약화된다. 대신 개별 인간이 도덕적 주체로서 자신의 삶과 행위를 변화시키고자 애쓰는 윤리적 실천 훈련의 성격은 강화된다.

공자 자성론의 핵심은 스스로 자신의 잘못[過]을 발견하고, 이를 솔직하게 인정하는 마음속의 재판[內訟]에 있다. 구체적인 수업 장면에서는 학생들이 자신의 행동을 회피하거나 합리화하지 않고 객관적으로 바라보게 한다. 또한 허물을 발견했을 때 주저 없이 고치는 용기를 기르는 데 집중한다. 즉, 추상적 방식이 아닌 구체적인 일상생활에서의 실제적 행위 개선을 목표로 한다. 이는 도덕교육이 지향하는 자율적인 도덕 주체 육성의 과정에서 핵심적 역할을 수행한다. 자기 과오를 고치기를 어려워하지 않고 반복하지 않도록 노력하는 태도, 자기 잘못을 외면하지 않고 마음속에서 책망하며 부끄러움을 깨달은 뒤 즉시 개선하는 실행력 등은 학습자가 자신을 주체적으로 돌보며 성장하는 기제로 작동한다. 이런 관점에서, 도덕 교과가 요구하는 '내면의 성찰과 일상의 실천'을 강화하기 위해 공자의 자성론을 현장에 적용하는 것은 의의가 있다.

맹자는 인간이 타고난 선한 본성을 스스로 잃어버릴 수 있다는 점에 주목하고, 그에 대한 성찰과 회복 과정을 자성론의 중심으로 삼았다. 맹자는 잘못을 저질렀을 때 원인을 외부에서 찾기보다, "왜 나는 그 선한 마음을 작동시키지 못했나?"라는 내면적 고민이 먼저 이뤄져야 함을 강조한다. 학습자들도 이 관점을 받아들이면, 매사에 내가 본래 선한 가능성을 지닌 존재임을 잊었기 때문이 아닌지 스스로 성찰하고, 본래의 양심과 측은지심 · 수오지심 등을 되살려 보려는 의지를 갖게 된다. 이를 통해 학생들은 자책감이나 죄의식에 빠지는 것이 아니라, 자기 내부의 선함을 회복하는 데 집중할 수 있다. 또한, 맹자는 반신(反身)과 자반(自反) 개념을 통해, 자기 자신을 반성하는 태도를 강조한다. 이는 타인과의 충돌이 발생했을 때 "결국 무엇이 문제인가?"를 논의하는 과정에서, 흔히 친구나 주변 상황 탓을 하려는 경향을 지양하고, 자신이 지켜야 했던 도덕적 덕목(仁, 智, 敬 등)을 놓치지는 않았는지 점검하게 만든다. 타인에 대한 책임 전가 대신 자신의 언행이 먼저 도리에 합당했는지를 성찰함으로써, 학습자들은 스스로에게 성실하고 타인을 진정성 있게 대하는 태도를 배우게 된다.

이처럼 맹자의 자성론을 도덕 수업에 구체적으로 활용함으로써 학생들은 타인과의 갈등 상황에서 타인을 탓하기보다는 먼저 자기 내면을 성찰하는 습관, 그리고 부끄러움이라는 윤리적 감정을 회피하지 않고 직면하여 도덕적 성장의 기회로 삼는 적극적인 자세를 함양할 수 있게 된다. 이는 개별 학생들의 도덕적 주체성을 강화하는 동시에 학급 공동체 전체에 자성과 상호 존중의 문화를 확립하는 기반이 된다. 궁극적으로 맹자의 자성 개념을 통한 이러한 교육적 접근은 도덕과가 지향하는 '도덕적 주체 형성과 공동체 의식 함양'이라는 목표를 보다 심층적이고 실천적으로 실현하는 데 기여할 것이다.

순자의 자성론은 도덕적 성찰의 기준으로서 도덕규범과 스승의 역할, 공동체의 학습 환경을 강조함으로써 도덕교육에 명확한 실천적 준거를 제공한다. 순자는 인간이 본성적으로 욕망에 쉽게 흔들리므로, 자의적이고 주관적인 반성만으로는 도덕적 성찰이 제대로 이루어지기 어렵다고 본다. 따라서 도덕 규범과 스승의 지도를 통해 자기 행동을 지속적으로 점검하고 교정하는 것이 필수적이다. 이는 학생들이 도덕 규범을 막연히 암기하거나 자신의 주관적 느낌에 의존해 성찰하는 것을 넘어서, 객관적이고 사회적으로 공인된 도덕적 기준을 내면화하고 그에 따라 행동할 수 있도록 돕는 교육적 접근과 긴밀히 연계된다.

특히 교사의 적극적인 지도 아래, 학생들은 규범적 기준을 명확히 인지하고, 그 기준을 자기 삶의 맥락에 비추어 객관적이고 엄밀하게 반성함으로써 보다 구체적이고 실천 가능한 성찰 능력을 기를 수 있게 된다. 도덕 교과는 학생들이 도덕적 성찰과 실천을 통해 바람직한 인격을 형성하고 사회적 책임을 다하도록 돕는 것을 목표로 한다. 이를 위해서는 학습자가 명확한 성찰의 기준을 갖추고 체계적으로 자기 자신을 점검하며, 내면의 도덕적 역량을 지속적으로 관리하고 발전시키는 것이 필수적이다. 이러한 측면에서 순자의 자성론은 도덕 교과에서 학생들이 자기 욕망과 충동을 다스리면서 외적 규범을 효과적으로 내면화하고, 이성적이고 치밀한 자기 점검을 통해 지속적인 자기 개선을 이루는 데 유의미한 시사점을 제공한다.

또한, 순자는 자성을 학습을 통해 축적된 지식과 이성을 기반으로 면밀하게 자신을 점검하는 숙찰의 개념으로 발전시켰다. 이는 도덕 수업에서 학생들이 자신을 깊이 있게 성찰하고 점검할 수 있도록 보다 세밀하고 지성적인 반성 방법을 제시해 준다. 숙찰은 자신의 행동과 도덕규범 간의 정합성을 철저히 검토하는 이성적이고 의식적인 과정이다. 이를 도덕교육에 적용하면, 학생들은 자신의 언행이 도덕적 규범에서 얼마나 벗어나 있는지를 지적이고 치밀하게 점검하게 되며, 이러한 체계적 성찰을 통해 도덕적 판단력과 행동 교정 능력을 효과적으로 배양할 수 있다. 이는 단편적이고 표면적인 반성을 넘어, 지속적인 도덕적 자기 성찰 능력을 길러주는 데 중요한 기여를 할 수 있다.

또한, 순자가 제시한 허일정(虛壹靜)의 태도는 학생들이 내면의 평정 상태를 유지하며 도덕적 규범을 진정으로 내면화하는 데 기여할 수 있다. 자기 성찰과 외부 규범의 내면화는 마음이 비워지고 하나로 집중되며 고요한 상태에서만 효과적으로 이루어진다. 즉, 학생들이 자기 감정이나 충동에 휘둘리지 않고 마음의 안정을 유지하면서 성찰할 때, 비로소 규범과 이성의 힘이 온전히 작용하여 행동이 교정될 수 있다. 이를 도덕교육에 적용하면, 학생들이 도덕적 갈등이나 스트레스를 경험할 때 자신의 감정적 혼란을 잠시 내려놓고 차분히 자신을 되돌아볼 수 있는 태도를 갖추도록 할 수 있다. 이는 심리적 안정과 더불어 도덕적 행동을 지속적으로 실천할 수 있는 내면적 힘을 길러주는 데 효과적이다.

이러한 공자 · 맹자 · 순자의 자성론에 기초한 교육은 학습자의 일상생활과 밀접한 소재를 활용하여 학습 내용과 목표를 구체화하는 방법을 활용한다. 이에 교사는 원리나 이론적 접근 대신, 현상적 접근을 선택하여 학습자의 변화가 드러나도록 유도해야 한다. 학습자가 일상에서 직접적으로 느끼는 부끄러움, 후회, 갈등의 장면을 출발점으로 삼아 그 속에서 자신의 행위와 습관을 교정해 나가는 과정을 지원하는 것이다.

② 『중용』·『대학』·『역전』 자성론의 교육 방법

자성 교육을 위한 또 다른 층위의 접근 방법은 『중용』·『대학』·『역전』을 기초로 한 원리 중심적 지평이다. 원리 중심의 방법적 접근은 인간이 이 거대한 우주 안에서 어떤 질서와 의미 속에 존재하는지에 관한 보다 근본적인 차원의 사유를 포함한다. 여기서의 자성은 자연의 보편 질서와 나의 존재를 일치시키려는 고도의 정신적 수양이기도 하다. 따라서 본 교육 방법은 학습자가 자성의 작동 원리를 이해하고, 이를 실행하기 위한 절차를 습득하는 데 초점을 맞춘다. 『중용』의 성(誠)과 신독(愼獨), 『대학』의 성의(誠意), 『역전』의 후회[悔]와 변화 논리는 인간 존재와 자연의 보편 질서, 삶과의 관계를 다루는 원리적 성격이 강하다.

『중용』의 신독은 타인의 시선에서 벗어나 홀로 있는 상태에서 존재론적 차원의 자기 완성이라는 근본적 물음을 던지고, 스스로 이에 대한 답을 찾도록 하는 전제가 된다. 또한 성은 인간 내면의 도덕성이 자연의 질서와 긴밀히 호응하며 합일되는 근본 원리로 작동한다. 따라서 유교의 자기 성찰은 자신의 과오를 교정하는 데 머무는 것이 아니라, 자기 초월과 보편 질서와의 조화를 향해 나아가는 심층적이고 근본적인 성찰의 과정으로 확장된다. 『대학』의 성의 개념은 학생들이 도덕적 규범을 인지하고 있음에도 불구하고 실천하지 못하는 문제를 자기 기만의 제거라는 측면에서 다룰 수 있게 한다. 이는 단지 옳고 그름의 이치를 아는 것에서 나아가, 내면에서 자신을 속이지 않는 진실성을 갖추도록 요구한다. 또한, 수신에서 평천하로 확장되는 실천적 구조는 자기 성찰의 사회적 · 공동체적 의의를 강조한다. 『역전』의 자성론이 강조하는 도덕적 후회의 정서, 과오의 누적에 대한 경고, 기미[幾]에 대한 민감한 대응 등은 학생들의 자발적 성찰과 실천 의지를 이끌어내는 핵심 요소라 할 수 있다. 따라서 교사는 이러한 경전의 특징들을 바탕으로 원리 중심의 자성 수업 방식을 구성할 수 있다.

원리 중심의 자성 수업 방식은 학습자가 자신의 행위와 감정을 단편적으로 점검하고 인식하는 데서 한 걸음 나아간다. 그것은 자신의 내적 성찰과 도덕적 지향, 교정의 노력 등이 더 큰 보편 질서 및 체계와 어떻게 맞닿는지에 관한 탐색이다. 학생들은 이러한 과정에서 자신의 도덕적 실천이 일정한 구조와 체계 속에 놓여 있음을 이해하게 된다. 따라서 교사는 학생들이 구체적 사례 속에서 '무엇이 옳은가' 뿐만 아니라 '왜 그것이 옳은가', '지금의 행위가 어떤 결과로 이어질 것인가'를 사고하도록 유도할 수 있다. 나아가 보다 초월적 시각에서 자신의 삶과 존재의 이유를 도덕적 성찰과 연계하여 사유하도록 안내한다. 이는 학생들에게 도덕적 행동의 외적 기준이 아니라 자기 삶의 본질과 목적이라는 내적 기준을 바탕으로 한 도덕적 실천의 동기를 제공한다. 유교 자성론은 이를 통해 도덕성 발달을 존재론적 자기 성찰과 자율적 실천의 통합 과정으로 이해하게 하며, 궁극적으로는 학생 개인이 자신의 삶을 스스로 성찰하고 도덕적으로 살아가고자 하는 내면의 동력을 형성하는 데 기여한다. 이를 통해 학생들은 도덕적 행위와 실천이 자신의 삶을 지탱하는 원리로 작용한다는 점을 깨달을 수 있다.

3) 수업의 실제

유교의 자성 개념은 일정한 공통 기반을 공유하고 있으나, 수업 적용 방안을 한층 더 풍부하게 전개하고 수업 모형 간의 중복을 최소화하기 위해, 각 문헌의 자성론이 가진 특징을 더욱 부각하였다. 다음은 각 문헌에 제시된 자성론의 특징을 중심으로 유교의 자성 교육의 차시별 수업을 정리한 표이다. 실제 수업 현장에 적용할 경우 학생들의 발달 수준을 고려하여 활동의 난이도와 표현을 적절히 조정할 필요가 있다. 또한, 교사는 수업 상황과 필요에 따라 지도안의 내용과 차시를 일부 발췌하거나 재구성하여 유연하게 활용할 수 있다.

표 15. 유교의 자성 교육의 차시별 수업

문헌	주요 내용	주제	차시	학습 목표
『논어』	• 유교의 자성 개념의 기초적 틀 • 과오[過]에 윤리적 의미 부과 • 자성(自省) 개념 정립	도덕적 자각	1차시	• 윤리적 과오의 개념과 범위를 명확히 이해하고, 자신의 일상 속 행동을 점검할 수 있다.
		성찰의 내실 다지기	2차시	• 반복되는 도덕적 과오를 스스로 인식하고, 내면적 갈등을 성찰하여 실천적인 개선 계획을 세울 수 있다.
		忠恕 실천하기	3차시	• 충서(忠恕)의 덕목을 기준으로 자신의 말과 행동을 성찰하고, 도덕적 불일치를 인식하며 교정하려는 태도를 기를 수 있다.
『맹자』	• 내면적 성찰 및 회복 지향적 성격 • 자성의 심성적 차원에 주목 • 자반(自反) 개념 정립 • 사덕과 사단을 바탕으로 한 도덕심 강조	감정의 자각	4–5차시	• 반구저기(反求諸己)의 개념을 바탕으로, 갈등 상황에서 자신의 언행을 되돌아보며 책임을 성찰할 수 있다. • 자기 행동과 결과 사이의 윤리적 인과관계를 인식하고, 도덕적 주체로서 자기 개선 계획을 수립할 수 있다.
		감정의 도덕적 활용	6차시	• 부끄러움을 내면의 성숙으로 전환할 수 있다.
『순자』	• 도덕규범과 공동체의 학습 환경 강조 • 예를 통한 자성의 기준 수립 • 숙찰 개념 정립	책임 자각	7차시	• 자신의 판단이 항상 옳지 않을 수 있음을 인식하고, 도덕 규범과 스승의 지도를 통해 성찰의 기준을 설정할 수 있다.
			8차시	• 숙찰 개념을 바탕으로, 자신의 판단과 행동이 도덕적 규범에 부합하는지 반복적으로 점검하는 능력을 기른다.

<table>
<tr><td rowspan="3">『중용』</td><td rowspan="3">• 도덕적 초월 가능성의 철학적 토대
• 신독 개념 심화
• 성(誠) 개념을 통한 천인합일 제시</td><td rowspan="2">(자율적) 성찰 기준 확립</td><td>9차시</td><td>• 자기 삶의 의미와 목적을 초월적 관점에서 탐구할 수 있다.</td></tr>
<tr><td>10차시</td><td>• 자신이 중요하게 여기는 삶의 가치와 도덕적 실천 계획을 구성하고, 이를 공동체 속에서 표현하고 공유함으로써 성찰의 확장 가능성을 체험한다.</td></tr>
<tr><td>깊은 성찰과 신독</td><td>11차시</td><td>• 자신의 일상에서 드러나는 도덕적 갈등 상황을 성찰하고, 타인의 시선이 없는 상황에서도 스스로를 성찰하고 바로잡으려는 신독(愼獨)의 태도를 기를 수 있다.</td></tr>
<tr><td rowspan="2">『대학』</td><td rowspan="2">• 성의(誠意) 개념 정립
• 내면적 성찰과 사회적 실천의 연속적 구조
• 공동체적 책임 윤리</td><td>誠意와 진정성</td><td>12차시</td><td>• 자신의 감정이나 판단이 외부 환경의 영향이 아닌 내면의 자발적 도덕 감정에서 비롯된 것인지를 점검할 수 있다.</td></tr>
<tr><td>공동체 윤리</td><td>13-14 차시</td><td>• 자기 성찰이 개인의 도덕적 성장뿐 아니라 공동체 질서와 책임 윤리 형성에 어떻게 기여하는지 이해한다.</td></tr>
<tr><td rowspan="3">『역전』</td><td rowspan="3">• 도덕적 일탈의 기미[幾] 포착
• 도덕적 후회[悔]의 정서 활용
• 과오의 누적에 대한 경계</td><td>감정의 도덕적 활용</td><td>15차시</td><td>• 무구(无咎)와 회(悔) 개념을 이해하고, 잘못을 성찰하고 교정함으로써 도덕적 회복과 자기 수양의 가능성을 설명할 수 있다.</td></tr>
<tr><td>도덕적 과오의 누적 인식</td><td>16차시</td><td>• 『역전』의 악적(惡積) 개념을 이해하고, 사례 분석을 통해 사소한 과오가 누적되었을 때의 위험성을 파악할 수 있다.</td></tr>
<tr><td>초월적 탐구</td><td>17차시</td><td>• 기미[幾]와 군자의 결단 개념을 이해하고, 도덕적 판단이 요구되는 상황에서 주저하지 않고 실천하는 태도의 중요성을 설명할 수 있다.</td></tr>
</table>

① 공자의 자성론 기반 수업: 1–3차시

<table>
<tr><th colspan="3">1차시: 도덕적 과오 성찰 수업 – 나의 잘못을 마주보고 고치기</th></tr>
<tr><td colspan="2">학습목표</td><td>• 윤리적 과오의 개념과 범위를 명확히 이해하고, 자신의 일상 속 행동을 점검할 수 있다.</td></tr>
<tr><td colspan="2">내용요소</td><td>• 도덕적 과오란 무엇이며, 그것을 인식하는 일은 왜 중요한가?
• 자신의 생활을 점검하여 도덕적 잘못을 스스로 성찰하기
• 과오를 회피하지 않고, 개선하는 태도</td></tr>
<tr><td colspan="2">성취기준</td><td>• 자신의 도덕적 과오를 스스로 인식하고, 그것을 성찰하여 개선하려는 태도를 기른다.</td></tr>
<tr><td colspan="2">준비물</td><td>• PPT 자료(공자 자성론 및 도덕적 과오 사례가 포함된 사진과 영상), 활동지('도덕적 과오 일지', '도덕적 과오 지도 그리기'), 펜, 스티커 등 시각적 표현 도구, 피드백 카드</td></tr>
<tr><td>수업 과정</td><td>도입</td><td>교사는 학생들에게 일상생활에서 흔히 일어날 수 있는 크고 작은 잘못의 사례를 구체적으로 제시한다. 예컨대, 숙제를 미루다 결국 하지 않은 일, 친구와의 약속을 가볍게 여겨 늦었던 일, 무심코 다른 사람의 험담을 했던 순간 등을 생생하게 제시하여 학생들의 이해와 공감을 유도한다.</td></tr>
</table>

<table>
<tr><td rowspan="2">수업
과정</td><td>활동1</td><td>◎ 도덕적 과오 개념 알기

① '과(過)'의 의미 탐색하기: 교사는 칠판에 '過'자를 쓴다. 유교에서 말하는 '과'의 의미는 '마땅한 도리나 기준에 미치지 못하거나 지나친 상태'임을 설명한다. 이를 통해 학생들은 사람의 마음이 욕심이나 나태함 등으로 흔들려서 균형을 잃은 상태가 유교에서 말하는 일차적 '과오'임을 이해한다. 학생들은 자신의 마음이 사욕으로 가득찬다면, 나와 타인에게 어떠한 영향을 끼치게 될지 예상하는 시간을 갖는다.

② 진정한 '도덕적 과오'의 개념 이해하기: 교사는 "잘못을 고치지 않는 것을 과오라고 한다[過而不改 是謂過矣]"와 "잘못이나 허물이 있으면 고치기를 꺼리지 말라[過則勿憚改]"는 『논어』의 문구를 제시하며, 공자가 인간의 과오를 도덕적으로 어떻게 이해했는지 설명한다. 교사는 '인간이라면 누구나 기준을 벗어날 때가 있다'는 사실을 안내하여 학생들의 방어기제를 낮춘다. 그러나 잘못임을 알고도 덮어두거나 고치지 않는 것은 우리의 마음을 진정한 '過'의 상태로 물들게 한다는 사실을 강조하여 설명한다. 이를 통해, 자신의 잘못을 숨기거나 무시하기보다는 도덕적 성장의 기회로 삼아야 한다는 점을 인식시킨다.

③ "나는 어떤 잘못을 반복하고 있으며, 그것을 어떻게 고쳐야 할까?"라는 질문을 통해 학생들이 자신의 일상을 윤리적 관점에서 성찰할 수 있도록 한다.</td></tr>
<tr><td>활동2</td><td>◎ '도덕적 과오 일지' 작성과 '도덕적 과오 지도' 그리기

① 학생들은 한 주 동안 자신의 일상생활 속에서 경험한 윤리적 잘못을 구체적으로 기록하는 '도덕적 과오 일지'를 작성하도록 한다. 이 과정에서 교사는 학생들이 '어떤 상황에서', '무엇을 잘못했고', '왜 그것을 잘못이라고 느꼈는지'를 상세히 기술하게 함으로써 자신의 행동과 그 결과를 명료히 인지하도록 돕는다.</td></tr>
</table>

<table>
<tr>
<td rowspan="2">수업
과정</td>
<td>활동2</td>
<td>② '도덕적 과오 일지'를 바탕으로, 활동지에 '나의 도덕적 과오 지도'를 작성하게 한다. 학생들은 잘못의 심각성, 반복성, 그리고 타인에게 미친 영향에 따라 과오를 서로 다른 색깔과 크기의 원으로 표현한다. 예컨대 큰 원은 심각하고 지속적인 잘못(예: 반복적으로 친구를 무시한 경우)으로 설정하고, 작은 원은 사소한 부주의(예: 한 번의 지각)로 표현하게 한다. 이후에 '도덕적 과오 지도'를 공유하며 서로 피드백을 제공한다.

※ '도덕적 과오 지도'의 공유를 원하지 않는 학생들의 경우 강요하지 않고 자율적으로 선택하도록 한다.
※ 칠판에 그림을 그리거나 미리 작성된 예시를 통해 학생들의 활동 이해를 도울 수 있다.

예시 이미지
나의 도덕적 과오 지도
학교 지각하기
부모님께 짜증내기
반복적으로 친구 무시하기
다른 사람 험담하기
숙제나 할 일 미루기
용돈 낭비하기
교실 청소 대충하기</td>
</tr>
<tr>
<td>마무리</td>
<td>교사는 활동 마무리 단계에서 학생들에게 '누구나 잘못할 수 있지만, 이를 인식하고 즉시 개선하는 태도가 더 중요하다'고 강조함으로써, 윤리적 과오의 범위가 행위 자체보다는 실천적 개선과 연결된다는 점을 구체적으로 깨닫게 한다.</td>
</tr>
</table>

2차시: 내면적 송사[内自訟] 수업 – 다시는 반복하지 않을 허물		
학습목표		• 반복되는 도덕적 과오를 스스로 인식하고, 내면적 갈등을 성찰하여 실천적인 개선 계획을 세울 수 있다.
내용요소		• 같은 잘못을 반복하지 않는 태도는 왜 중요한가? • 자신의 잘못을 중심으로 내면적 갈등을 구성하고 실천 계획을 수립하기 • 자신의 허물을 성찰하고 스스로 고치려는 태도
성취기준		• 자신이 반복하는 도덕적 허물을 구체적으로 인식하고, 그에 대한 내면적 성찰과 실천 계획을 통해 교정하려는 태도를 기른다.
준비물		• PPT 자료(공자 자성론), 활동지('작은 허물 찾기', '반복 감소 계획표', '내면적 송사 시나리오'), 모둠 활동용 피드백 카드 또는 포스트잇
수업 과정	도입	교사는 공자의 충서 개념을 소개하고, 자신이 싫어하는 일을 다른 사람에게 했던 경험이 있는지 생각해 보도록 유도한다. 이어서 학생들이 그와 같은 상황에서 상대의 입장이나 감정은 어땠을지 상상해 보게 하며, 충서가 도덕적 성찰의 중요한 기준임을 안내한다. 또한 자신의 말과 행동이 일치하지 않아 스스로 부끄러웠던 경험이 있었는지도 떠올리게 하여 수업 주제로 자연스럽게 진입한다.

<table>
<tr><td rowspan="2">수업 과정</td><td>활동1</td><td>◎ 자기 언행 점검하기
① 교사는 학생들에게 언행의 불일치가 자주 발생하는 일상 사례(예: 친구에게는 정직을 강조하면서 자신은 숙제를 무단으로 베끼는 행동)를 제시한다.

② 학생들은 다음 항목에 따라 점검표를 작성한다.
• 자기 몸에 적용해 보아 원하지 않는 것을 나 또한 남에게 베풀지 않았는가?
• 친구와 함께 할 때 나의 언행은 믿을만했는가[信]?
• 자신의 말이 행실을 넘어 지나치지 않았는가?
• 자신의 행실이 자신의 말에 부합했는가?

③ 짝 활동으로 서로의 점검표를 공유하고, 각자의 언행에서 나타난 일관성과 개선의 여지를 함께 살펴본다. 학생들은 상대의 점검 내용을 바탕으로 “어떤 점에서 말과 행동의 차이가 있었는가?”, “앞으로 언행의 일치를 위해 어떤 노력이 필요할까?” 등의 질문을 중심으로 짧은 피드백을 주고받는다.</td></tr>
<tr><td>활동2</td><td>◎ 타인을 거울삼아 자기 성찰하기
① 교사는 “현명한 자를 보면 그와 같아지기를 생각하고[思], 현명하지 못한 자를 보면 안으로 자신을 성찰해야 함[內自省]”의 내용을 바탕으로 학생들에게 최근에 본 타인의 덕스러운 행동이나 부도덕한 태도를 한 가지씩 떠올리게 한다.</td></tr>
</table>

수업 과정	활동2	② 학생들은 성찰 카드의 안내에 따라 다음을 기록한다. • 나는 그 장면을 보며 무엇을 느꼈는가? • 나도 그런 덕목(또는 결함)을 지니고 있다고 느낀 적이 있는가? • 나의 평소 언행 중 반성하거나 본받아야 할 부분은 무엇인가? ③ 학생들은 소모둠 단위로 사례를 공유하며, 타인을 통해 자기 성찰이 어떻게 촉발될 수 있는지를 경험하고 정리한다. 교사는 이 과정을 통해 '거울로서의 타인'이라는 성찰 방식의 유교의 의의를 다시 강조한다.
	마무리	교사는 수업을 정리하며, 도덕적인 사람은 실수하지 않는 사람이 아니라 실수를 알고 고치려는 사람임을 강조한다. 학생들은 오늘 만든 '반복 감소 계획표'와 '내면적 송사 시나리오'를 되돌아보며, 느낀 점이나 앞으로의 다짐을 짧게 기록하고 수업을 마친다.

<table>
<tr><th colspan="3">3차시: 충서(忠恕)에 따른 과오 점검 수업 – 나에게 원하지 않는 일, 남에게 하지 않기</th></tr>
<tr><td colspan="2">학습목표</td><td>• 충서의 덕목을 기준으로 자신의 말과 행동을 성찰하고, 도덕적 불일치를 인식하며 교정하려는 태도를 기를 수 있다.</td></tr>
<tr><td colspan="2">내용요소</td><td>• 충서의 의미는 무엇이며, 자성의 기준으로 왜 중요한가?
• 타인의 입장에서 자기 행동을 되돌아보고 과오를 점검하기
• 내가 받고 싶지 않은 대우를 타인에게 하지 않으려는 태도</td></tr>
<tr><td colspan="2">성취기준</td><td>• 다양한 인간관계 속에서 자신의 언행이 타인의 입장과 감정에 부합했는지를 성찰하고, 언행의 일관성과 도덕적 정당성을 점검할 수 있다.</td></tr>
<tr><td colspan="2">준비물</td><td>• PPT 자료(공자 자성론), 사례 활동지 및 자기 언행 점검표, 성찰 카드, 성찰 노트, 조별 피드백 기록지</td></tr>
<tr><td rowspan="2">수업
과정</td><td>도입</td><td>교사는 공자의 충서 개념을 소개하고, 자신이 싫어하는 일을 다른 사람에게 했던 경험이 있는지 생각해 보도록 유도한다. 이어서 학생들이 그와 같은 상황에서 상대의 입장이나 감정은 어땠을지 상상해 보게 하며, 충서가 도덕적 성찰의 중요한 기준임을 안내한다. 또한 자신의 말과 행동이 일치하지 않아 스스로 부끄러웠던 경험이 있었는지도 떠올리게 하여 수업 주제로 자연스럽게 진입한다.</td></tr>
<tr><td>활동1</td><td>◎ 자기 언행 점검하기
① 교사는 학생들에게 언행의 불일치가 자주 발생하는 일상 사례(예: 친구에게는 정직을 강조하면서 자신은 숙제를 무단으로 베끼는 행동)를 제시한다.
② 학생들은 다음 항목에 따라 점검표를 작성한다.
• 자기 몸에 적용해 보아 원하지 않는 것을 나 또한 남에게 베풀지 않았는가?</td></tr>
</table>

수업 과정	활동1	• 친구와 함께 할 때 나의 언행은 믿을만했는가[信]? • 자신의 말이 행실을 넘어 지나치지 않았는가? • 자신의 행실이 자신의 말에 부합했는가? ③ 짝 활동으로 서로의 점검표를 공유하고, 각자의 언행에서 나타난 일관성과 개선의 여지를 함께 살펴본다. 학생들은 상대의 점검 내용을 바탕으로 "어떤 점에서 말과 행동의 차이가 있었는가?", "앞으로 언행의 일치를 위해 어떤 노력이 필요할까?" 등의 질문을 중심으로 짧은 피드백을 주고받는다.
	활동2	◎ 타인을 거울삼아 자기 성찰하기 ① 교사는 "현명한 자를 보면 그와 같아지기를 생각하고[思], 현명하지 못한 자를 보면 안으로 자신을 성찰해야 함[內自省]"의 내용을 바탕으로 학생들에게 최근에 본 타인의 덕스러운 행동이나 부도덕한 태도를 한 가지씩 떠올리게 한다. ② 학생들은 성찰 카드의 안내에 따라 다음을 기록한다. • 나는 그 장면을 보며 무엇을 느꼈는가? • 나도 그런 덕목(또는 결함)을 지니고 있다고 느낀 적이 있는가? • 나의 평소 언행 중 반성하거나 본받아야 할 부분은 무엇인가? ③ 학생들은 소모둠 단위로 사례를 공유하며, 타인을 통해 자기 성찰이 어떻게 촉발될 수 있는지를 경험하고 정리한다. 교사는 이 과정을 통해 '거울로서의 타인'이라는 성찰 방식의 유교의 의의를 다시 강조한다.
	마무리	교사는 수업을 마무리하며, 도덕적 성장은 자신의 언행을 점검하고 타인을 통해 배우려는 성찰의 자세에서 비롯된다는 점을 상기시킨다. 학생들에게 오늘의 성찰 내용을 간단히 정리하고, 앞으로 실천할 작은 다짐을 한 줄로 적어보게 하며 수업을 마친다.

② 맹자의 자성론 기반 수업: 4-6차시

<table>
<tr><th colspan="3">4-5차시: "나로부터 시작하는 갈등 해결 수업"</th></tr>
<tr><td colspan="2">학습목표</td><td>• 반구저기의 개념을 바탕으로, 갈등 상황에서 자신의 언행을 되돌아보며 책임을 성찰할 수 있다.
• 자기 행동과 결과 사이의 윤리적 인과관계를 인식하고, 도덕적 주체로서 자기 개선 계획을 수립할 수 있다.</td></tr>
<tr><td colspan="2">내용요소</td><td>• 갈등 해결에 있어서 자성은 왜 중요한가?
• 자신의 행동과 그 결과 사이의 인과적 관계를 논리적으로 점검하기
• 자신의 행동과 결과의 관계를 성찰하고, 문제의 원인을 자기 자신에게서 찾으려는 태도</td></tr>
<tr><td colspan="2">성취기준</td><td>• 도덕적 실패 경험을 바탕으로 도덕적 가능성을 회복하고, 지속적인 자기 성찰과 개선 계획을 수립한다.</td></tr>
<tr><td colspan="2">준비물</td><td>• PPT 강의 자료(맹자 자성론), 도입용 갈등 사례 영상 자료 또는 상황극 대본, 자기 점검 질문표, 학습지(개선 다짐문), 성찰 일지</td></tr>
<tr><td>수업 과정</td><td>도입</td><td>교사는 수업 도입부에서 학생들이 공감할 수 있는 실제적 갈등 사례를 생생히 재구성한 짧은 동영상이나 상황극을 제시한다. 예를 들어, 학급 단체 채팅방에서 친구의 말을 오해하여 갈등이 커진 사례나, 교실에서 무심코 던진 농담으로 친구가 상처받아 관계가 멀어진 사례를 활용할 수 있다.</td></tr>
</table>

<table>
<tr>
<td rowspan="2">수업
과정</td>
<td rowspan="2">활동1</td>
<td>◎ 반구저기 점검 활동
① 교사는 학급 내 혹은 일상에서 자주 발생할 수 있는 관계 갈등 사례를 간단히 제시한다. 예: “친구를 친절하게 대했지만 오히려 무시당했다고 느꼈던 경험”, “반장을 맡았지만 반 친구들이 협조하지 않았던 상황”.

② 학생들은 다음과 같은 자기 점검 질문표를 활용해 자신의 책임을 먼저 성찰한다.
• 나는 상대방을 진심으로 아끼고 배려했는가, 아니면 나의 의도만 앞섰던 것은 아닌가? 혹시 나의 仁이 부족했던 것은 아닌가[反其仁]?
• 나는 문제 상황을 지혜롭게 판단하고 대응했는가, 아니면 감정에 휘둘리거나 일방적인 방식으로 처리했는가? 혹시 내 지혜가 부족했던 것은 아닌가[反其智]?
• 나는 상대에게 예의를 다했다고 생각했지만, 내 말투나 태도가 무례하게 느껴졌던 점은 없었는가? 공경의 태도가[敬] 부족했던 것은 아닌가[反其敬]?

③ 학생들은 점검 내용을 바탕으로, ‘다시 같은 상황이 온다면 나는 어떻게 다르게 행동할 것인가’에 대한 개선 다짐문을 작성한다.

④ 소규모 조별 공유를 통해 서로의 성찰과 다짐을 나누고, 다양한 관계 속에서의 자성 실천 전략을 함께 모색한다.</td>
</tr>
<tr>
<td>◎ 자취(自取)의 관점에서 삶 돌아보기
① 교사는 맹자의 자취 개념을 학생들에게 소개한다. 인간이 처한 상황은 자신이 바꿀 수 없는 외부 환경의 영향도 있지만, 나의 태도와 행동에서 비롯된 결과도 존재함을 안내한다. 후자의 경우 자신의 의지로 변화시킬 수 있음을 강조한다.</td>
</tr>
</table>

수업 과정	활동2	② 학생들은 교사가 제시한 구체적인 도덕적 실패 사례들(예: 친구와의 갈등, 성적 부진, 학급 내 갈등 상황 등)을 읽고, 이러한 결과가 어떻게 자기 자신으로부터 비롯된 것인지 성찰하여 간략히 정리한다. 교사는 이러한 사례 분석을 통해 학생들이 도덕적 문제의 원인을 외부에서 찾기보다는 자기 내면에서 먼저 탐색하도록 유도한다. 다만, 교사는 학생의 개인적 상황과 정서적 안전을 충분히 고려하여 제재를 선택해야 한다. 특수한 상황으로 인해 대인관계에 어려움을 겪는 학생이 있다면, 자기 성찰의 초점을 '관계 내 갈등의 원인 탐색'에 두어서는 안 된다. 요컨대, 해당 수업 활동 시 교사는 학생에게 심리적 부담이 될 수 있는 사례를 다루지 않도록 유의해야 하며, 학급의 상황에 알맞은 조율이 필요하다. ③ 학생들이 자포(自暴)와 자기(自棄) 개념을 일상적 맥락에서 이해할 수 있도록 구체적인 사례를 중심으로 자기 성찰 일지 작성을 진행한다. 학생들은 최근 자신이 겪었던 부정적 경험 중 스스로를 경시하거나 포기했던 상황을 떠올리고, 이에 대한 구체적인 묘사와 함께, 그러한 행동이 자신의 도덕적 가능성을 어떻게 축소하고 방해했는지를 분석한다. 교사는 학생들이 이러한 자기 성찰 일지를 작성할 때, 잘못된 행동을 나열하는 데 그치지 않고, 도덕적 자기 가능성을 포기하거나 축소하는 태도(예: 스스로 인과 의를 실천하지 못한다고 단정한 경우)를 중점적으로 분석하도록 안내하여, 학생들이 도덕적 자기 포기와 자기 파괴의 심각성을 명확히 깨닫도록 한다. ④ 학생들은 맹자가 강조한 도덕적 자기 성찰의 궁극적 목적, 즉 타고난 본성적 선함을 실현하는 실천적 계획을 수립하고 발표하는 활동을 진행한다. 학생들은 자기 성찰 일지를 바탕으로, 부정적 태도나 행동을 극복하고 도덕적 가능성을 확대하기 위한 구체적인 개선 방안을 세운다. 이때 교사는 학생들이 자신의 내면적 태도와 가치관까지 점검하고 개선하는 계획을 수립하도록 지도한다.

<table>
<tr><td rowspan="3">수업 과정</td><td>활동2</td><td>⑤ 학생들은 소집단 활동을 통해 서로의 계획을 공유하고, 이야기함으로써 '공언(公言)'의 효과를 거둔다. 도덕적 자기 책임과 자기 성찰이 실질적인 삶의 개선과 본성적 선함의 구현으로 연결될 수 있도록 지속적인 자기 점검 체계를 구축한다.</td></tr>
<tr><td>활동3</td><td>◎ '자포'의 마음 극복하기
① 맹자는 우리가 스스로 자신의 도덕적 발전 가능성을 포기하는 것을 '자포'라고 했다는 점을 안내한다.

② 마음의 빨간 딱지 떼기: 교사는 사단을 시각화한 활동지와 빨간색 포스트잇을 나누어 주고, 평소 내가 나에게 했던 부정적인 말이나 스스로를 한계 지은 말을 쓰도록 안내한다. 포스트잇을 붙여 활동지에 인쇄된 '네 가지 마음속 씨앗'을 덮는다. (활동지에 붙은 포스트잇은 학생마다 개수가 다르나 현장 경험상 보통 3~4장 이상이 사용된다.) 교사는 이 말들이 스스로를 공격하는 무기였음을 인지시킨다. 이후, 학생들은 마음의 빨간 딱지를 떼어 찢어버린다. 노란색 포스트잇을 다시 나누어 준 후, 가능성과 긍정의 말을 적어 그 자리에 다시 붙인다.</td></tr>
<tr><td>마무리</td><td>교사는 수업에서 다룬 주요 개념인 반구저기, 자반, 자취의 의미를 간략히 정리하며, 도덕적 문제 해결의 출발점이 타인이나 외부 환경이 아닌 '자기 자신에 대한 성찰'임을 다시 강조한다. 학생들이 각 활동을 통해 발견한 자신의 도덕적 과제와 실천 계획을 생활 속에서 꾸준히 실천해 나갈 수 있도록 격려하며 수업을 마무리한다.</td></tr>
</table>

<table>
<tr><th colspan="3">6차시: "부끄러움을 내면적 성숙으로 전환하는 수업"</th></tr>
<tr><td colspan="2">학습목표</td><td>• 부끄러움이라는 도덕적 감정을 통해 자기 성찰을 촉진하고, 이를 통해 자신의 행동을 교정하며 내면적 성숙과 기쁨을 경험할 수 있다.</td></tr>
<tr><td colspan="2">내용요소</td><td>• 도덕적 성찰에서 감정은 왜 중요한가?
• 부끄러움의 감정을 회피하지 않고, 도덕적 자각과 성찰의 계기로 삼도록 유도하기
• 자신의 감정에 솔직한 태도</td></tr>
<tr><td colspan="2">성취기준</td><td>• 도덕적 성찰은 자기 비난이나 죄책감에 머무는 것이 아니라, 자기 존중과 내면의 평화를 얻기 위한 과정임을 이해할 수 있다.</td></tr>
<tr><td colspan="2">준비물</td><td>• PPT 강의 자료(맹자 자성론), 활동지(성찰 편지지 양식), 찰흙이나 지점토, 성찰 편지와 창작 활동을 위한 배경 음악</td></tr>
<tr><td>수업 과정</td><td>도입</td><td>교사는 학생들에게 최근 자신의 일상에서 스스로 부끄럽게 느껴졌던 구체적 순간을 떠올리게 한다. 예를 들어, 친구의 비밀을 가볍게 이야기하여 상대를 곤란하게 만든 경우나, 부모님에게 짜증 섞인 말투로 답한 순간 등 자신이 윤리적 기준에 비추어 바람직하지 않다고 느낀 상황을 선정하게 한다.</td></tr>
</table>

<table>
<tr><td rowspan="2">수업 과정</td><td>활동1</td><td>◎ '부끄러움을 통한 자기 성찰'

① 학생들은 선정한 사건에 대해 스스로에게 직접 편지를 쓰는 형식으로 성찰의 과정을 기록한다. 편지 내용에는 다음과 같은 구체적인 항목들이 포함되어야 한다. 당시 상황을 객관적으로 묘사하고, 자신이 어떤 행동이나 언어 때문에 부끄러움을 느꼈는지를 명확히 서술한다. 또한, 그 순간 자신이 부끄러움을 느꼈음에도 불구하고 이를 무시하거나 변명하며 합리화하려 했던 내면적 갈등 과정을 상세하게 표현한다.

② 교사는 부끄러움을 느낀 것이 오히려 자신 안의 도덕적 본성이 살아있음을 뜻한다는 점을 강조하며, 자신이 그 순간 망각한 도덕적 덕목을 구체적으로 명시하게 한다.

③ 앞으로 유사한 상황이 발생했을 때 이를 어떻게 교정할 것인지 구체적인 실천 계획과 다짐을 밝힌다. 교사는 이 과정에서 맹자가 제시한 바와 같이 '부끄러움이라는 감정이 자신의 잘못을 정직하게 마주하고 적극적으로 자성을 촉발하는 힘'이라는 점을 강조한다.</td></tr>
<tr><td>활동2</td><td>◎ '성찰이 준 평온과 즐거움'

① 교사는 학생들이 자기 성찰을 통해 얻을 수 있는 도덕적 즐거움과 기쁨의 감정을 명확히 인지하고 체험하는 과정으로 수업을 확장한다. 이를 위해 성찰 이후 내 감정의 변화라는 주제로 찰흙이나 고무 점토와 같은 구체물을 활용할 수 있다. 이러한 구체물은 학생들의 촉각을 직접적으로 자극함으로써, 자신의 감정 변화를 보다 생생하고 구체적으로 체험할 수 있게 한다는 점에서 효과적이다. 또한 모든 학생들이 참여할 수 있는 활동이라는 점에서도 교육적 의의가 있다.</td></tr>
</table>

<table>
<tr><td rowspan="3">수업
과정</td><td>활동2</td><td>특히, 자신의 감정을 글로 표현하기 어려워하는 학생들에게 비언어적 성찰의 기회를 제공할 수 있다. 이 과정에서 학생들은 자기 자신이 부끄러움을 직면하고 윤리적 문제를 해결할 때 느끼는 긍정적 정서와 내면의 평화를 구체적으로 표현하도록 안내받는다. 예컨대 학생들은 활동 전 · 중 · 후의 감정 변화를 나타내는 작품을 만들 수 있다. 혹은 죄책감이 사라진 뒤 찾아오는 기쁨의 감정을 표현해도 좋다. 교사는 학생들에게 작품의 수준보다 자신의 진실한 감정을 담아 표현하는 것이 중요하다는 점을 안내한다.

② 이후 자기 성찰을 통해 얻은 평안과 기쁨을 중심으로 발표하고 자유롭게 소감을 나누도록 한다. 이 과정에서 학생들이 서로 공감과 지지를 표현함으로써 교실 내에 자신의 잘못을 직면하고 고치는 것에 대한 긍정적 문화가 형성되도록 촉진한다.</td></tr>
<tr><td>마무리</td><td>교사는 맹자가 강조한 '부끄러움을 통해 얻는 기쁨이야말로 도덕적 성숙의 증거'임을 언급하며, 도덕적 성찰이 결코 자기 비난이나 죄책감으로 끝나는 것이 아니라, 진정한 자기 존중과 내면의 행복을 얻기 위한 과정임을 강조한다.</td></tr>
<tr><td>평가</td><td>예시) [활동2] 연계 관찰평가

본 평가는 [활동2]의 '구체물 조작' 과정을 중심으로 하는 교사의 관찰평가로 진행한다. 교사는 순회 지도를 통해 학생들이 자신의 추상적인 감정을 구체물로 형상화하는 과정을 면밀히 살핀다.
평가의 기준은 1) 학생이 얼마나 자신의 감정에 깊이 몰입하며 집중하고 있는지, 2) 부끄러움이라는 감정이 도덕적 성숙의 긍정적인 형태로 재구성하려는 의지가 구체물을 조작하는 과정에서 얼마나 잘 드러나는지를 중점적으로 관찰한다. 또한, 교사는 학생들이 구체물을 조작하는 과정 자체가 내면의 감정을 해소하는 치유 활동임을 이해하고, 정서적 지지자로서 피드백을 제공한다.</td></tr>
</table>

③ 순자의 자성론 기반 수업: 7–8차시

<table>
<tr><th colspan="3">7차시: "자성의 도덕적 기준 찾기 수업"</th></tr>
<tr><td colspan="2">학습목표</td><td>• 자신의 판단이 항상 옳지 않을 수 있음을 인식하고, 도덕 규범과 스승의 지도를 통해 성찰의 기준을 설정할 수 있다.</td></tr>
<tr><td colspan="2">내용요소</td><td>• 도덕적 성찰은 왜 도덕 규범과 스승의 가르침에 근거하여 이루어져야 하는가?
• 실제 생활 속 도덕적 문제 상황을 공적인 기준에 비추어 분석하고, 자신의 판단과 행동을 점검하기
• 타인의 조언과 객관적 기준을 겸허히 받아들이는 자세</td></tr>
<tr><td colspan="2">성취기준</td><td>• 갈등 상황 속에서 자신의 판단과 행동을 객관적 도덕 규범에 비추어 성찰하고, 타인의 지도와 피드백을 통해 더 나은 실천 방향을 도출할 수 있다.</td></tr>
<tr><td colspan="2">준비물</td><td>• PPT 강의 자료(순자 자성론), 도덕적 갈등 사례 카드, 학급 규칙 및 관련 법 규정 정리 자료, 모범 인물 소개 자료(요약 전기), 성찰 노트 양식</td></tr>
<tr><td>수업 과정</td><td>도입</td><td>① 관점에 따라 다르게 해석될 수 있는 착시그림 자료를 보여준다. (예: 오리–토끼 그림, 루빈의 꽃병, 젊은 여인과 노파 등) 한 그림 안에 두 가지 이미지가 공존한다는 점을 통해 '관점이 달라지면 사실도 다르게 보일 수 있음'을 감각적으로 경험할 수 있다. 교사는 '내 판단이 언제나 옳다고 장담할 수 있는지' 질문한다.

② 교사는 학생들에게 사람들과의 관계에서 '예'가 필요한 이유를 묻는다. 각자 다른 관점과 판단이 가진 사회에서, 예는 차이를 조율하고 조화를 이루는 도덕적 기준으로 작용한다는 사실을 소개한다. 학생들은 성찰의 과정 또한 도덕규범과 스승의 지도를 따라야 하는 이유를 탐색한다.</td></tr>
</table>

수업 과정	활동1	◎ 도덕 규범에 비추어 자기 성찰하기 ① 교사는 "말을 분석하면서[析辭] 스스로 잘 살피는 것[察]으로 여기고 사물의 명칭을 열거하면서 변별을 잘하는 것[辨]으로 여기는 것"의 태도가 현대 사회에서 가져올 위험성에 대해 질문을 던진다. 이를 바탕으로 스승과 법도, 예가 전제된 성찰[察]과 그렇지 못한 고찰 행위[察]를 구분하여, 스승과 법도가 없는 자기 성찰은 이치에 맞지 않는 잘못된 결론으로 흐르기 쉽다는 점을 설명한다. ② 학생들은 실제 생활 속에서 발생할 수 있는 도덕적 문제 사례(예: 무단지각, 친구와의 다툼, 단체 활동 방해 등)를 조별로 나누어 받고, 해당 행동이 학급 규칙, 학교생활규정, 청소년 보호법, 헌법적 가치 등 어떤 공적 기준에 위배되는지를 조사한다. 각 조는 조사 내용을 바탕으로 해당 행위를 어떻게 성찰하고 고쳐야 하는지를 간단히 발표하고, 학습[學]에 근거한 자기 성찰이 왜 중요한지에 대한 토의를 진행한다. ③ 교사는 이 과정에서 순자가 강조한 예의지중(禮義之中) 개념을 통해 자기 성찰은 지나치지 않고 적절한 균형을 이뤄야 하며, 도덕적 기준에 기반하지 않은 자기 성찰은 자기 합리화로 흐를 수 있다는 점을 짚어준다.
	활동2	◎ 스승[師]과 모범 인물에게 배우는 성찰 ① 학생들은 도덕적 모범으로 소개된 인물 중 한 명을 선택하여, 그 인물이 특정 갈등 상황에서 어떤 방식으로 자기 행동을 돌아보고 교정했는지를 짧은 전기 형식의 자료로 읽는다.

수업 과정	활동2	② 이어서 각자는 자신이 최근에 겪었던 도덕적 갈등 상황에서 해당 인물 또는 스승의 조언을 받는다면 어떤 충고를 해줄 것인지 가정하고, 그 조언을 자신의 상황에 적용한 성찰 노트를 작성한다. ③ 학생들은 짝과 서로의 성찰 내용을 공유하며, 도덕적 모범이 개인의 성찰에 어떤 역할을 할 수 있는지에 대해 의견을 나눈다. 교사는 이 과정을 통해 '도덕적 판단의 외적 거울로서 스승과 모범의 역할'을 정리한다.
	마무리	교사는 도덕적 판단과 성찰이 객관적인 도덕 규범과 스승의 조언 같은 기준을 바탕으로 이루어져야 한다는 점에 있음을 강조한다. 이어 학생들에게 "지금 이 순간 내가 옳다고 믿는 판단이, 정말 도리에 부합하는 것인지 되묻는 습관이 도덕적 성장을 이끈다"는 메시지를 전달하며, 매일의 실천 속에서 자신을 점검할 수 있는 자세를 당부하며 수업을 마무리한다.

<table>
<tr><th colspan="3">8차시: "도덕규범과 나의 행동, 얼마나 일치하는가? — 순자의 숙찰 개념을 중심으로"</th></tr>
<tr><td colspan="2">학습목표</td><td>• 순자의 자성론에서 강조하는 숙찰 개념을 바탕으로, 자신의 판단과 행동이 도덕적 규범에 부합하는지 반복적으로 점검하는 능력을 기른다.</td></tr>
<tr><td colspan="2">내용요소</td><td>• 자기 성찰에서 숙찰의 과정은 왜 중요한가?
• 자신의 판단과 도덕 규범과의 정합성을 분석하기
• 자신의 말과 행동이 예(禮)에 부합하는지를 지속적으로 점검하고 조정하려는 실천 의지</td></tr>
<tr><td colspan="2">성취기준</td><td>• 학습자는 일상적 판단과 행동에서 감정이나 환경이 아닌 도덕적 기준에 근거한 정합성 있는 판단을 내릴 수 있으며, 외부 기준이 불명확한 상황에서도 자기 점검을 통해 스스로의 행위를 조율하려는 태도를 가진다.</td></tr>
<tr><td colspan="2">준비물</td><td>• PPT 강의 자료(순자 자성론), 사례 제시 자료(도덕적 판단 오류 사례가 포함된 활동지), 정합성 자기 점검 활동지, 피드백 항목 안내지(짝 활동용), 개인 성찰 노트</td></tr>
<tr><td rowspan="2">수업 과정</td><td>도입</td><td>교사는 "감정대로 행동했다가 후회한 적이 있는가?"라는 질문으로 수업을 시작하며, 일상적인 사례를 통해 도덕적 판단의 오류가 왜 발생하는지를 설명한다. 이어 『순자』의 숙찰 개념을 소개하며, 자신의 말과 행동이 예와 도덕 규범에 맞는지를 반복적으로 점검하는 습관이 필요함을 강조한다.</td></tr>
<tr><td>활동1</td><td>◎ 사례 기반 진단 및 오류 인식
① 교사는 학생들에게 도덕적 판단의 오류가 쉽게 일어나는 일상 상황 사례를 제시한다(예: 친구의 실수를 조롱함, 무단 지각 후 정당화, SNS상의 감정적 발언 등).</td></tr>
</table>

수업 과정	활동1	② 학생들은 제시된 행동이 어떤 감정(예: 분노, 억울함, 재미)에 기초했는지를 먼저 파악하고, 해당 판단이 예나 공동체 규범과 충돌한 지점을 분석한다. 이를 통해 '감정이나 충동에 따른 판단이 왜 위험한가'를 학습한다.
	활동2	◎ '예'의 눈으로 본 나의 행위 ① 학생은 '최근 내가 판단한 행동 중 예에 부합하는지 확신이 없는 장면'을 떠올리고, 해당 상황에서 (1) 어떤 행동을 했고, (2) 어떤 기준에 따라 판단했으며, (3) 그것이 예나 도덕 규범과 어떤 관계를 갖는지를 점검표 형식으로 작성한다. 이때 교사는 점검의 준거로 "타인에 대한 예의", "공적 규범에 대한 책임", "자신의 감정 통제"라는 세 가지 기준을 제시한다. ② 학생들은 짝을 이루어 서로의 사례를 공유하고, 세 항목(이 판단은 감정 중심인가, 규범 중심인가? 판단이 예와 충돌할 여지가 있었는가? 향후 같은 상황에서 예에 따른 판단은 어떻게 다를 수 있는가?)에 따라 피드백을 주고받는다. 피드백은 더 나은 판단 가능성을 제시하는 방식으로 유도한다.
	활동3	◎ '숙찰'의 눈으로 본 나의 마음 ① '예'에서 '숙찰'로의 전환 안내: 본 활동은 [활동1]의 겉으로 드러난 행동인 '예'를 파악하는 단계에서 행위 이면에 자리한 심리적 동기와 같은 '숙찰'로 성찰의 깊이를 심화하는 단계이다. 교사는 학생들에게 두 활동이 별개가 아니라 하나의 행위를 더 깊게 사유하고 관찰하는 연속적인 과정임을 이해하도록 안내한다(예: "지금부터는 '규칙'이 아니라 '내 마음'을 들여다보는 단계로 넘어갈 것입니다. 이전 활동에서 우리는 나의 행동이 규칙과 기준에 적절했는지를 판단했습니다. 하지만 유교는 여기서 멈추지 않고, 내 마음 안에서 일어난 생각과 의도까지 기준에 맞아야 한다고 말합니다. 지금부터는 어떤 행동을 일으키는 내 마음의 움직임이 무엇인지 살펴보겠습니다.").

<table>
<tr>
<td rowspan="2">수업
과정</td>
<td>활동3
활동3</td>
<td>
② '숙찰'의 개념 이해 및 자신의 마음 들여다보기: 한자 '熟察'의 뜻풀이를 통하여 숙찰의 개념을 이해하도록 안내한다. 교사는 학생들의 이해를 돕기 위해, 하나의 상황을 두 가지 관점(예와 숙찰)으로 분석한 예시를 보여준다.
예) 상황: 수업시간에 지각을 해서 몰래 교실로 들어오다 선생님께 발견되어 예의 바르게 사과함. 그러나 속마음은 운이 나빠서 걸렸다고 생각하여 짜증이 났음.
<table>
<tr><th></th><th>'예'의 눈</th></tr>
<tr><td>예의 바르게 사과했는가?</td><td>알맞음("죄송합니다"하고 사과함).</td></tr>
</table>
<table>
<tr><th></th><th>'숙찰'의 눈</th></tr>
<tr><td>규칙을 지키지 않아 진정으로 반성했는가?</td><td>어긋남(운이 나빠서 걸렸다고 생각).</td></tr>
<tr><td>선생님의 질타를 깊게 받아들였는가?</td><td>어긋남(짜증이 났음).</td></tr>
</table>
③ '숙찰'을 위한 단계적 질문하기: 이후 교사는 다음과 같은 단계적 질문을 통해 진정한 숙찰이 일어나는 교실 장면을 구성할 수 있다.
<table>
<tr><td>1단계</td><td>감정의 온도</td><td>그 행동을 할 때 내 기분은 어떠했는가?</td></tr>
<tr><td>2단계</td><td>숨겨진 의도</td><td>그때 내 마음은 무엇을 원했나?</td></tr>
<tr><td>3단계</td><td>일어난 결과</td><td>내 행동이 다른 사람과 나 자신에게 끼친 결과는 어떠했는가?</td></tr>
<tr><td>4단계</td><td>개과의 용기</td><td>다시 돌아간다면, 더 나은 결과를 위해 내 마음을 어떻게 가꿀 것인가?</td></tr>
</table>
</td>
</tr>
<tr>
<td>마무리</td>
<td>수업을 마치며 교사는 도덕적 성찰은 단지 잘못을 반성하는 데 그치지 않고, 자신의 말과 행동이 도덕 규범과 실제로 얼마나 일치하는지를 반복적으로 점검하고 조정하는 과정임을 다시 한번 상기시킨다. 일상의 판단에서 감정이나 충동에 흔들리지 않고, 공적인 기준에 비추어 자신을 숙찰하는 태도가 도덕적 성숙으로 이어짐을 강조한다.</td>
</tr>
</table>

④ 『중용』의 자성론 기반 수업: 9-11차시

<table>
<tr><th colspan="3">9차시: "내 삶의 의미와 목적을 찾는 성찰 수업"</th></tr>
<tr><td colspan="2">학습목표</td><td>• 자기 삶의 의미와 목적을 초월적 관점에서 탐구할 수 있다.
• 자신이 중요하게 여기는 삶의 가치와 도덕적 실천 계획을 구성하고, 이를 공동체 속에서 표현하고 공유함으로써 성찰의 확장 가능성을 체험한다.</td></tr>
<tr><td colspan="2">내용요소</td><td>• 자신의 삶의 의미와 목적은 무엇일까?
• 자기 성찰을 통해 삶의 목적과 도덕적 기준 탐구하기
• 삶의 의미에 관심을 갖고 도덕적으로 행동하려는 자세</td></tr>
<tr><td colspan="2">성취기준</td><td>[9도01-01] 자신의 삶과 가치관에 대한 성찰을 통해 자아를 올바로 이해하고, 삶에서 도덕이 필요한 이유에 근거하여 도덕적인 삶에 대한 의지를 기른다.</td></tr>
<tr><td colspan="2">준비물</td><td>• PPT 강의 자료(『중용』 자성론), 탄생과 죽음에 관한 짧은 영상, 명상 음원 및 음성 안내 스크립트, 성찰 활동지(삶의 목적, 도덕적 가치, 실천 계획 등을 기록할 수 있는 구조화된 워크시트), 열린 질문 카드</td></tr>
<tr><td>수업
과정</td><td>도입</td><td>탄생에서부터 죽음까지 인간의 삶을 보여주는 짧은 영상을 시청한다. 영상에는 한 인간이 태어나 성장하고, 기뻐하고, 고통을 겪으며, 결국 죽음에 이르는 과정이 담겨있다. 교사는 인간의 삶이 생물학적 탄생과 죽음으로만 설명할 수 없음을 안내한다. 이에 덧붙여 "나는 왜 살아가는가?", "나는 왜 도덕적으로 살아가야 하는가?"와 같은 질문을 제시한다. 이때는 학생들의 답을 즉시 유도하지 않고 침묵의 시간을 제공하는 것이 좋다. 학생들이 자기 삶을 보다 진지하게 바라보고 성찰하는 경험을 제공하기 위함이다.</td></tr>
</table>

수업 과정	도입	교사는 학생들에게 자성이 단지 개인적 윤리 차원을 넘어서 초월적 우주 질서[天道]와의 합일을 추구하는 과정임을 설명한다. 학생들은 『중용』의 誠에 관련 구절을 함께 읽고, 자신이 생각하는 誠의 의미를 초월적 관점에서 떠올려본다. 이때 교사는 학생들이 개인 윤리적 행동 규범을 넘어서 자신의 삶과 존재가 우주의 근본 원리와 어떻게 연결되어 있는지를 깊이 생각하도록 유도하며, 개인이 곧 우주적 존재로서 윤리적 책임을 가진 존재임을 깨닫게 한다.
	활동1	◎ 명상을 통한 내면 여행 ① '명상' 소개: 학생이 외부 자극으로부터 벗어나 자신의 내면에 집중할 수 있는 시간적 여백을 제공한다. 주의할 점은 명상에 익숙하지 않은 학생들에게 별다른 안내 없이 '눈을 감고 마음을 고요하게 하라'고 요청한다면 본 활동은 실패할 위험이 크다는 것이다. 따라서 교사는 명상을 종교적 행위나 지루한 것이 아니라, 복잡한 머릿속을 정돈하는 '마음 휴식'의 시간으로 접근하는 것이 좋다. (예: "오늘 우리가 할 명상은 마음의 흙탕물을 가라앉게 만드는 시간입니다. 친구, 게임, 공부와 같이 우리 마음을 어지럽히는 것들에서 벗어나 내 마음의 상태를 고요하게 바라보도록 노력해 봅시다.") ② 명상은 조용한 음악과 함께 진행되며, 교사는 음성 안내를 통해 학생들이 자신의 삶의 목적, 가치, 존재 이유에 대해 고요히 사유하도록 유도한다. 이러한 활동은 학생이 '자기 존재의 의미'를 초월적 관점에서 탐구하는 경험을 가능하게 하며, 유교의 신독 개념이 요구하는 '고요한 중에 스스로를 살피는 태도'를 경험으로 연결하는 단계이다.

<table>
<tr><td rowspan="2">수업
과정</td><td>활동1</td><td>③ 명상 후에는 학생들이 자신이 떠올린 삶의 목적, 가치, 의미 등을 글로 정리하는 성찰 기록 활동을 수행한다. 이때 제공되는 활동지에는 ‘내가 중요하게 여기는 삶의 가치’, ‘그 가치를 지키기 위한 도덕적 행동 계획’, ‘스스로에게 적용하는 도덕 기준’ 등을 구체적으로 작성하게 되어 있어, 학생들은 추상적 사유를 실제 행동 전략으로 연결하는 과정을 경험하게 된다.</td></tr>
<tr><td>활동2</td><td>◎ 자신의 성찰 표현하기
명상을 통해 자신의 내면을 살펴본 후, 이를 즉시 언어로 공개하도록 요구하는 것은 학생들의 심리적 안전을 위협하는 일이 될 수 있다. 따라서 본 활동에서는 명상을 통해 느낀 바를 표현하되, 노출을 최소화하는 전략을 활용한다. 교사는 다음과 같은 활동을 선택할 수 있다.

• 선택 활동 1) 내 마음의 ‘상징’ 디자인하기:
명상을 통해 살펴본 나의 마음을 하나의 상징으로 표현한다. 이 상징에 사용되는 그림은 촛불, 나무, 길, 배, 집 등 자유롭게 선택할 수 있다고 안내한다. 혹은 그림 대신 ‘로고’나 ‘마크’처럼 단순하게 표현할 수도 있다. 그림에 대해 간단한 설명을 덧붙여도 되지만 이 또한 학생의 선택으로 남겨두는 것이 좋다. 본 활동은 유교에서 말하는 뜻을 세움[立志]과 자신의 지향을 시각화하는 활동이다.
• 선택 활동 2) 유교 경전 ‘블랙아웃 포이트리(Blackout Poetry)’:
본 활동은 ‘발견 시(Found Poetry)’의 한 형태인 ‘블랙아웃’ 기법을 활용한다. 이 기법은 기존 텍스트에서 불필요한 단어를 지우고 남은 단어들로 새로운 의미를 재구성하는 방식이다.</td></tr>
</table>

수업 과정	활동2	교사는 명상 및 성찰과 관련한 유교 경전의 텍스트가 적힌 활동지를 제공한다. 학생들은 자신의 마음 상태나 중요하게 생각하는 가치에 관련한 단어 몇 개를 남긴다. 그 외의 텍스트는 검은 펜으로 가린다. 남은 단어들을 연결하여 하나의 시나 문장을 만든다. 직접 글을 쓰기 힘든 학생들이 부담 없이 참여할 수 있으며, 우연성을 통해 자신의 마음을 간접적으로 표현하는 활동이다.
	마무리	교사는 수업의 주요 흐름을 간단히 되짚으며, 도입에서 제시된 "나는 왜 살아가는가?", "나는 왜 도덕적으로 행동해야 하는가?"의 질문에 대해 학생들이 어떤 관점의 변화를 경험했는지 질문하며 수업을 정리한다.

<table>
<tr><th colspan="3">10차시: “내 안의 참된 가치 찾기 성찰 수업”</th></tr>
<tr><td colspan="2">학습목표</td><td>• 자신의 내면에 존재하는 진정한 가치와 감정을 탐색하고, 이를 바탕으로 도덕적 삶의 방향성을 모색할 수 있다.</td></tr>
<tr><td colspan="2">내용요소</td><td>• 진정성 있는 삶은 왜 중요한가?
• 자신이 지향하는 가치와 인간상에 따라 진정성 있는 실천 계획을 수립하고 점검
• 자기 내면의 진실성에 기반한 도덕적 삶을 실천하려는 태도</td></tr>
<tr><td colspan="2">성취기준</td><td>• 자신이 지향하는 가치에 따라 구체적인 실천 계획을 수립하고, 이를 지속적으로 점검하려는 태도를 기를 수 있다.</td></tr>
<tr><td colspan="2">준비물</td><td>• PPT 강의 자료(『중용』 자성론), 명상용 배경 음악, 활동지(성찰 일지, 가치 이상형 월드컵), 가치 카드</td></tr>
<tr><td>수업 과정</td><td>도입</td><td>교사가 조용한 분위기를 조성한 가운데 약 5분간의 짧은 명상으로 시작된다. 이 명상은 조용한 음악을 배경으로 하여, 학생이 스스로의 내면을 안정시키고 자신의 솔직한 상태를 돌아볼 수 있도록 유도하는 시간이다. 교사는 이 과정에서 학생들에게 “최근 자신이 느낀 불안이나 스트레스가 외부의 자극 때문인지, 아니면 자신의 본래 가치와 어긋나는 방식으로 행동했기 때문인지에 대해 성찰해 보자”고 안내한다.</td></tr>
</table>

<table>
<tr><td rowspan="2">수업 과정</td><td>활동1</td><td>◎ '진심의 방향 찾기: 나의 가치, 나의 선택'

① 명상 이후, 학생들은 '성찰 일지'를 활용하여 최근의 불안감이나 갈등 상황을 구체적으로 기술하고, 해당 상황에서 자신의 내면 가치와 실제 행동이 어떤 방식으로 괴리되었는지를 분석하게 된다. 예를 들어 '친구에게 인정받기 위해 평소와 다른 방식으로 말하고 행동한 경험'을 기술하면서, 그러한 선택이 자신의 본래 성향이나 가치와 어긋났다는 사실을 자각하게 된다.

② 이후, 학생들은 자신이 지향하는 인간상과 스스로 중요하게 여기는 가치를 탐색하고, '성찰 일지'에 이를 구체적으로 기록한다. "왜 나는 이 가치를 지키고 싶은가?"라는 질문에 대한 개인적 동기와 철학적 근거를 기술하도록 유도하며, 해당 가치를 실제 생활 속에서 실천할 수 있는 행동 계획을 함께 작성하도록 구성된다. 예를 들어, '신뢰'를 핵심 가치로 설정한 학생은 "이번 주에는 친구와의 약속을 반드시 지킨다"는 구체적인 실천 목표를 스스로 설정하게 한다.</td></tr>
<tr><td>활동2</td><td>◎ '진심을 발견하는 시간: 가치 이상형 월드컵'

학생들은 여러 가치가 쓰인 카드를 한 묶음씩 받는다(10-12장 정도). 이 중 1-2장의 카드를 비우고 학생들이 자신만의 소중한 가치를 적도록 해도 좋다. 학생들은 교사의 안내에 따라 가장 먼저 포기할 수 있는 가치들을 뒤집는다. 2-3장이 남을 때까지 계속하고 남은 카드를 확인하는 시간을 제공한다. 자신은 왜 이 가치 카드를 뒤집지 못했는지 성찰하도록 안내하며, 이 카드들에 쓰인 가치를 실현하는 삶을 위해서는 무엇이 필요할지 발표한다. 발표가 끝나면 활동지를 통해 자신이 소중히 여기는 가치카드를 붙인 뒤, 앞으로의 다짐을 작성한다.</td></tr>
</table>

<table>
<tr><td rowspan="2">수업 과정</td><td>마무리</td><td>교사는 수업을 마무리하며, 자기 성찰은 타인의 기대가 아닌 자신이 중요하게 여기는 가치와 삶의 방향에 따라 이루어져야 함을 안내한다. 진정한 자아에 기반한 삶의 실천이 도덕적 안정감과 만족으로 이어질 수 있음을 강조하며, 학생들이 자신의 진정성을 지속적으로 점검하고 실천할 수 있도록 격려한다.</td></tr>
<tr><td>평가</td><td>예시)
<table>
<tr><td>본 수업을 통해 여러분은 자신이 평소 중요하게 여긴 가치가 무엇인지 깊게 생각하는 시간을 가졌을 것입니다. 가치 선정 이유와 그 가치를 실천하기 위한 나의 다짐을 써주세요. 특히 일상생활에서 어떠한 노력을 기울일 것인지 구체적인 행동 약속을 적어주세요.</td></tr>
<tr><td>1. 나의 핵심 가치는:
2. 이 가치가 나에게 소중한 이유는:
3. 이 가치를 지키기 위해 앞으로 어떤 노력을 할 것인가요?</td></tr>
<tr><td>가장 믿음직하거나, 내 이야기를 진지하게 들어줄 친구 한 명을 선택하여 위 내용을 보여주세요. 그리고 나의 다짐에 대한 친구의 격려와 응원의 한마디를 부탁하세요.</td></tr>
<tr><td>To. ○○에게 (작성자)</td></tr>
</table></td></tr>
</table>

<table>
<tr><th colspan="3">11차시: “타인의 시선이 닿지 않는 순간의 성찰 수업”</th></tr>
<tr><td colspan="2">학습목표</td><td>자신의 일상에서 드러나는 도덕적 딜레마 상황을 성찰하고, 타인의 시선이 없는 상황에서도 스스로를 성찰하고 바로잡으려는 신독의 태도를 기를 수 있다.</td></tr>
<tr><td colspan="2">내용요소</td><td>• 타인이 보지 않을 때에도 도덕적으로 행동하는 것은 왜 중요할까?
• 자신의 생활을 점검하여 성찰하기
• 내면에 주의를 기울이는 태도</td></tr>
<tr><td colspan="2">성취기준</td><td>[9도01-02] 일상에서 발생하는 부도덕한 행동의 여러 원인을 분석하고, 도덕적 인격이 갖추어야 할 특성들을 파악하여 이를 내면화하는 의지를 기른다.
• 타인의 시선이 없는 상황에서도 스스로 판단하고 도덕적으로 행동할 수 있는 내면의 도덕 감시 기능의 중요성을 이해한다.</td></tr>
<tr><td colspan="2">준비물</td><td>• PPT 강의 자료(『중용』 자성론), 활동지(‘숨겨진 잘못 탐색 일지’, ‘침묵 속의 결단’ 기록지), 침묵 속 성찰 유도용 분위기 조성을 위한 조용한 음악, 색종이나 한지, A4 용지</td></tr>
<tr><td>수업 과정</td><td>도입</td><td>교사는 먼저 학생들이 공감할 수 있는 ‘타인이 보지 않는 곳에서 일어나는 잘못된 행동’ 사례를 제시한다. 예를 들어, 급식 줄을 설 때 친구가 보지 못하게 먼저 끼어드는 장면, 스마트기기를 몰래 사용하는 경우, 또는 혼자 있을 때 청소를 대충 마무리하는 행동 등이 이에 해당한다. 이 사례를 통해, 남들이 보지 않을 때의 행동이야말로 진정한 도덕성의 척도가 될 수 있음을 자연스럽게 환기시킨다.</td></tr>
</table>

<table>
<tr><td rowspan="2">수업 과정</td><td>활동1</td><td>◎ 홀로 있을 때 옷 매무새 다듬기[愼獨]

① 학생들에게 '愼獨'이라는 한자어를 제시한다. 해당 단어와 활동명을 연결하여 신독의 의미가 무엇인지 유추해 본다. 신독이란 타인의 시선이 없는 곳에서도 도덕적으로 옳은 행위와 태도를 가지고자 애쓰는 모습임을 안내한다.

② 학생들은 색종이나 한지로 자신의 '옷깃'을 상징하는 조각을 만든다. 그 위에 지키고 싶은 도덕적 태도나 마음가짐을 적는다. 이후 '옷깃' 조각을 A4 크기 종이에 붙인 뒤 자신을 상징하는 그림을 연결해 그린다. '홀로 있다는 사실'이 드러나도록 배경을 더하여 '신독'의 태도를 시각화한다.</td></tr>
<tr><td>활동2</td><td>◎ '숨겨진 잘못 탐색 일지'

① 학생들은 자신이 최근 한 달 안에 '타인에게 보이지 않았지만 스스로 문제의식을 느낀 행동'을 한두 가지 떠올린다. 이어서 활동지에 다음 항목에 따라 기록한다.
• 당시 상황은 어떤 맥락이었는가?
• 왜 그 행동은 남몰래 했어야 했고, 그것이 부끄럽다고 느껴졌는가?
• 그 순간, 어떤 도덕적 기준이나 양심을 외면했는가?

② 교사는 자신의 도덕적 과오는 자기 내면에서 비롯될 수 있음을 일깨우며, 스스로 경계하고 조심하는 태도로 자기 자신을 투명하게 성찰하는 태도의 중요성을 설명한다. 학생들은 활동지의 다음과 같은 질문에 따라 기록한다.
• 계신공구(戒愼恐懼)의 관점에서 볼 때, 나는 어떻게 행동했어야 했는가?
• 앞으로 나만 아는 공간에서도 나를 지키기 위해 어떤 태도를 실천할 것인가?</td></tr>
</table>

<table>
<tr><td rowspan="2">수업
과정</td><td>활동3</td><td>◎ '침묵 속의 결단'
학생들은 '숨겨진 잘못 탐색 일지'를 바탕으로, '다음에 비슷한 상황이 온다면 나는 어떻게 행동할 것인가?'에 대해 자신의 윤리적 결단을 조용히 기록하는 활동을 수행한다. 이 활동은 고요한 분위기 속에서 개별적으로 진행된다. 학생들은 활동지에 도덕적 결단의 구체적 실천 방안을 작성하고, 결단이 실제 행위로 이어졌을 때 느낄 기쁨의 순간을 간단한 문장으로 덧붙이도록 안내한다. 이를 자신만의 상징으로 시각화한다. 작성된 내용은 각자 보관하도록 하며, 교사는 학생의 자율적 도덕성 형성을 존중하는 분위기를 조성한다.</td></tr>
<tr><td>마무리</td><td>교사는 신독 개념을 강조하면서, "도덕적 사람은 남이 보지 않아도 자신을 지키는 사람"이라는 메시지를 명확히 전달한다. 이를 통해 학생들은 자신의 행동에 대한 도덕적 기준이 타인의 감시나 처벌이 아닌 자기 내면의 목소리와 판단에 기반해야 한다는 사실을 이해하게 된다.</td></tr>
</table>

⑤ 『대학』의 자성론 기반 수업: 12–14차시

12차시: "나를 속이지 않는 성의(誠意) 실천 수업"		
학습목표		• 자신의 감정이나 판단이 외부 환경의 영향이 아닌 내면의 자발적 도덕 감정에서 비롯된 것인지를 점검할 수 있다. • 도덕적 부끄러움과 즐거움의 감정이 성찰을 통해 어떻게 유발되는지를 이해하고, 이를 바탕으로 자신의 내면을 정직하게 바라보는 태도를 기른다.
내용요소		• 자기 성찰에서 성의의 태도는 왜 중요한가? • 자신의 뜻을 참되게 하고[誠意], 스스로를 속이지 않으며[毋自欺], 내면의 생각과 감정에 지속적으로 주의를 기울이려는 태도
성취기준		• 도덕적 판단의 주체로서 자신의 감정과 행동이 정당한지 점검하고, 내면의 도덕적 기준에 따라 스스로를 성찰한다. • 외부 조건에 흔들리지 않고 자신의 도덕적 신념을 지키기 위한 실천 방안을 탐색한다.
준비물		• PPT 강의 자료(『대학』 자성론), 활동지(성의 점검 일지), 감정 단어 리스트, 식초와 라벤더 오일을 담은 용기
수업 과정	도입	교사는 성의(誠意)와 무자기(毋自欺) 개념을 바탕으로, 학생들이 스스로의 감정과 판단을 얼마나 정직하게 인식하고 있는지를 탐색하게 유도한다. 이를 위해 교사는 학생들에게 "최근 누군가를 미워하거나 부러워했던 순간이 있었는가?", "그 감정은 진심에서 비롯된 것이었는가, 아니면 주변 분위기나 타인의 반응에 따른 것이었는가?"와 같은 질문을 던진다. 이러한 질문을 통해 학생들은 도덕적 감정이 자발적 판단에 기반했는지, 외적 자극에 의해 왜곡되었는지를 점검하는 성찰의 출발점에 도달하게 되며, 이는 곧 자신을 속이지 않는 태도에 접근하는 계기를 마련해 준다.

<table>
<tr><td rowspan="2">수업 과정</td><td>활동1</td><td>◎ ‘무자기(毋自欺)’ 체험 활동
교사는 학생들이 ‘싫은 냄새’, ‘좋은 냄새’에 대한 본능적 반응을 직접 체험한 뒤, 이를 바탕으로 선과 악에 대한 도덕적 감수성도 이와 같이 자발적으로 반응해야 함을 성찰하게 한다.
교사는 뚜껑이 닫힌 용기 두 개를 준비하여, 하나에는 식초를 담고, 다른 하나에는 라벤더 오일을 담아 순차적으로 학생에게 맡게 한다. 학생들은 냄새를 맡는 순간의 자신의 반응을 즉시 기록한다. 이어서 교사는 “도덕적으로 옳지 않은 행동이나 장면을 봤을 때, 우리는 어떤 감정을 느끼는가?”라는 질문을 던지며 연결 고리를 만든다.</td></tr>
<tr><td>활동2</td><td>◎ 성의(誠意) 점검 일지 작성하기
① 학생들은 아래 질문에 따라 자신의 감정과 성의(誠意) 개념을 연결 지어 자기 성찰을 진행하고 ‘성의 점검 일지’를 작성한다.
• 나는 누군가를 속이거나 해치는 장면을 봤을 때 어떤 감정을 느꼈는가?
• 내가 누군가에게 친절하고 정직하게 대했을 때, 내 마음은 어땠는가?
• 내가 미워했던 행동은 정말 내 판단에 의한 것인가, 혹은 주변 분위기에 휩쓸린 것인가?
• 내가 부끄러움을 느꼈던 순간은 타인의 시선 때문이었는가, 아니면 내 양심 때문이었는가?
• 물질, 경쟁, 타인의 평가 등 외적 조건에 의해 내 감정이 좌우되었던 경험은 없었는가?</td></tr>
</table>

수업 과정	활동2	② 학생들은 '성의 점검 일지'를 바탕으로 자신의 감정이 외부의 자극에 의해 쉽게 요동쳤던 순간들과, 내면의 도덕적 기준에 따라 형성되었던 감정의 차이를 비교 분석한다. 교사는 이 과정에서 학생들이 자기 감정을 보다 깊이 이해하고, 무엇이 자신을 기쁘게 하거나 불편하게 만드는지 그 원인을 자기 내면에서 탐색하도록 안내한다.
	마무리	교사는 진정한 자기 성찰이란 자신이 느끼는 감정과 판단이 참으로 자발적이고 정직한 것인지를 끊임없이 살펴보는 태도임을 상기시킨다.
	평가	예시) 자기 평가 점검지: 교사는 학생들에게 오늘 배운 '성의'를 바탕으로 다음의 점검지를 진실하게 작성하도록 격려한다. 또한, 본 평가가 상대평가나 선발을 위한 결과로 활용되지 않음을 안내하여 학생들의 부담감을 완화한다. 무엇보다 본 평가의 핵심은 교사의 격려와 응원이 담긴 피드백에 있다. 교사는 평가 결과에 대한 옳고 그름을 판단하기보다, 학생이 자신의 내면을 솔직하게 마주한 용기를 칭찬하며 앞으로의 도덕적 성장에 대한 기대감을 작성하는 것이 좋다.

수업 과정	평가	평가 영역	문항 내용	응답 문항				
				매우 그렇다.	그렇다.	보통 이다.	그렇지 않다.	전혀 그렇지 않다.
		'성의' 이해	'무자기', 즉 남이 보지 않을 때도 스스로를 속이지 않는 태도가 왜 중요한지 이해하였다.					
		도덕적 감수성	식초와 라벤더 냄새에 몸이 즉각 반응하듯, 나쁜 행동[惡]을 미워하고 착한 행동[善]을 좋아하는 마음이 내 본성에 있음을 깨달았다.					
			선과 악을 대할 때 머리로 계산하기보다, 마음속에서 자연스럽게 우러나오는 도덕적 감정을 느낄 수 있었다.					
		자기 기만	나의 도덕적 행동이 타인의 시선이나 칭찬 때문은 아니었는지 솔직하게 구분할 수 있게 되었다.					
			누군가를 속이거나 해치는 장면을 볼 때 느꼈던 내 마음의 불편함을 외면하지 않고 직시하였다.					
		실천 의지	앞으로 내 마음의 소리(양심)를 무시하거나 합리화하지 않겠다고 다짐했다.					
			겉으로 드러나는 행동뿐만 아니라, 보이지 않는 내면의 동기까지 진실하게 가꾸고자 하는 마음이 생겼다.					
		수업이 끝난 후 느낀 점 및 다짐을 자유롭게 써 주세요. (1–2문장)						
		교사의 코멘트						

13–14차시: "자기 성찰을 통한 공동체적 책임 강화 수업"		
학습목표		• 자기 성찰이 개인의 도덕적 성장뿐 아니라 공동체 질서와 책임 윤리 형성에 어떻게 기여하는지를 이해한다.
내용요소		• 유교의 자성 개념이 개인의 도덕적 수양을 넘어서 가정과 학교, 사회 공동체의 조화와 질서를 이루는 데 어떤 의미를 가지는가? • 일상생활 속에서 경험하는 갈등이나 문제 상황에 대해 자기 성찰을 적용해 보고, 그를 바탕으로 공동체 내에서 책임 있게 실천할 수 있는 방안 모색하기 • 공동체 문제를 스스로 성찰하며 책임을 인식하는 태도
성취기준		• 자기 성찰을 통해 가정 · 학교 · 사회 공동체에서 발생하는 도덕적 문제를 이해하고, 그에 대한 자신의 책임과 역할을 자각하여 공동체적 삶을 위한 실천 방안을 모색한다.
준비물		• PPT 강의 자료(『대학』 자성론), 활동지('가정 변화 실천 다짐표', '칭찬스파이' 카드, '학급 내 자기 성찰 카드', 공동 실천 선언문)
수업 과정	도입	교사는 수신 – 제가 – 치국 – 평천하에 이르는 실천 구조를 설명하며, "진정한 자기 성찰은 개인의 작은 행동 변화로부터 가족과 학급, 나아가 학교 공동체와 사회의 변화를 이끈다"는 점을 강조한다.

<table>
<tr><td rowspan="2">수업 과정</td><td>활동1</td><td>◎ ‘내가 바꾸는 가정의 분위기’

① 학생들은 자신이 최근 일상 속에서 가정 내에서 발생한 갈등이나 무심코 지나쳤던 부정적 행동(예: 부모님과의 약속 불이행, 동생에게 짜증을 낸 순간 등)을 돌아보고, 그로 인해 가족에게 어떤 영향을 주었는지를 간단히 서술한다.

② 자신의 행동이 가족 구성원에게 미친 정서적 영향(예: 실망, 걱정, 피로감 등)을 상상하여, 가족의 입장이 담긴 글을 간단히 작성한다.

③ 학생들은 ‘가정 변화 실천 다짐표’와 ‘칭찬스파이’를 작성한다. 가정 변화 실천 다짐표에는 ‘고치고 싶은 일상의 습관, 실천 동기 및 성찰 배경, 예상되는 가족의 반응 변화, 실천 계획’을 구체적으로 기입하게 한다. ‘칭찬스파이’ 카드에는 가족 구성원들의 장점을 적어 ‘몰래 전달하기’ 미션을 수행하도록 안내한다. 교사는 다음과 같은 예를 미리 안내하는 것이 좋다. [아버지용 칭찬스파이 카드에 자신이 생각한 아버지의 장점을 적고 출근하실 때 신는 구두에 몰래 넣어두기]

④ 교사는 학생들이 가정이라는 공동체 속에서도 도덕적 책임 주체로서 자리를 인식하고, 자기 성찰을 바탕으로 가족 간 신뢰와 배려의 관계를 형성할 수 있음을 강조한다.</td></tr>
<tr><td>활동2</td><td>◎ ‘내가 만드는 학급의 분위기’
① 교사는 학생들에게 “학급 분위기가 무겁거나 단절되는 순간들이 언제였는지 떠올려 보자”고 질문한 뒤, 학생 스스로 그 원인 중 자신에게 해당하는 부분이 있는지를 돌아보게 한다.</td></tr>
</table>

<table>
<tr><td rowspan="2">수업 과정</td><td>활동2</td><td>② 학생들은 '학급 내 자기 성찰 카드'를 작성한다. 이 카드에는 '(1) 최근 자신의 언행 중 학급 공동체에 부정적 영향을 미친 내용, (2) 그 행동이 친구들이나 담임교사에게 어떤 인상을 남겼는지 추론해 보기, (3) 그 상황에서 자신이 어떻게 달리 행동했어야 했는지에 대한 성찰하기, (4) 공동체 회복을 위한 구체적 실천 계획'이 포함된다.

③ 소규모 조별로 서로의 카드를 나누며 '함께 만드는 책임의 분위기'라는 주제로 공동 실천 선언문을 작성한다.</td></tr>
<tr><td>마무리</td><td>교사는 수업을 마무리하며, 공동체 안에서 자기 행동의 영향을 자각하고, 도덕적 주체로서 책임을 실천하는 태도가 가정과 학급의 변화를 만들어내는 핵심임을 상기시킨다.</td></tr>
</table>

⑥ 『역전』의 자성론 기반 수업: 15–17차시

15차시: "후회를 통한 성찰과 회복 수업"		
학습목표		• 무구(无咎)와 회(悔) 개념을 이해하고, 잘못을 성찰하고 교정함으로써 도덕적 회복과 자기 수양의 가능성을 설명할 수 있다.
내용요소		• 무구와 회 개념의 윤리적 함의는 무엇인가? • 도덕적 뉘우침의 경험을 구조화하여 무구의 가능성을 도출하는 성찰 과정을 실행하기 • 자신의 잘못을 도리에 비추어 성찰하고 교정하려는 내면적 책임감과 실천적 태도
성취기준		• 자신이 경험한 후회를 도덕적 관점에서 해석하고, 그 감정을 바탕으로 자기 판단을 점검하며, 새로운 도덕 원칙과 행동 계획을 수립하는 실천적 성찰 능력을 기른다.
준비물		• PPT 강의 자료(회와 무구 중심 자료), '도덕적 성찰 흐름' 기록지, '후회'가 떠오르는 그림
수업 과정	도입	교사는 학생들에게 '후회'가 즉시 떠오르는 그림을 제시한다. 예컨대, 잘못 던진 공이 유리창을 깨뜨리는 모습, 키보드에 엎질러진 우유, 울고 있는 불효자 등. 이를 통해 '후회'하면 떠오르는 단어를 브레인스토밍한다. 이후 학생들이 발표한 것들을 감정 단어, 가치 단어, 행위 단어로 분류한다. 교사는 정리된 내용 중 유교의 자성의 전통에서 도덕적 후회를 바라보는 관점이 드러난 단어를 고른다. 이를 통해 도덕적 뉘우침[悔]의 과정에서 등장하는 후회의 감정과 그 감정이 어떻게 후련함[无咎]으로 변할 수 있는지 안내한다.

수업 과정	**활동**1	◎ 도덕적 성찰 흐름 기록 작성하기 학생들은 자신이 최근 후회했던 도덕적 잘못의 경험을 바탕으로, '뉘우침에서 교정까지'의 과정을 구조화하여 도덕적 성찰 흐름 기록문을 작성한다. 교사는 학생들이 판단의 오류를 점검할 수 있도록 아래와 같은 항목을 포함한 활동지를 제공한다. • 내가 후회했던 구체적인 행동은 무엇이었는가? • 그 잘못을 어떻게, 어떤 계기로 인식하게 되었는가? • 인식 직후 어떤 감정이 들었고, 그 감정은 왜 생겨났는가? • 그 경험을 통해 무엇을 반성하게 되었으며, 앞으로 어떤 점을 바꾸려 하는가?
	활동2	◎ 도덕적 성찰 공유 및 상호 피드백 ① 학생들은 소모둠(3–4인) 단위로 자신의 도덕적 성찰 흐름 기록문을 공유하고, 각자의 반성 과정과 실천 방향에 대해 공감과 질문 중심의 피드백을 주고받는다. • 이 친구는 어떤 계기로 자신의 잘못을 인식하게 되었는가? • 반성 이후 실천 계획이 명확하고 구체적인가? • 후회의 감정이 단지 감정 표현에 머무르지 않고 변화로 이어졌는가? ② 소모둠 피드백 활동 이후, 교사는 각 모둠에서 나온 인상 깊은 성찰 내용을 전체 학급과 함께 간단히 공유할 수 있는 시간을 마련한다.

<table>
<tr><td rowspan="2">수업 과정</td><td>마무리</td><td>교사는 무구는 잘못이 전혀 없는 상태를 의미하는 것이 아니라, 잘못을 인식하고 제때에 고치려는 성찰과 실천의 태도에서 비롯된 결과임을 다시 강조한다. 이어 학생들에게 오늘 배운 내용을 바탕으로, 하루를 마무리할 때 자신이 후회했던 작은 행동 하나를 떠올려보고, 그것을 어떻게 교정해 나갈 수 있을지를 생각해 보도록 안내한다. 이러한 일상의 뉘우침과 반성의 습관이 더 나은 인격으로 나아가는 출발점임을 함께 되새기며 수업을 정리한다.</td></tr>
<tr><td>평가</td><td>예시) 자신에게 쓰는 편지

오늘 우리는 ‘후회’가 더 나은 내가 되기 위한 소중한 마음의 신호임을 배웠습니다. 이번 수업을 통해 느낀 마음을 미래의 나에게 편지로 남겨봅시다.
그런데 나의 실수나 후회는 아주 내밀한 자신만의 이야기일 수 있습니다. 누군가에게 보여주기 싫은 것이 자연스러운 마음입니다. 유교의 자기 수양 목표는 남에게 보이기 위함이 아니라 스스로의 인격적 성숙입니다.
그러므로 선생님은 여러분에게 ‘이 편지를 누구에게 보여줄 것인가’에 대한 선택권을 드립니다. 편지지 위에 제시된 ‘편지 공개 범위 선택 박스’를 먼저 체크해 주세요.

[ ] 1단계: 완전 비공개
[ ] 2단계: 선생님께만 공개 - 조언과 응원의 피드백 제공
[ ] 3단계: 친구와 나누기

To. ○○에게 (작성자)</td></tr>
</table>

<table>
<tr><th colspan="3">16차시: “작은 과오의 누적을 방지하는 성찰 수업”</th></tr>
<tr><td colspan="2">학습목표</td><td>『역전』의 ‘과오가 쌓임[惡積]’ 개념을 이해하고, 반복된 사소한 과오가 도덕적 파탄으로 이어질 수 있음을 구체적 사례를 통해 분석하며, 일상 속 자신의 반복 행위를 성찰하고 도덕적 개선 계획을 수립할 수 있다.</td></tr>
<tr><td colspan="2">내용요소</td><td>• 도덕적 과오의 반복이 인격과 공동체에 미치는 영향은 무엇인가?
• 반복된 도덕적 결함이 발생하는 과정을 단계적으로 탐색하며, 개선을 위한 실천 방안을 구상하기
• 사소한 잘못이라도 반복되는 행위에 도덕적 민감성을 갖고 주의를 기울이며, 일상 속에서 자기 성찰을 지속하려는 태도</td></tr>
<tr><td colspan="2">성취기준</td><td>•『역전』의 내용을 바탕으로 도덕적 과오의 누적이 초래하는 위험을 설명하고, 이를 방지하기 위한 도덕적 성찰의 중요성을 논리적으로 서술할 수 있다.</td></tr>
<tr><td colspan="2">준비물</td><td>• PPT 강의 자료(‘과오가 쌓임[惡積, 積不善]’ 개념 중심 『역전』 자료 및 현대 사례 도표 포함), 도덕적 결함 사례 카드(청소 불성실, 책임 회피 등 일상적 사례 중심), 학생용 활동지(과오 누적 분석 활동 및 실천 계획 작성용), 개인 성찰 노트(자기 점검 및 다짐문 작성용), 물이 채워진 투명 비커, 까만색 잉크, 스포이트</td></tr>
<tr><td>수업 과정</td><td>도입</td><td>교사는 물이 채워진 투명 비커와 까만색 잉크를 준비한다. 투명 비커에 스포이트로 까만색 잉크를 한두 방울씩 떨어뜨린다. 학생들은 물이 점점 탁해지는 모습을 관찰한다. 교사는 “이 까만색 잉크가 여러분의 도덕적 과오를 상징한다면 지금 당장 어떻게 해야 할지” 질문한다. 도덕적 과오가 더해져서 되돌릴 수 없이 탁해지기 전에 잉크 넣는 일을 멈추고, 투명한 물을 더해 변화를 일으켜야 한다는 사실을 깨닫도록 안내한다.</td></tr>
</table>

<table>
<tr><td rowspan="2">수업
과정</td><td>활동1</td><td>◎ '과오가 쌓임[惡積]'의 위험성 알기

① 교사는 "악이 쌓여서[惡積] 가려질 수 없고 죄가 커져 풀 수 없음" 구절을 통해 반복된 도덕적 결함이 궁극적으로 피할 수 없는 결과를 초래한다는 문제의식을 형성한다.

② 학생들은 "선이 쌓이지 않으면 이름을 이룰 수 없고, 악이 쌓이지 않으면 몸을 멸할 수 있다"는 문장을 통해, 작은 선을 무익하다 하여 행하지 않고, 작은 악을 무방하다 하여 버리지 않는 태도가 결국 인격적 붕괴로 이어질 수 있음을 인식한다.

③ 교사는 잘못을 성찰 없이 반복하는 것의 위험성을 더 강조하며, 군자에게 요구되는 것은 완전무결함이 아니라 끊임없는 성찰의 지속성임을 부각한다.

④ 학생들이 실감할 수 있도록 현대의 도덕적 상황(지각, 책임 회피, 무례한 언행 등)과 연결해 구체적 사례를 제시하며, 학생들은 각 구절의 핵심 의미를 필기하고 질문카드(예: "작은 과오가 왜 위험한가?", "왜 성찰의 지속이 중요한가?")를 중심으로 개념 이해를 점검한다.</td></tr>
<tr><td>활동2</td><td>◎ 과오가 누적된 사례 파헤치기

① 학생들은 제시된 도덕적 결함 사례를 읽고, 반복된 잘못이 어떻게 공동체의 질서와 분위기를 무너뜨릴 수 있는지를 분석한다. 예를 들어 '청소를 매번 대충 하는 학생', '모둠 활동에서 수업 참여를 점점 소홀히 하는 구성원' 등의 사례를 바탕으로, 다음 세 항목((1) 반복된 행위가 공동체에 끼친 영향, (2) 초기 단계에서 문제를 방지할 수 있었던 방법, (3) 성찰과 실천을 통한 개선 계획)을 중심으로 활동지를 작성한다.</td></tr>
</table>

<table>
<tr><td rowspan="4">수업
과정</td><td>활동2</td><td>② 작성된 내용을 바탕으로 모둠별 발표를 진행하고, 교사는 각 발표 내용에 대해 ‘성찰의 시점이 늦어질 때 어떤 문제가 발생했는가’, ‘군자의 태도와 무엇이 달랐는가’ 등의 질문을 던지며 이해를 확장한다.

③ 모든 학생은 활동지를 개인 성찰 노트에 부착하고, 오늘의 학습을 바탕으로 자신이 생활 속에서 반복하고 있는 고쳐야 할 습관을 정리한다. 이를 바탕으로 그것을 개선하기 위한 자기 실천 다짐문을 작성한다.</td></tr>
<tr><td>마무리</td><td>교사는 “하루의 끝에서 소홀히 넘긴 사소한 일을 떠올리고, 그것이 반복되지 않도록 마음속에 작은 경계표를 세워두는 습관이야말로 인격을 기르고 공동체를 건강하게 만드는 첫걸음”이라는 조언과 함께 수업을 마무리한다.</td></tr>
<tr><td>평가</td><td>예시) 맑은 물 챌린지(자기 평가)

• 준비 단계: [활동2]에서 작성한 고쳐야 할 습관을 바탕으로 ‘맑은 물 챌린지’를 준비한다. 학생들은 자신의 ‘검은 잉크’ 찾기 시간을 통해 ‘나도 모르게 내 삶에 톡, 톡 떨어뜨리고 있는 고쳐야 할 습관이 무엇인지’ 발견하는 시간을 갖는다. 다음 1년 동안 매일 같은 행동을 반복한다면, 나의 마음(인격)은 어떻게 변해 있을지 상상한다. 탁해진 마음을 맑게 하기 위해 ‘지금 즉시’ 시작할 수 있는 작은 행동은 무엇인지 적어본다.
• 실행 단계: [준비 단계]에서 적은 자신이 지금 즉시 시작할 수 있는 행동을 일주일간 실천한다. 학생은 자신이 적은 습관 개선 행위가 성공했을 때 스티커를 붙이거나, 스스로 작은 보상을 설정하여 이를 얻는 방식으로 챌린지를 이어나간다. 다음 차시에 교사는 챌린지 진행 상황을 확인하고 지지와 격려를 통해 실천의 지속성을 독려한다.</td></tr>
</table>

17차시: "기미를 민감하게 감지하고 결단하는 성찰 수업"		
학습목표		•『역전』에서 말하는 기미[幾]와 군자의 결단 개념을 이해하고, 도덕적 판단이 요구되는 상황에서 주저하지 않고 실천하는 태도의 중요성을 설명할 수 있다.
내용요소		• 幾(기미)는 어떤 윤리적 의미를 가지며, 군자의 결단은 왜 중요한가? • 일상 속 도덕적 기미를 구별하고 즉각적인 실천 판단을 구성하기 • 사소한 조짐을 도덕적으로 진지하게 받아들이고 신속히 실천하는 윤리적 결단 태도
성취기준		• 일상생활에서 도덕적 문제의 징후를 민감하게 인식하고, 그에 적절하게 대응할 수 있는 도덕적 판단과 실천력을 기른다.
준비물		• PPT 강의자료, 활동지 2종(기미 감지 활동지, 결단 선언문 작성지), 사례 카드(일상 속 도덕적 기미 상황 예시), 짝 활동 피드백 메모지
수업 과정	도입	교사는 학생들에게 "사람이 잘못을 저지르는 건 큰 사건에서가 아니라, 대개 사소한 조짐을 무시한 순간에서 비롯된다"는 점을 전하며, 도덕적 실수의 기미를 놓치지 않는 것의 중요성에 대해 질문을 던진다. "최근 내가 놓친 사소한 조짐은 무엇이었는가?", "그때 다른 판단을 내렸다면 어떤 결과가 달라졌을까?"와 같은 질문을 통해 학생들의 사유를 환기시킨다.
	활동1	◎ 기미[幾]의 개념 익히기 ① 교사는 아주 짧게 지나가는 사진이나 그림을 PPT를 통해 제시한다. 학생들이 거의 인식할 수 없을 만큼 짧은 순간만을 보여주고 어떤 장면이었는지 맞춰보게 한다. 교사는 이 경험을 통해 "기미란 이렇게 짧은 순간 마음속에 떠오르는 생각이나 판단"임을 설명한다. 누군가를 도우려는 마음이나 잘못된 행동을 멈추려는 생각이 잠깐 떠올랐다가 사라지는 경우의 예를 덧붙여 이해를 돕는다.

<table>
<tr><td rowspan="3">수업 과정</td><td>활동1</td><td>② 이와 같은 양심의 미세한 움직임[幾]은 남이 알아채지도, 듣지도 못하지만 자신만은 그 사실을 알고 있다는 점을 안내한다.

③ 이번에는 학생들이 빠른 속도이지만 인지할 수 있는 정도로 나타나는 숫자 화면을 보여준다. 교사는 숫자가 보이는 대로 답할 수 있게 안내한다. 기미를 잘 알아차리는 일 또한 이와 같아서 주의를 기울이고 나의 마음속 이야기를 잘 들어야 함을 당부한다.</td></tr>
<tr><td>활동2</td><td>◎ 선악의 경계를 감지하는 기미 판별 활동
① 교사는 '친구가 규칙을 어겼지만 아무도 지적하지 않았을 때의 상황, 다른 사람의 잘못된 행동을 목격했으나 불이익이 두려워 침묵했던 순간' 등 선과 악, 책임 있는 태도와 회피적 행동 사이의 경계가 모호한 사례들을 제시한다.

② 학생들은 제시된 사례 중 하나를 선택하거나 자신이 경험한 유사한 상황을 떠올려, '(1) 당시 느꼈던 미묘한 이상 징후는 무엇이었는가?, (2) 그때 즉각적으로 어떤 결단을 내릴 수 있었는가?, (3) 실제로 어떤 행동을 했고, 그 결과는 어떠했는가?'를 활동지에 서술한다.

③ 작성 후, 짝 활동을 통해 서로의 상황과 판단을 공유하고, 보다 적절한 도덕적 결단이 가능했는지를 함께 성찰한다.</td></tr>
<tr><td>활동3</td><td>◎ 결단력 실천 선언문 작성
① 교사는 '결단력이 바위처럼 굳은지라. 하루가 걸리지 않음[介於石不終日]'의 구절을 설명하며, 군자의 성찰은 단지 반성에 그치지 않고 즉각적인 결단과 실천으로 이어진다는 점을 강조한다.</td></tr>
</table>

<table>
<tr><td rowspan="3">수업
과정</td><td>활동3</td><td>② 학생들은 자신이 최근에 주저했던 도덕적 상황(예: 친구 도와주기, 책임 회피 유혹, 사소한 부정행위 등)을 떠올리고, (1) 당시 망설였던 이유, (2) 어떤 결단이 옳았는지, (3) 지금이라면 어떤 실천을 할 수 있는지를 정리한다.

③ 이를 바탕으로 “나는 앞으로 친구가 약속을 어겼을 때 눈치만 보지 않고 바르게 말하겠다.”와 같은 ‘나의 도덕적 결단 선언문’을 작성한다.

④ 작성된 선언문을 짝과 교환해 읽고, 서로 응원 메시지 혹은 실천 피드백을 간단히 적어 주며 마무리한다.</td></tr>
<tr><td>마무리</td><td>교사는 활동을 마무리하며 “기미를 민감하게 감지하고 신속하게 바르게 결단하는 것”이 도덕적 성숙의 핵심임을 강조하고, 일상의 작고 애매한 상황에서 스스로를 지켜내는 힘이 어떻게 길러지는지를 함께 정리한다.</td></tr>
<tr><td>평가</td><td>예시) 나의 도덕 인생 그래프와 ‘기미’ 포착하기

• 도화지를 제공하고 자신의 도덕 인생 그래프를 그리도록 안내한다. 주의할 점은 그래프의 굴곡이 ‘시험 합격’과 같은 외적 성취나 결과 중심의 성공과 실패가 아니라는 점을 분명히 한다. 그래프의 높낮이는 ‘양심의 밝기’, ‘내면의 떳떳함’, ‘타인에게 베푼 선행’ 등을 기준으로 해야 함을 강조한다. 예를 들어, 남들은 몰랐지만 스스로 양심을 지켰던 순간은 상승 곡선을, 신독을 지키지 못한 순간에는 하강 곡선을 그리는 식이다.
• 그래프가 완성되면, 학생들에게 곡선의 방향이 바뀌는 순간에 주목할 것을 안내한다. 곡선의 상승이나 하강이 시작되기 전에 일어난 미세한 마음의 조짐이 ‘기미’임을 설명한다. 학생들은 자신의 그래프에서 일어난 기미의 순간을 찾아 표시하고 그때 어떤 마음의 신호가 있었는지 짧게 서술한다. 기미의 순간을 잘 포착했다면 무엇이 달라졌을지에 대해서도 함께 서술하도록 안내한다.</td></tr>
</table>

찾아보기

ㅇ

ㅈ

ㅊ

ㅍ

ㅎ

| 저자 소개 |

김 병 환 paulkim77@snu.ac.kr

서울대학교 윤리교육과 교수, 현재 한국공자학회 명예 회장, 北京소재 國際儒教聯合(International Confucian Association) 상임이사이다. 대표 저서로 『율곡 격몽요결의 도덕교육론』(교육과학사, 2025 학술원 우수학술도서), 『한국윤리사상』(새문사, 2025 학술원 우수학술도서), 『신유학윤리사상 강의』(휴먼북스, 2021), 『공자와 한 시간』(한울, 2020), 『동양윤리사상 강의』(새문사, 2020), 『생명공학과 유가윤리사상』(새문사, 2017), 『공리주의 유가: 주희에 대한 진량의 도전』(교육과학사, 2017), 『불씨잡변: 조선의 기획자 정도전의 사상혁명』(아카넷, 2014), 『동양문화 다시 읽기』(교육과학사, 2014), 『주희의 사유 세계: 주자학의 패권』(교육과학사, 2010) 등이 있으며, 공저로 「동북아시아 공생철학: 생태생명주의」 『동북아시아의 정신문명과 지구 · 평화 공생체』(경인문화사, 2024), 「동양 시민론: 동양의 시민 · 시민사회 · 시민교육」 『시민교육 탐구』(춘천교대출판부, 2022), 「피로사회, 어떻게 살 것인가?」 『미래사회에 대비하는 회복 탄력성』(춘천교대출판부, 2019) 등과 다수의 논문이 있다.

김 남 희 stargirl@snu.ac.kr

서울대학교 윤리교육과 강사, 서울대학교 윤리교육과를 졸업하고, 동 대학원에서 석사 · 박사학위를 받았다. 논문으로 「맹자의 마음론 연구 –心善論의 해석과 의미를 중심으로–」 등이 있고, 모교에서 학부 핵심 교양 교과목인 '사상과 윤리'를 오랫동안 강의해 오고 있다. '도전과 공감으로 미래를 여는 지성'이라는 서울대학교의 교육 철학에 맞게 서울대학교의 교양 교과목을 설계하고 개발하는 연구과제의 책임을 맡아 진행하였다. 대학원 입학 이래 유가 사상을 연구하며 이를 현대적으로 활용하는 방안에 지속적인 관심을 두고 있으며, 현재 동양 고전에 기반한 자성교육을 대학 교육과정에 적용하기 위한 커리큘럼을 개발하고 있다.

유교 자성론의 도덕교육론

2026년 2월 20일 1판 1쇄 인쇄
2026년 2월 27일 1판 1쇄 발행

저　자: 김병환 · 김남희
발행인: 한정주
발행처: 교육과학사

경기도 파주시 광인사길 71
전화:(031) 955-6956~8　팩스:(031) 955-6037
Home-page: www.kyoyookbook.co.kr
E-mail: kyoyookbook@daum.net
등록: 1970년 5월 18일 제2-73호

정가 25,000원

ISBN 978-89-254-2043-1

Printed in Korea.